岡崎城の現存遺構

復興天守正面　写真提供：高田 徹

▲二の丸から見た持仏堂曲輪　石垣が一部、残存している　写真提供：髙田 徹

▲坂谷門の石垣　伊賀川に面して櫓門の石垣だけが残る。かつては前面に丸馬出があった　写真提供：髙田 徹

▼菅生川端石垣　岡崎城の南側、菅生川に面して構築されたもの。近年の発掘調査ではじめて確認され、長さは約 400 メートルにおよぶ　写真提供：山口遥介

▲本丸月見櫓脇多聞櫓の石垣　現存する岡崎城の石垣の中で最も古いとされる一つで、田中吉政時代に整備・拡張されたものと考えられる
写真提供：中井 均

▼復興天守空撮（南から）　写真提供：岡崎市教育委員会

▲清海堀　本丸北側の持仏堂曲輪を囲む空堀。右側（城内側）は土塁となっている　写真提供：岡崎市教育委員会

▼廊下橋跡　天守から直接、本丸外の曲輪へ通じており、全国でもめずらしい遺構。現在は石橋となっているが、本来は木製で、屋根付きの櫓のような橋であったという　写真提供：岡崎市教育委員会

▲龍城堀　城跡の南端にある風呂谷曲輪に沿って残存する水堀。現在、堀上には城内から菅生川端へ渡る「神橋」（写真右側）が架けられている　写真提供：岡崎市教育委員会

絵図で見る岡崎城

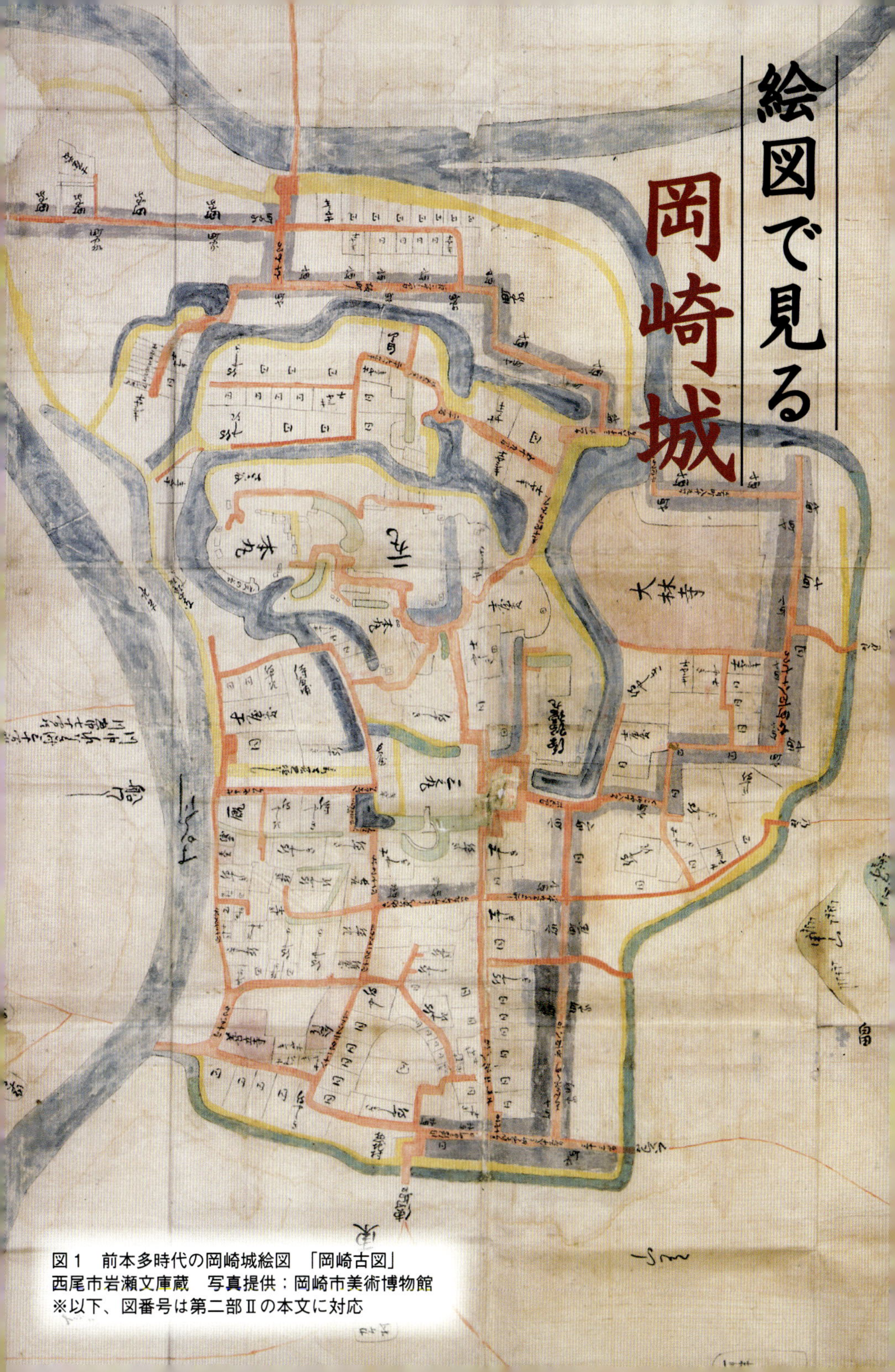

図１　前本多時代の岡崎城絵図　「岡崎古図」
西尾市岩瀬文庫蔵　写真提供：岡崎市美術博物館
※以下、図番号は第二部Ⅱの本文に対応

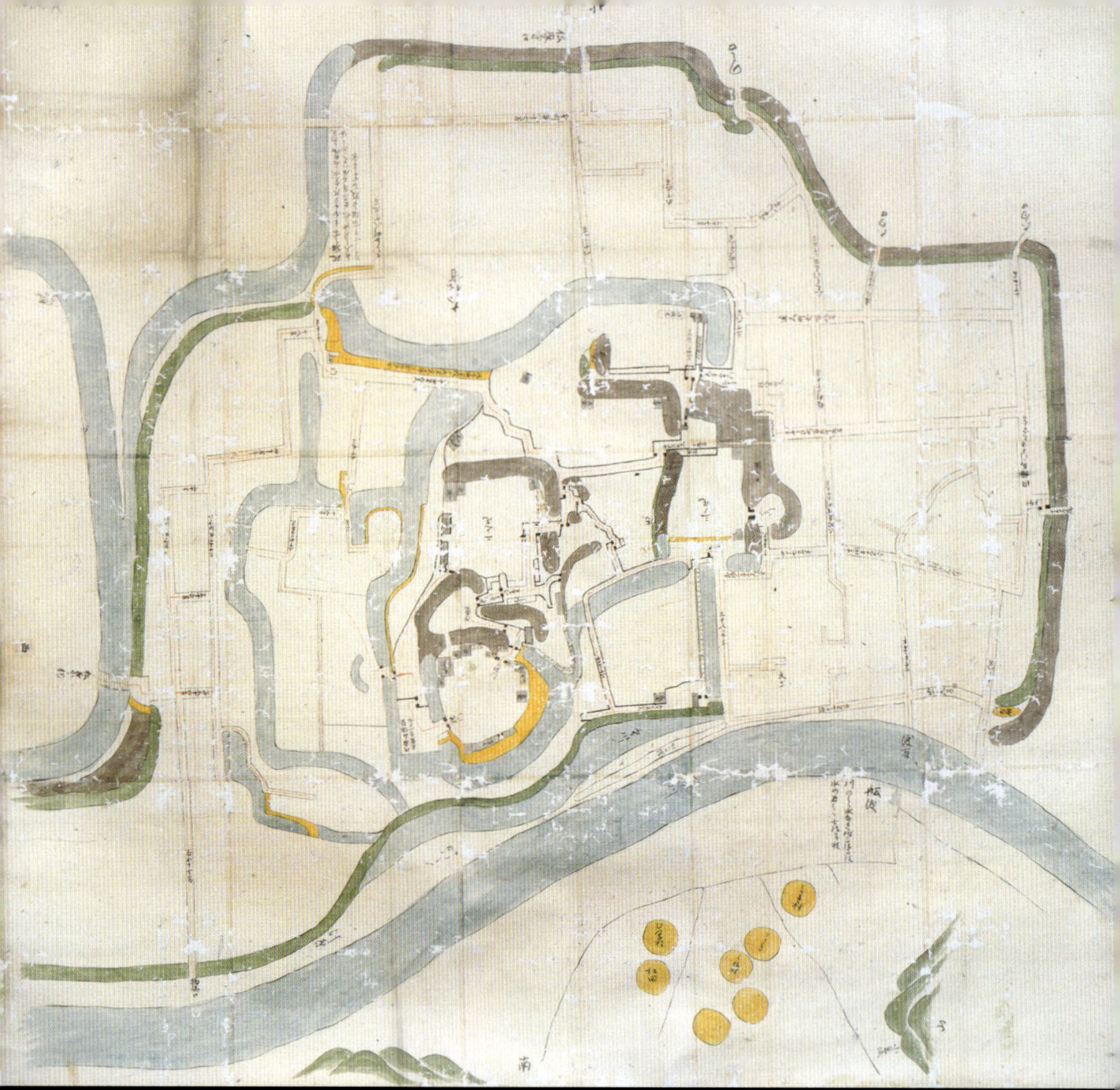

▲図２　前本多時代の岡崎城絵図　岡崎市美術博物館蔵

▶図３　前本多～水野時代の岡崎城絵図　広島市中央図書館浅野文庫蔵　写真提供：岡崎市美術博物館

▶図４　二の丸・三の丸部分拡大図

▲図４　水野時代の岡崎城絵図（全体図）　国立公文書館蔵　写真提供：岡崎市美術博物館

▶図５　本丸・二の丸部分拡大図

▼図５　水野時代の岡崎城絵図（全体図）　岡崎市美術博物館蔵

北
大林寺
北丸
二ノ丸
東丸
本丸
大工小屋

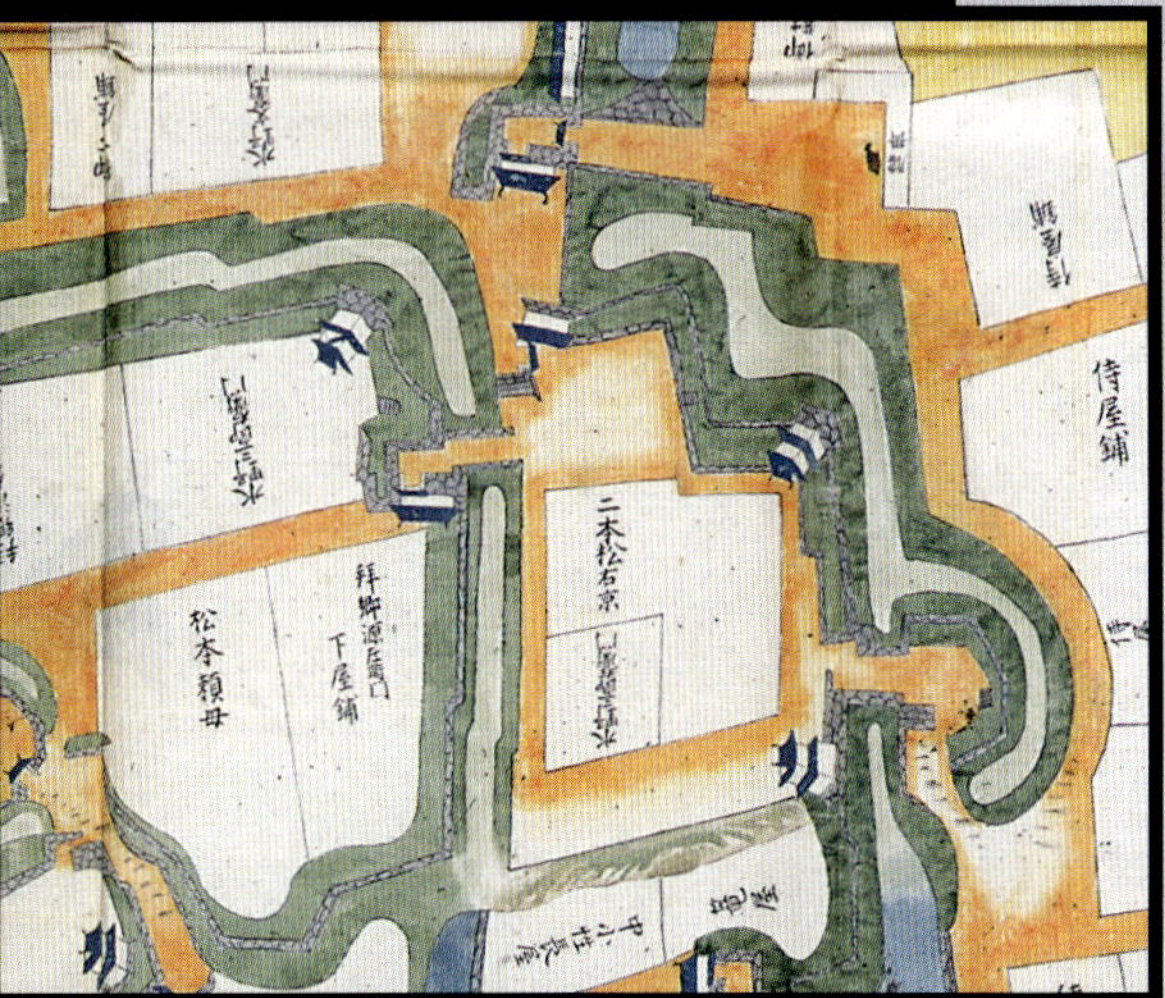

▲図６　三の丸部分拡大図　岡崎藩の重臣である拝郷・松本・水野氏の屋敷が記載されている

▶図６　水野時代の岡崎城絵図（全体図）中根忠之氏蔵　写真提供：：岡崎市美術博物館

▼図６　本丸・二の丸・東の丸部分拡大図

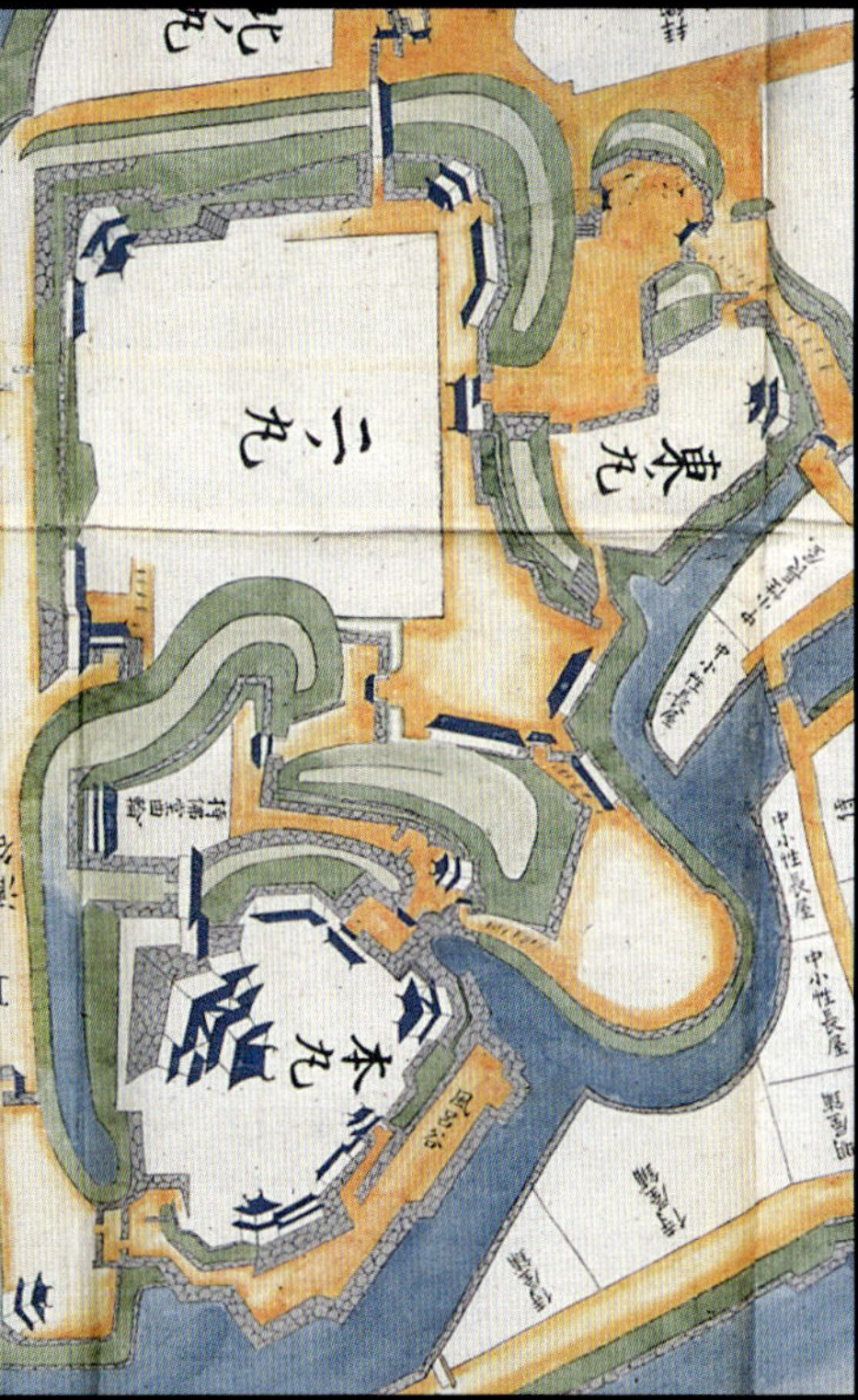

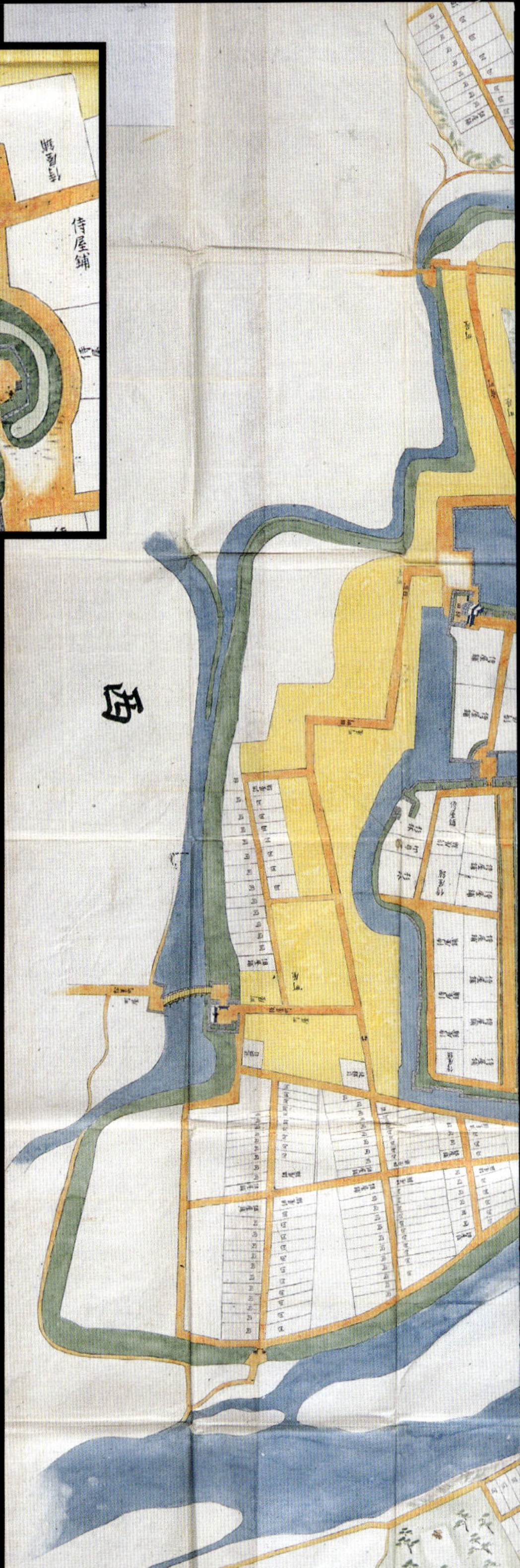

▲図７　水野時代の岡崎城絵図（全体図）　岡崎市美術博物館蔵

▶図７　中心部拡大図

▼図８　水野時代の岡崎城絵図（全体図）　埼玉県川越市・光西寺蔵　写真提供：岡崎市美術博物館

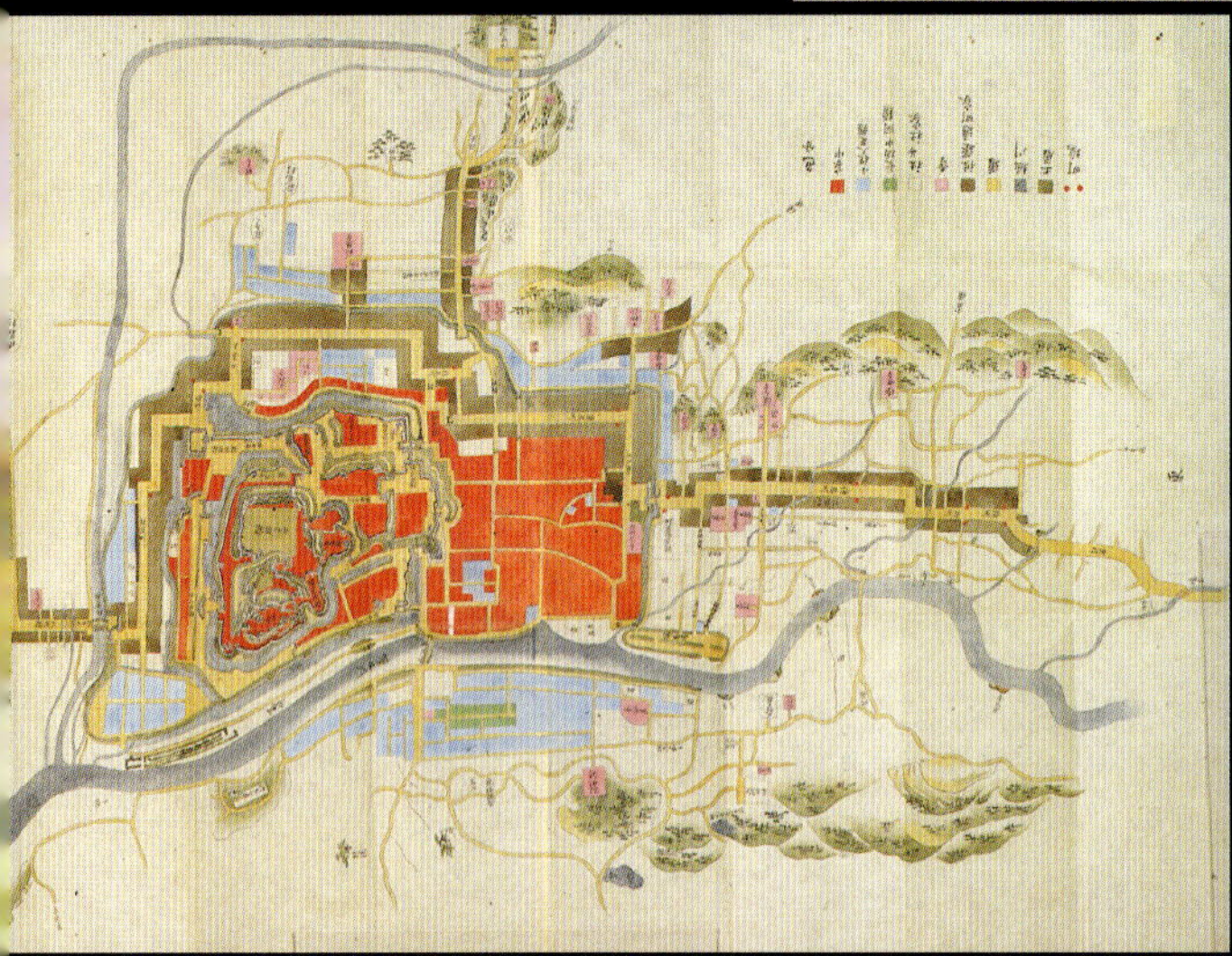

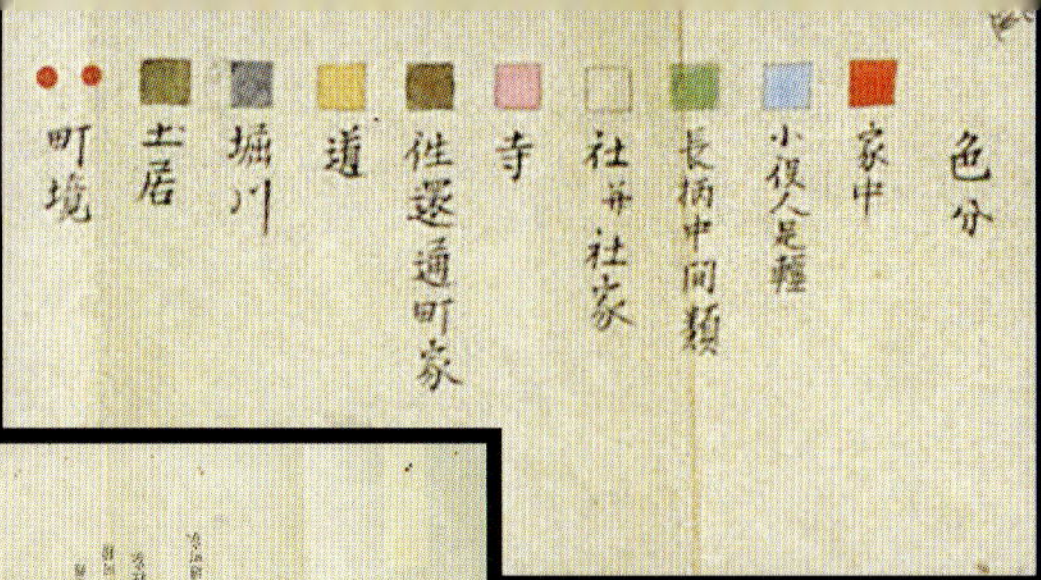

▲図８　部分拡大図

▼図８　中心部拡大図

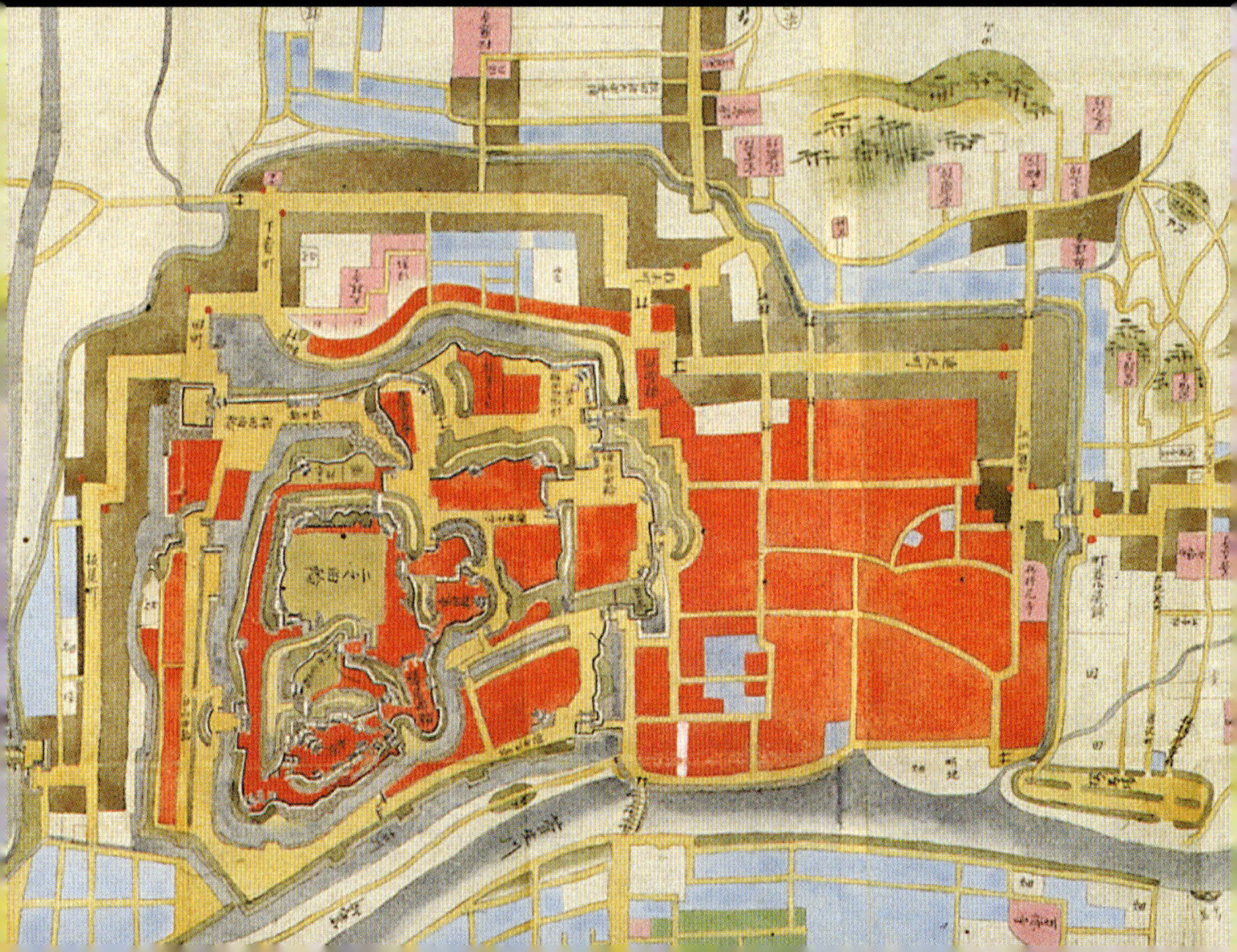

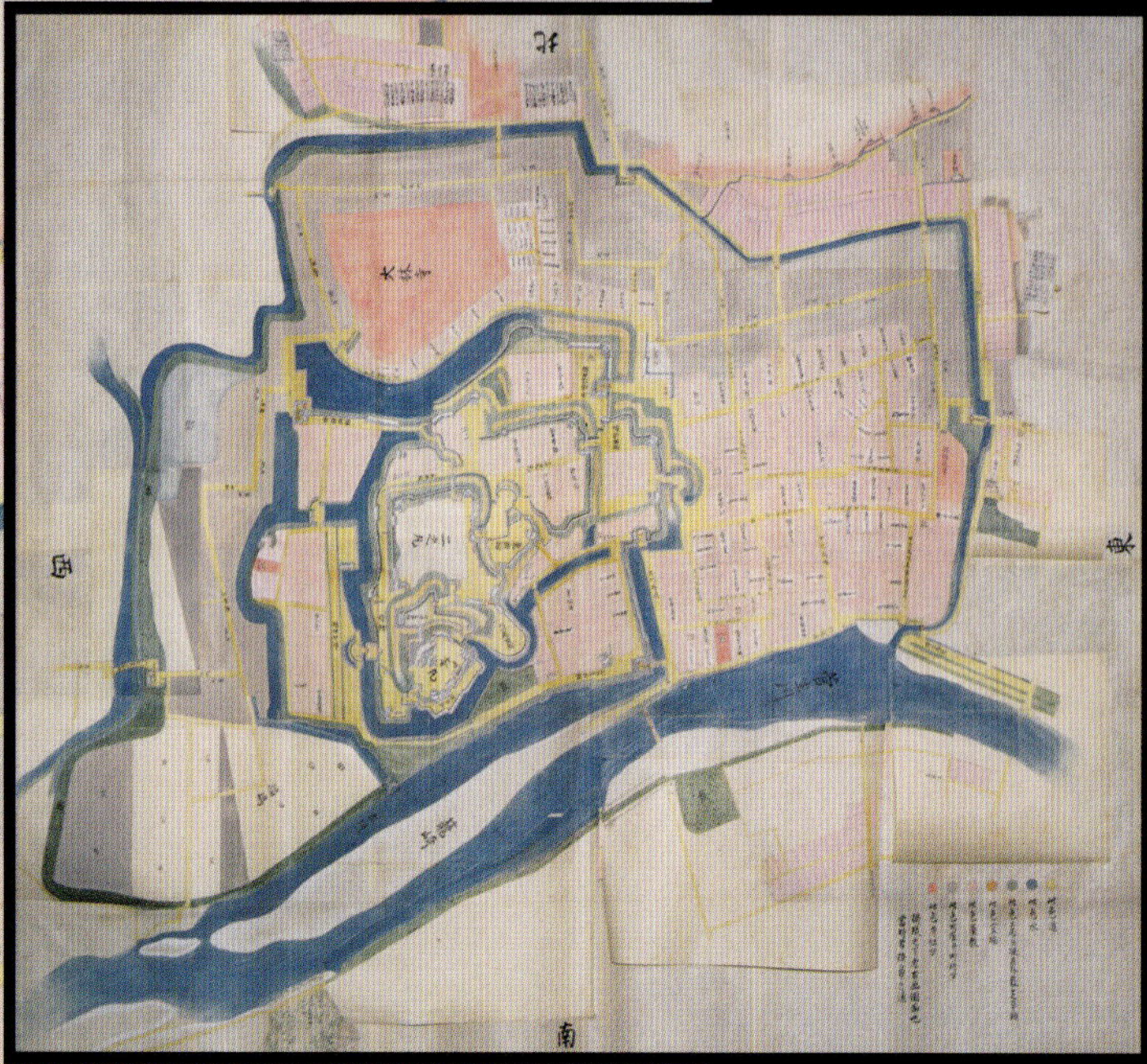

▲図９　後本多時代の岡崎城絵図（全体図）岡崎市美術博物館蔵

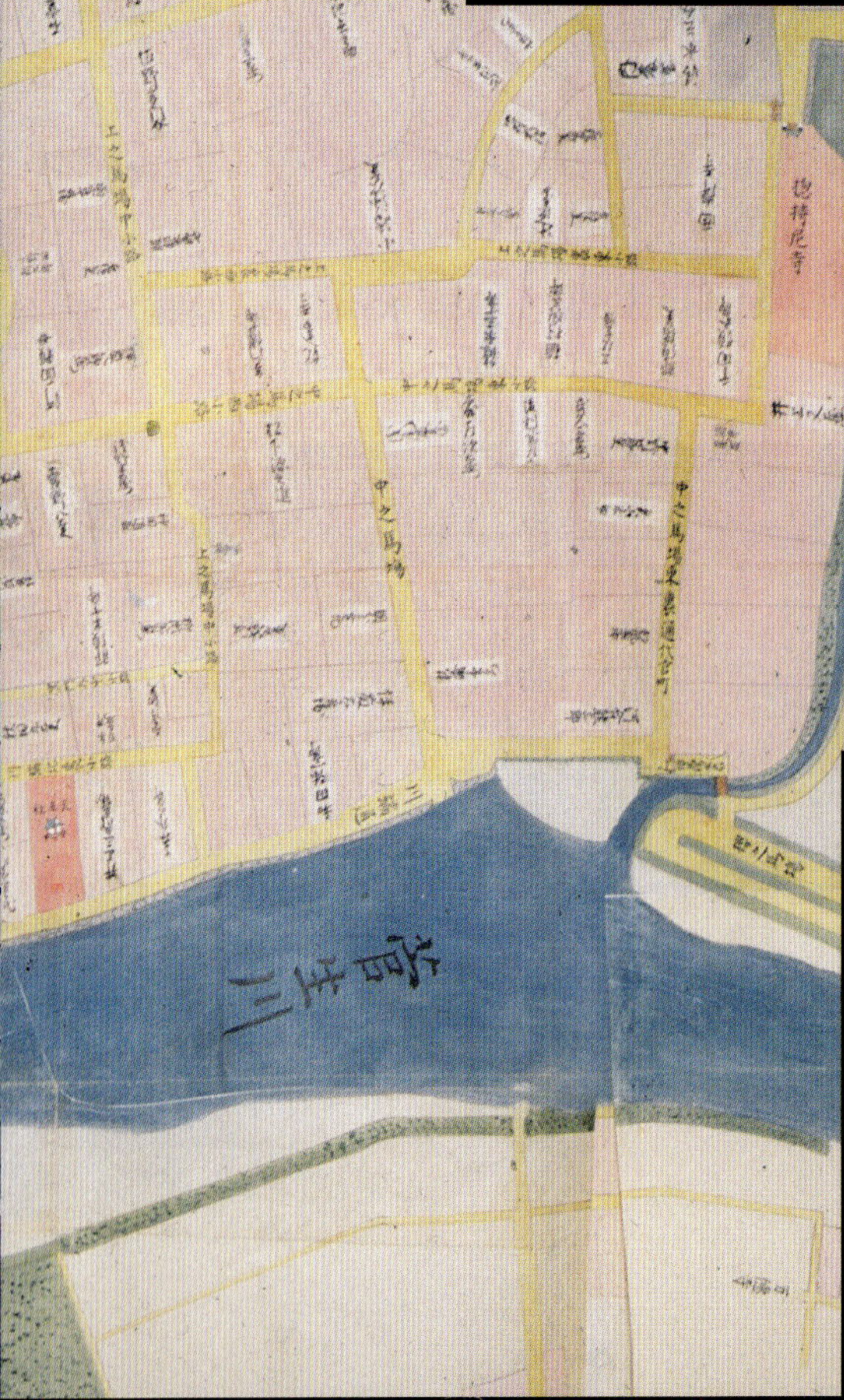

◀図９　中心部拡大図

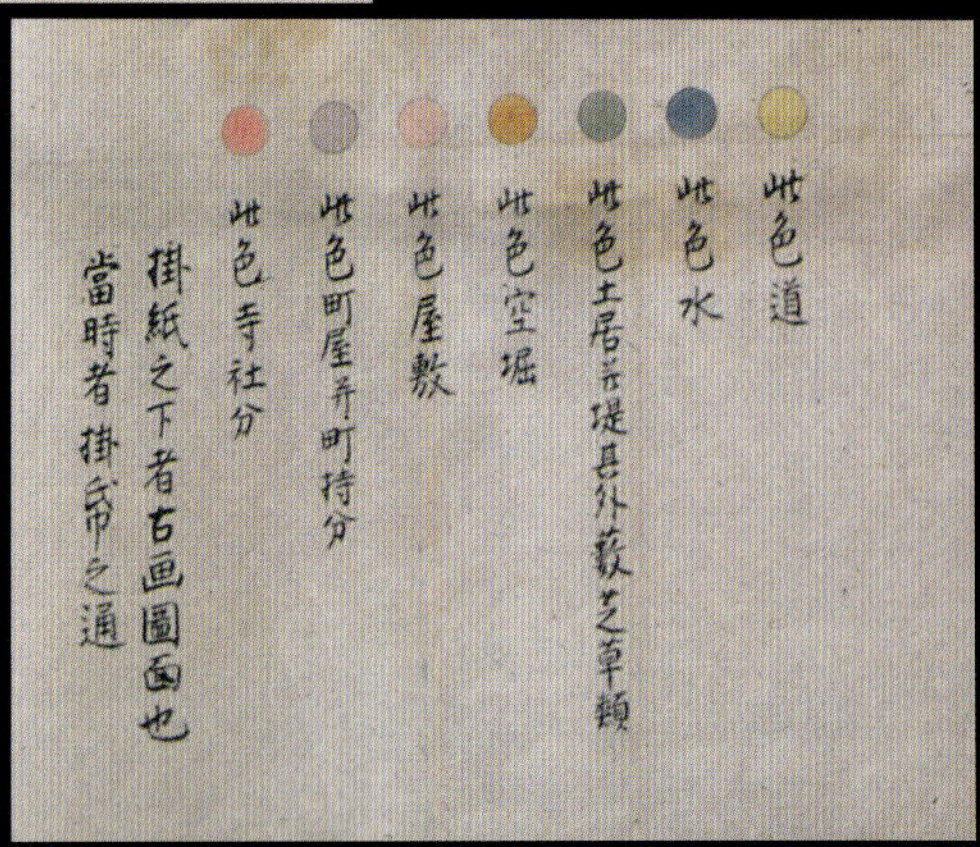

▼図９　部分拡大図

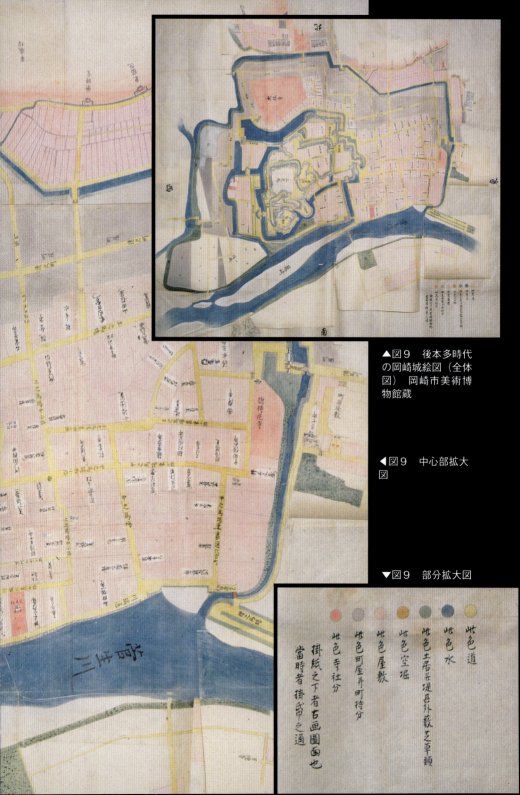

大林寺
二之丸
本丸
東曲輪
隠居曲輪

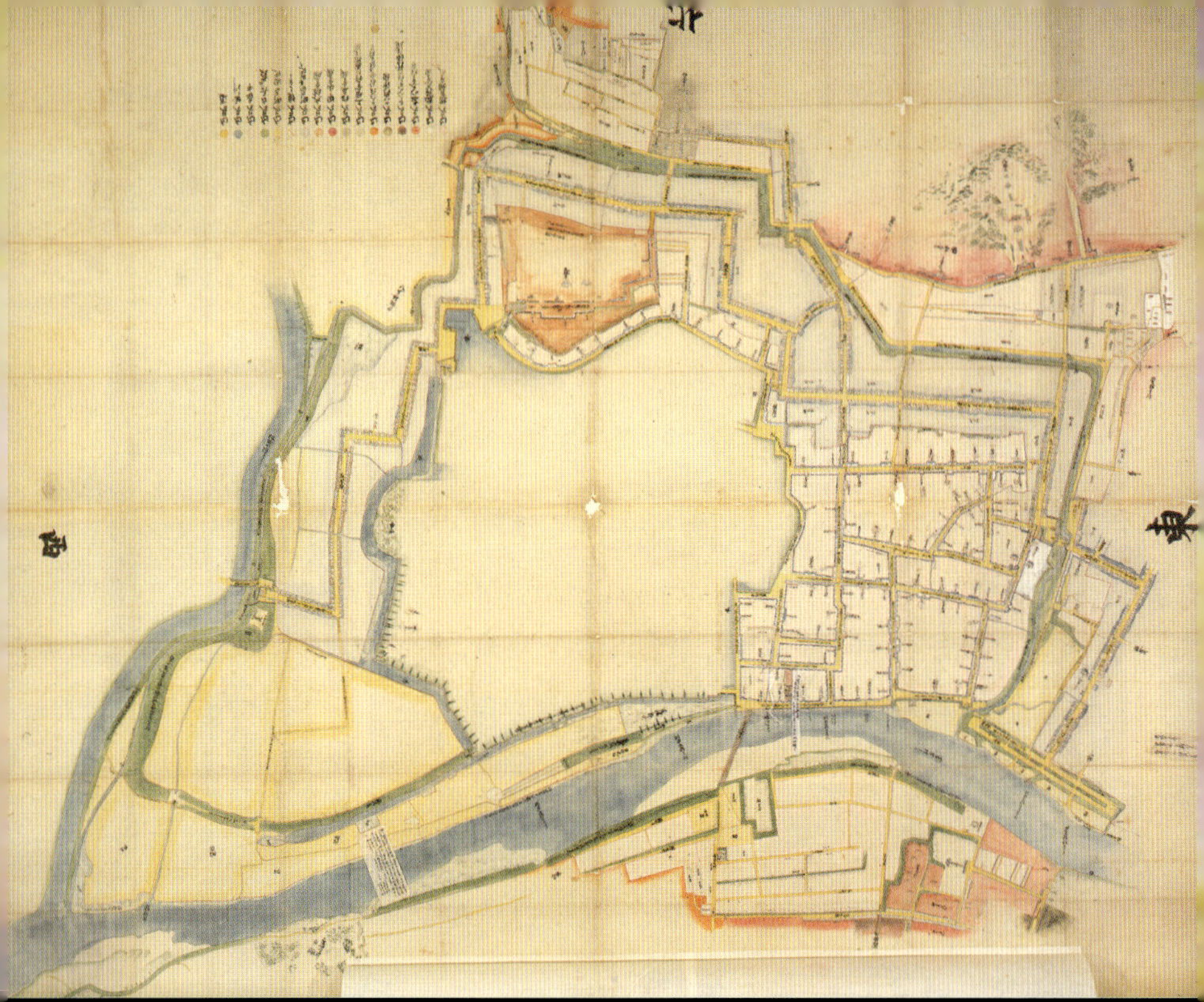

▲図 10-1　後本多時代の岡崎城絵図（全体図）　岡崎市美術博物館蔵

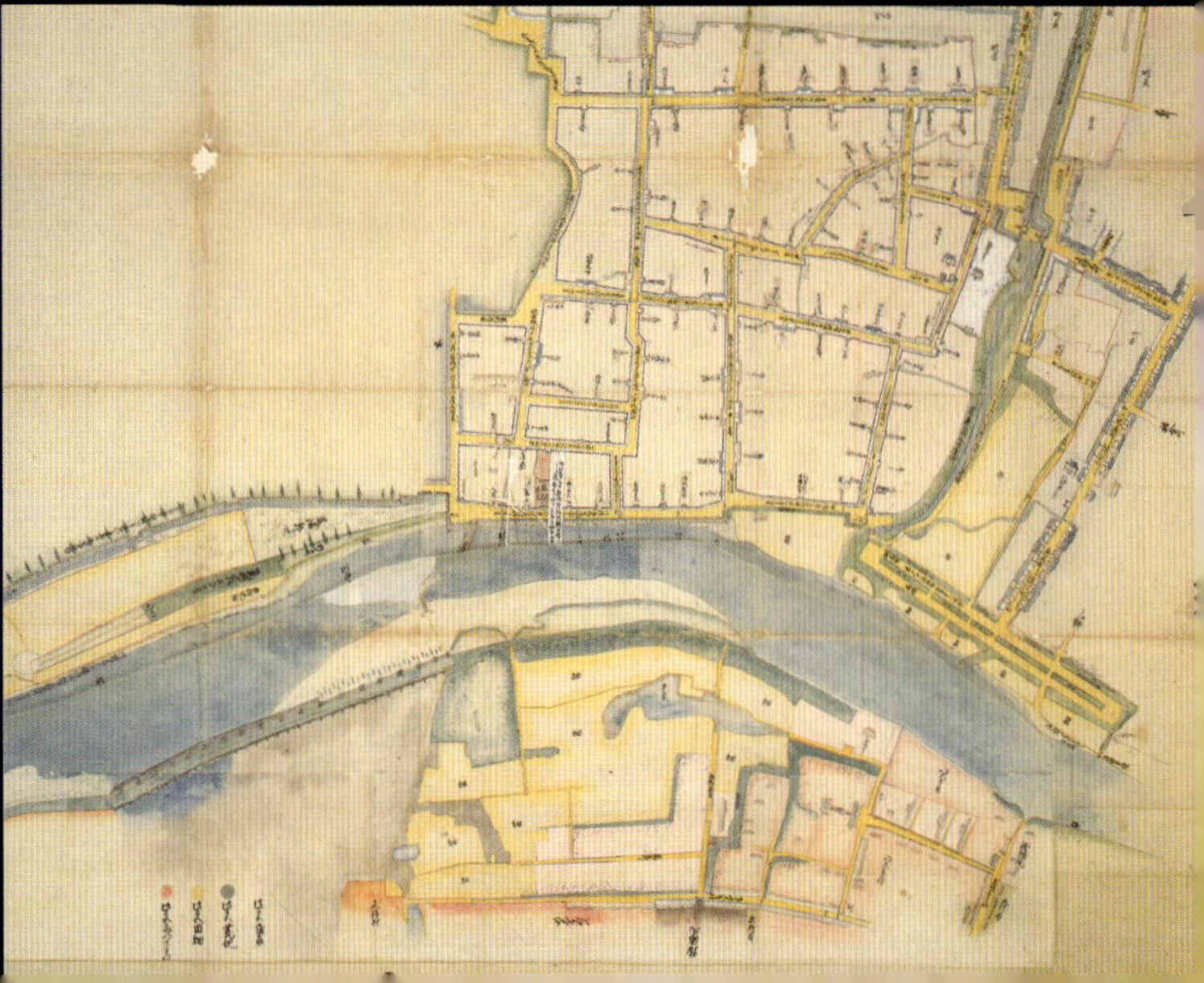

▶図 10-2　後本多時代の岡崎城絵図（上図の下側に付属する部分）　菅生川の水害による屋敷地の異同が示されている　岡崎市美術博物館蔵

▲図 11　後本多時代の岡崎城絵図（全体図）　岡崎市美術博物館蔵

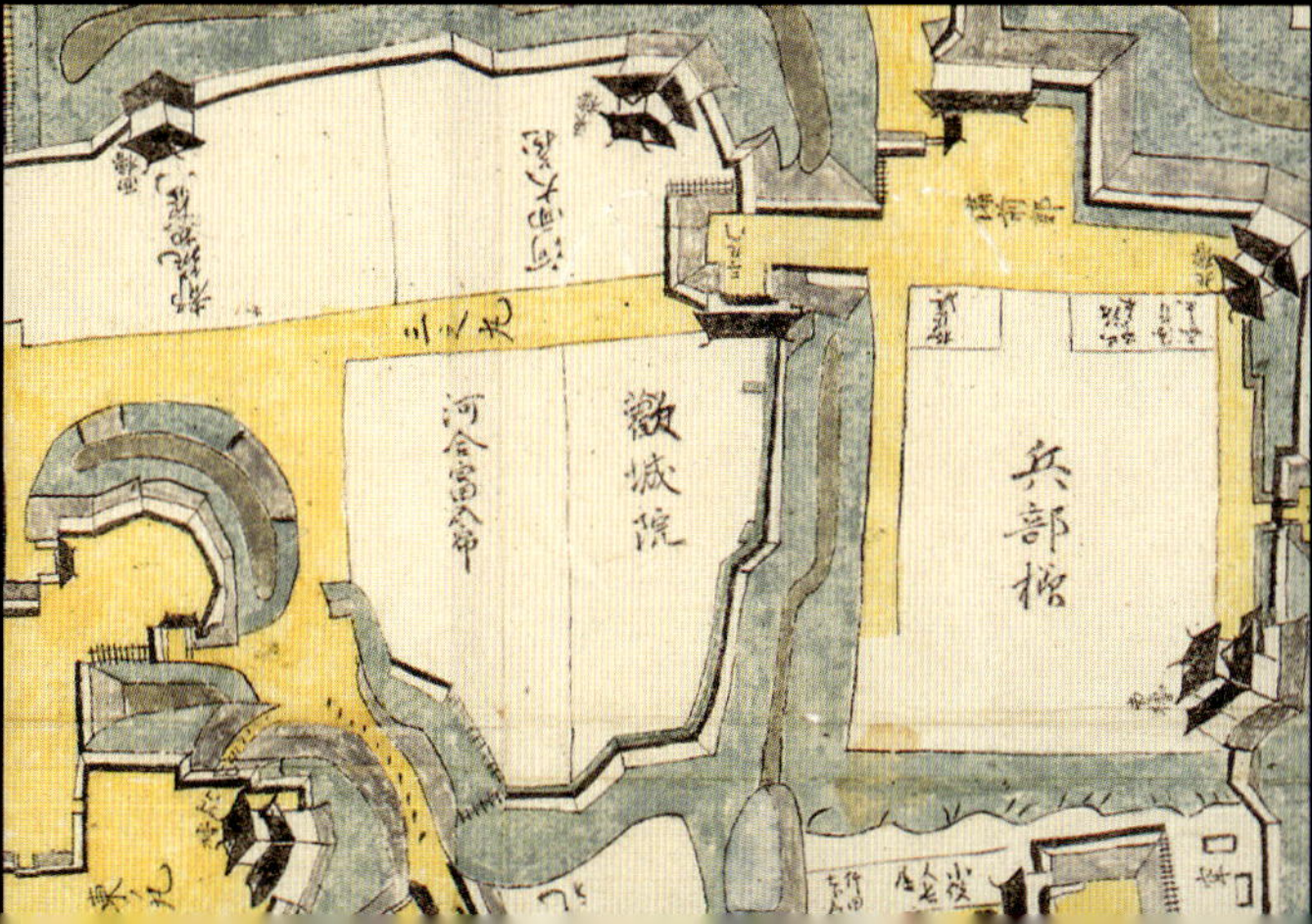

◀図 11　三の丸部分拡大図
岡崎藩の筆頭家老が屋敷を構えていることがわかる

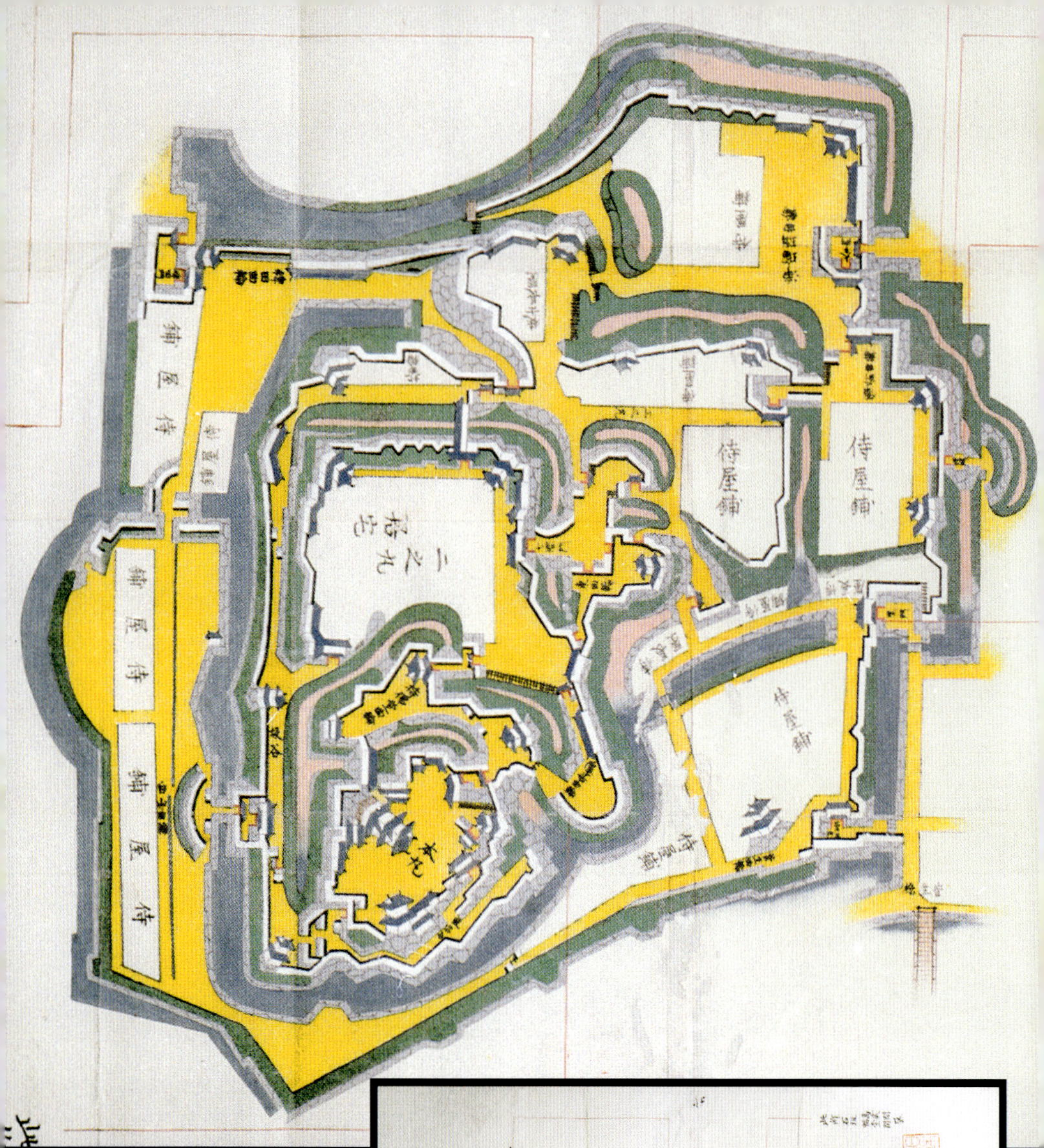

▲図 12　中心部拡大図

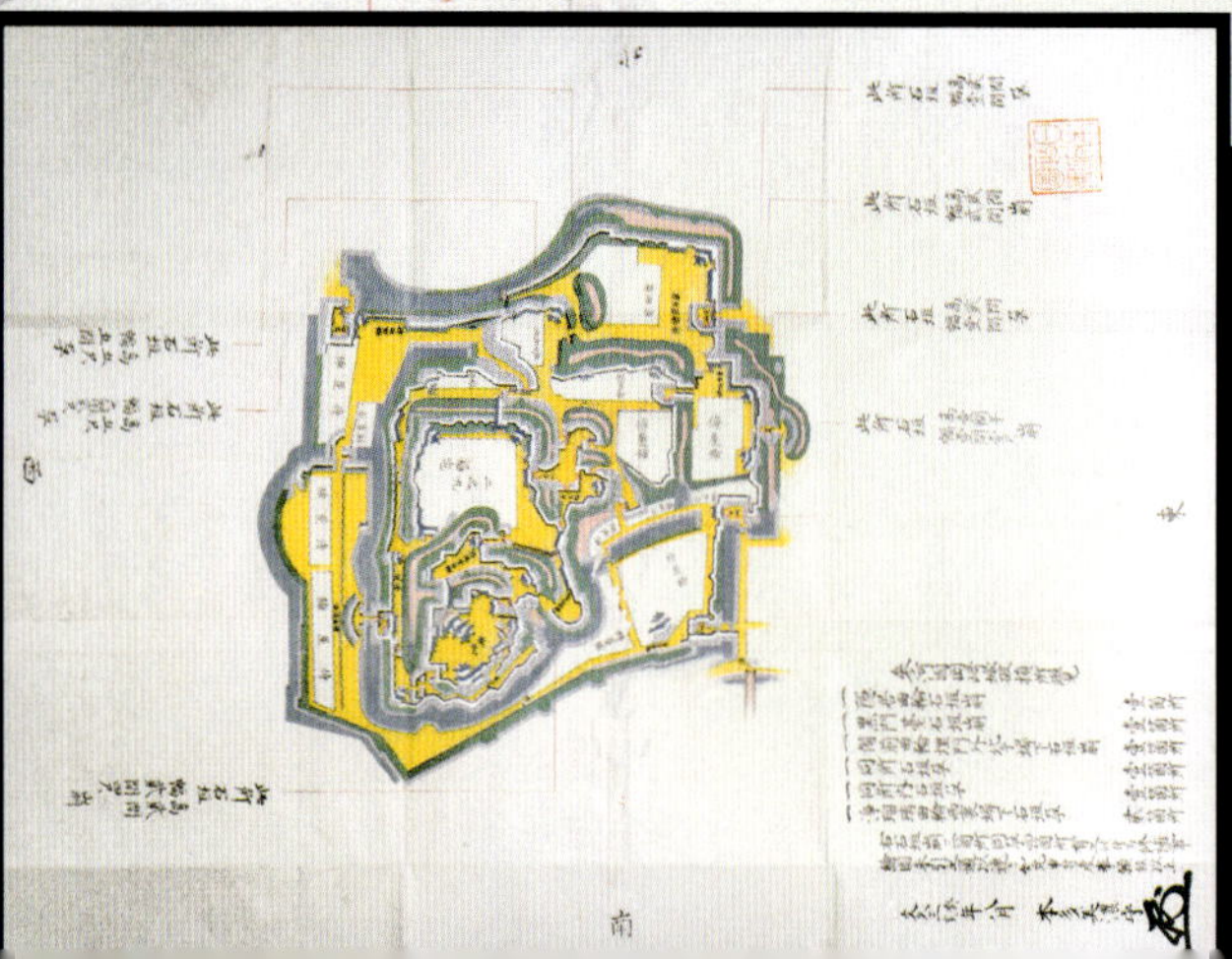

▶図 12　後本多時代の岡崎城絵図（全体図）　国立公文書館蔵　写真提供：岡崎市美術博物館

シリーズ
城郭研究の新展開
3

家康が誕生した東海の名城

三河岡崎城

愛知中世城郭研究会 編

戎光祥出版

はじめに

「岡崎城は、徳川家康が生まれた城として全国的に著名である」と、私たち岡崎市民は、固く信じています。岡崎城を訪れる年間四十五万人ほどの観光客は、繰り返し「家康の生まれた城」と聞かされるはずです。城跡の岡崎公園内のそこかしこに三つ葉葵が見られ、実に六体もの徳川家康や竹千代像に迎えられることになります。東京都民の方々による岡崎の連想単語調査では、一位が徳川家康、二位はなく、三位が岡崎城だそうです。〝家康公〟は郷土の英雄であり、家康が生まれた岡崎城は岡崎市随一の観光地です。

とはいえ、よく知られるように、後の家康は満五歳直前に岡崎城を離れました。永禄三年（一五六〇）に岡崎城に復帰し、元亀元年（一五七〇）には浜松へ本拠を移しました。その間、わずか十年余の岡崎城主に過ぎません。また、家康が生まれた由緒として、城内坂谷の「産湯の井戸」がありますが、生まれた場所とされる城内「坂谷邸」の位置は明確ではありません。そもそも、家康がいた頃の岡崎城は、江戸期の岡崎城とはずいぶん規模・形態とも違っていたと思われます。

中世の岡崎城は松平・徳川氏とその上級家臣が城主でしたし、近世になると三河出身の譜代大名以外が城主になったことはありません。その意味では、まちがいなく岡崎城は一貫して松平・徳川氏の〝お城〟でした。

松平清康が構築し、その子の広忠がそれを死守し、家康不在とはいえ、甲斐の武田氏や畿内の豊臣氏を真正面で受け止めたのは、徳川本領三河の岡崎城であったことがわかってきています。そして、岡崎・浜松・駿府・江戸と変遷した家康本拠の原点は、やはり岡崎と言えるでしょう。

岡崎市は、平成二十八年七月に歴史的風致維持計画、いわゆる「歴史まちづくり」計画を策定しました。そのなかで、岡崎城を含む「岡崎城下と東海道」が重点区域の一つとされています。さらに、平成二十九年三月には岡崎城跡整備基本計画が時宜に合わせ、綿密に改定されました。これにより計画は整いましたが、これをどう具体的に生かしていくかは今後の課題です。これらの計画が実を結ぶためには、市民の関心と参加が必要です。その一方で、計画内容を精査するための調査・研究も求められます。

岡崎城の地中には、家康在城期以前からの遺構や遺物が眠っているはずです。旧城内の発掘調査は、少しずつそれらを解明しつつあります。天守台をはじめとする岡崎公園内の石垣は、岡崎城の発展を示すタイムカプセルに他なりません。なによりもその縄張り（形状・形態）は、部分的には家康在城期以前からのものを引き継いでいる可能性が高いでしょう。

こうした課題の一端を担うために、本書は企画されました。調査や考察が多く、決して読みやすくはないかもしれませんが、岡崎城から得られる歴史的な発見を共有したいと考え、本書でその成果を示すことができたと信じております。

第一部のⅠは、岡崎城の概説として奥田が担当しました。第一部のⅡ以降の旧稿とは、若干の矛盾や齟齬がありますが、考察の過程を重視してそのままにしました。石川氏・髙田氏は、全国的な視野から岡崎城の構造と遺構の意義を明らかにしています。第二部の山口氏と堀江氏は、専門の考古学と絵図の収集に携わった経験から執筆いただきました。野本氏は、現代に生きる城下（藩領）という視点でお願いいたしました。中井氏からは岡崎城整備検討委員としての観点から、今後の岡崎城への提言をいただきました。さらに髙田氏からは、興味深い上に有益な情報を加えていただきました。それぞれ、観点を違えながら、岡崎城の歴史的な意義を明らかにするという目的にかなった考察です。さまざまな見方を楽しんでいただければ幸いです。

二〇一七年八月

愛知中世城郭研究会　奥田敏春

目次

第二部　進展した岡崎城研究

凡例

一、本書は、これまでの岡崎城に関する重要論文六本を加筆・修正して収録し、さらに新稿七本を加えて多角的なアプローチでその実態に迫り、今後の研究がより進展するよう編集したものである。
一、図版の作成者は、特記をしていないものは各論文執筆者と同じであり、それぞれの著作権は執筆者に帰属する。
一、図版は原則として上方を北としたが、やむをえない場合はその限りではない。
一、本書の編集にあたって、表記や記載内容・考察等は各執筆者の意志に委ねた。したがって、各論文の文責は各論文の執筆者に帰属する。
一、人名や歴史用語には適宜ルビを振った。読み方については、各種辞典類を参照したが、歴史上の用語、とりわけ人名の読み方は定まっていない場合も多く、ルビで示した読み方が確定的なものというわけではない。また、執筆者ごとに読み方が違う場合もあり、各項目のルビについては、各執筆者の見解を尊重したことをお断りしておく。
一、提供者の氏名が記載されている写真以外は、論文の執筆者、あるいは当社提供の写真である。

第一部　構造と縄張り

写真提供：山口遥介

I

岡崎城の構造とその展開——中世から近世へ

奥田敏春

一、中世の岡崎城

岡崎城異聞

明和六年（一七六九）から明治二年（一八六九）の間、岡崎城主であった本多中務太輔家（岡崎地方では「後本多」と通称する）の家老の一家に、中根家がある。中根家は膨大な家蔵文書を残しており（中根家文書）、一部が岡崎古文書の会によって翻刻され、『中根家文書　上・下』として岡崎市教育委員会から刊行されている。

中根家文書で翻刻・刊行されていないものの中に、岡崎城の構造を述べた興味深い一史料がある。無題であるため、仮に「岡崎城曲輪書き上げ」（岡崎市蔵。以下、「書き上げ」と表記）とでもしておこう。本章末尾に全文を翻刻したので、ご覧いただきたい。史料が作成された経緯を明らかにする必要はあるが、記された内容はほぼ信頼できる。まず、備前曲輪に絡めて岡崎城の大手について述べた特筆すべき事柄の一つを紹介しよう。

備前郭より外へ虎口埋門なり、（中略）この虎口大手なり、（中略）六本榎の有る口、これ搦手の虎口なり、然るを大手門と云ならわす哉、

〔現代語訳〕備前曲輪から外へ出る埋門虎口があるが、それが岡崎城の大手である。六本榎のある口は搦手口であるが、それを普通大手門と言い慣わしているのか。

現在、国道一号線沿いの岡崎公園入口に「大手門」と称する建物があるため紛らわしいが、ここでいう「六本榎のある口」は、現在の浄瑠璃山光明院の東側、岡崎シビコの裏にあたる買い物広場付近にあった。そこは現在、一般に岡崎城の大手門の跡と言われている位置である。多くの岡崎城絵図では、大手門の文字がその位置に記されている。この史料では、「六本榎の有る口」は本来は搦手口で、大手門と言うのは「言い慣わしではないか」という。「備前曲輪から外へ出る埋門」とは、実際には備前曲輪の東側にあった「東馬出」へ出る門を指す。史料では、東馬出への門（それは東馬出ということである）が大手だというが、本当だろうか。結論を先に言うと、この説は岡崎城の成り立ちと展開を踏まえれば、ある時期においては妥当な考えと思われる。

岡崎城は徳川家康が生まれた城と言われ、我々はあたかも家康誕生時から江戸期の岡崎城があったように理解しがちである。しかし、絵図・伝承など、今に伝えられている岡崎城は、一七世紀半ばに近世城郭として完成された姿である。家康が誕生したという坂谷邸の位置など詳細が不明なのは致し方ないとして、家康在城時の城郭構造などはほとんど知られていないと言ってよい。

「岡崎城の歴史」というと、松平氏が岡崎に入部する以前の国人西郷氏の動静からはじまり、松平清康の本格的築城から家康在城時まで、田中吉政を挟んで近世大名歴代の事績を述べるという図式になっている。しかし、それは城主の歴史に過ぎない。これまで、岡崎城の構造としての歴史、あるいは変化の過程の究明は、ほとんど進んでいないのが現状である。

本稿では、岡崎城の形成を構造面から述べることが目的である。しかし、岡崎城の形成と徳川家康在城期を含む中世の岡崎城を具体的に示す史資料は皆無に近い。ここでは、想像をも含む、可能性としての大きな想定を行って課題となる点を示し、今後の岡崎城形成過程の究明に生かせればと考える。岡崎城は、もともと総堀より内部の全域を指す。しかし、現在は内郭の一部のみが岡崎公園の中に遺構を残しているにすぎない。以下では、かつての岡崎城の全域を念頭に、中世から近世への変遷を考察する。

清海堀伝承と岡崎城地

岡崎城を最初に築いたのは、西郷清海という人物とされ、岡崎城本丸北側の堀に、「清海堀《せいかいぼり》」の名を残している。これまで長く、清海は本来の拠点である岡崎城の南を流れる菅生《すごう》川左岸の明大寺《みょうだいじ》（岡崎市明大寺町）から川を越え、新たな本拠として岡崎城を構築したと考えられてきた。しかし、『新編岡崎市史』は、西郷氏の拠点は以後、岡崎松平氏を挟んでその後継者となる松平清康の時期まで明大寺であり続け、本格的な岡崎城への移転・構築を果たしたのは松平清康であることを明らかにした。これにより、清海による岡崎城は、一五世紀半ば頃に岩津（岡崎市岩津町）周辺に勃興しつつあった松平信光に対抗するため、菅生川北側に築いた砦と評価された。一般に清海堀と呼ばれる堀で区切られる城地は近世岡崎城の本丸程度であり、砦と捉えることは首肯できる。

現在の岡崎城地は、甲山《かぶとやま》から発する半島状丘陵の先端地にあたる。丘陵先端部は竜頭山《りゅうとうざん》と呼ばれ、地誌『三河堤』は、「尾か頭（さき）か不知」により城地を岡崎と呼ぶようになったと伝えている。しかし、当然これは伝説の類に過ぎない。同じく地誌の『岡崎城主歴代』は、「その説忘（妄の間違いカ）説ならん」としているが、続けて「岡崎（城）の地は小山崎嶇として平坦ならず」とある。

城地東北にあたる甲山から続く丘陵は、ぐっと高さを減じ、現在の東・西康生通をわずかな高みの尾根として岡崎公園入口地点に至る。さらに、公園入口から東曲輪（現在は岡崎公園入口正面の駐車場）に続き、本丸大手口を経て本丸内部に至っていたと考えられる。尾根筋の南側は古い菅生川が裾を洗う断崖となり、北西側には大小の谷筋が下っていたのだろう。本丸の北側には、清海堀となる谷と後に二ノ丸になる文字通り緩やかな谷の「坂谷」があり、その北側には、北切通しになる細い谷合と大林寺曲輪堀になる長大な谷が合流していたとみられる。さらにその北側には、後の時代に削られて大林寺境内となる天神山があった。天神山の北側は、総堀になる谷合で、現在も痕跡が残っている。このように、岡崎城構築以前を推定すると、変化に富んだ地形が想定できる。

　さて、「清海堀」の位置は地誌類にその根拠を求められている。『三河名勝志』に、「干今本丸東北を青（清）海堀という」とあり、現在の比定地を示しているようである。しかし、前節で紹介した「書き上げ」には、まったく異なる清海堀の見解が示されている。

　此コマ櫓より西へ挙母櫓下へ堀切ル、此堀ヲ青海《セイカイ》堀ト云由昔西郷弾正左衛門隠居名青海《セイカイ》、此人かさしと此堀切シテ、本丸二ノ丸斗ニテ一城ト成シ給と云所之者申伝ル由、

〔現代語訳〕護摩櫓より西へ挙母櫓下へ堀を切っている。この堀を青海堀と呼ぶという。昔、西郷弾正左衛門青海は「かざし」（障害）とこの堀切によって本丸と二の丸のみで一城としたと、ある人が申し伝えている。

「書き上げ」では、二の丸の北の堀を清海堀と呼んでいるのである。これは、岡崎城の形成を伝える地誌類より古い時期の伝承を記録したものとも考えられる。現在の清海堀の根拠とされる地誌類では、「本丸の北」とするものは少数であり、「城の北」を掘り切った部分を清海堀とするものが多い。実は、本丸の西や本丸の東北というものもあるなど、この伝承自体が非常にあいまいである。岡崎城の清海堀を述べたものに共通する意味合いは、岡崎城を城郭としてはじめて構築するという脈絡の中で登場することである。「書き上げ」では清海堀で区画し、本丸と二の丸で一城を作ったと記す。地誌類では、北を掘り切ることで堅固な城郭ができたと記すに止まる。

　現在の比定地である本丸北側を清海堀と呼んだほうが今の我々にはしっくりするが、清海堀伝承に確かな根拠があるわけではない。しかし、竜頭山の尾根筋の要所を掘り切り、城郭を形成するという過程があったのは間違いない。清海堀伝承は、尾根を掘り切り、岡崎城を形成する基本的な過程を語ったものと理解される。それは、岡崎城の神話時代ということができよう。

清康による岡崎城構築

松平清康は、安城松平氏の七代目にあたる人物である。天文四年（一五三五）の「大樹寺多宝塔芯柱銘写」（大樹寺文書）には、「世良田次郎三郎清康安城四代岡崎殿」とあらわれる。清康は、安城城を本拠とする松平信忠から家督を譲られ、やがてその本拠を現在の岡崎城地付近に定めることになる。しかし、〝謎の人　清康〟と言われ、伝えられる一次史料はほとんどない。清康が信忠から家督を譲られた経緯や、現在の岡崎の中心市街地付近に足掛かりを得る過程についても、非常に不明な点が多い。

とはいえ、清康が岡崎松平氏を継承したこと、その結果、西郷氏から岡崎松平氏の本拠になっていた菅生川南岸明大寺の居館を、清康が拠点としたことは明らかである。大永七年（一五二七）に清康は、明大寺に家城《いえじろ》を構えていた。『宗長手記』同年三月二十六日条には、次のようにある。

それよりやはぎのわたりして妙大寺、むかしの浄瑠璃御前跡、松のみ残て、東海道の名残、命こそなかめ侍つれ、今は岡崎といふ、松平次郎三郎の家城也、

〔現代語訳〕それより矢作川を渡って妙大寺（明大寺）に着いた。昔話の浄瑠璃御前の跡地は松のみ残っていたが東海道の名所であり、命があってのものである。今ここは岡崎と呼ばれる。松平次郎三郎（清康）の家城がある。

松平次郎三郎は清康で、家城といわれているのが平岩城（岡崎市上明大寺町）である。平岩城は、現在の名鉄東岡崎駅前に所在し、西郷氏が永享年間（一四二九～一四四一）に構築したと推定される城館である。菅生川へ突き出した半島状地形のやや高くなった先端部（比高五m）に位置し、周囲は切岸と堀がまわっていたと考えられる。規模は、東西八〇×南北五〇mほどと推定される。

大永七年から四、五年後となる享禄四年（一五三一）頃、清康は本拠を菅生川北岸へ移したとされる（『新編岡崎市史

2』)。これが、やがて近世の岡崎城へ展開を遂げることになるのである。清康は、城下編成のために寺社を周辺に配置した。岡崎城の北側には大林寺、北東に甲山寺、菅生川を越えて南東に六所神社、南側には龍海院である。

浄土宗西山深草派大林寺は、明応二年(一四九三)に明大寺に創建された岡崎松平家の菩提寺光林寺を前身とし、享禄三年(一五三〇)に清康の命で岡崎城北側の現在地に移転した。甲山寺は、安城松平家の本拠安城城の西方に所在した薬師堂と付属の六坊を、清康が岡崎城東北の甲山に移して甲山寺とした。龍海院は、享禄三年に清康が創建した曹洞宗寺院である。是《ぜ》の字《じ》寺といい、清康の帰依を得た。

六所神社は、松平広忠により勧請されたとも言われる。しかし、天文十五年(一五四六)の松平広忠寄進状(龍海院文書)にはすでに「六所の谷」とあり、この時までには六所神社は松平郷(豊田市)から明大寺へ勧請されている。よって、それ以前に清康が勧請していたと考えられている。六所神社は、清康の家城である平岩城の南側背後四〇〇mの地点に鎮座し、参道前の御旅所と一の鳥居は平岩城とほぼ正対している。大永七年(一五二七)に松平六所神社は不慮の事故で焼亡し、「一門・一族」の奉加が行われ、松平長忠・信忠の寄進が知られる(「六所神社造営奉加帳」松平六所神社文書)。清康による奉加への関わりと明大寺勧請の経緯は知られないが、「松平一党之氏神・先祖崇敬之霊社」(前文書)である松平六所神社を家城の背後に勧請した清康の意図は明らかである。六所神社は、おそらく清康の明大寺在住時に勧請されたと思われ、城館を菅生川以北へ移転した後も城下域のキーポイントにしていたと考えられる。

清康は、大林寺は岡崎松平氏の、甲山寺は安城松平氏の、六所神社は松平一党一族の、龍海院は自身の権威をそれぞれ岡崎城の城下域に配し、これらを統合したのである。中心に位置した岡崎城は、その軍事的実力の源泉となった。

草創期の岡崎城

『新編岡崎市史』では、清康の岡崎城の構成・構造を伝える史資料はまったくなく、不明であると述べる。近世の本丸には、清康時代に安城より遷座した八幡宮があり、本丸は八幡曲輪と呼ばれた（『龍城中岡崎中分間記』）。かつて、本丸の南側は傾斜していたようで、現在でも本丸天守台のある部分ではやや高く、南側は低くなっている。平成九年（一九九七）の地中探査レーダー調査によれば、本丸の南端は盛り土で造成されていたとみられる。広大な城下域を確保した清康だが、城郭本体の範囲は不明である。『岡崎市史　第弐巻』（旧市史）は、近世の大手付近までを城域の範囲とするが、根拠はない。清康は八幡宮を屋敷神として、明大寺の家城よりも格段に軍事性を高めた（南側の川側から比高一〇m）本丸に居館（屋敷）を構えたのだろう。

清康の時代は松平氏の歴史の中で、一族一揆の時代であった。ならば、当時の岡崎城は、他の松平氏の居城と比べて規模は大きいものの、構成・構造に大きな違いはなかったと考えられる。

天文十四年（一五四五）の妙源寺文書には、「岡崎市場」が現れる。『岡崎市史　第弐巻』によれば、のちの大手付近に市場地名があったという。すると、この岡崎市場は岡崎城に付帯した市場であった可能性が強い。松平庶家の城館には、ほとんどその付近に市場地名を見ることができ、城館に密接した位置を占めている。したがって、岡崎市場も同じ例となろう。

一族庶家の城館は、主郭と二の丸相当の曲輪を持つことが多い。清康の岡崎城も、本丸と付属の曲輪程度で構成されていたと考えたい。その場合、本丸は近世の本丸に比定され、二の丸はのちの東曲輪にあてられる可能性が高い。東曲輪は本丸から続く尾根上に存在し、本丸に次ぐ曲輪を形成する適地だったと判断できるからである。近世の二の丸は当時どのような状態であったか想定しがたいが、各曲輪は城域の中にあって分置されていたと考える。のちの「上の馬場筋」が大手筋で、沿道に岡崎市場が開かれ、その東は「殿町」があって、家臣団の集住地だったと推定される。

家康の時代へ

清康横死の後、家督を継いだ松平広忠は、松平氏一族の内訌をよく戦ったが、やがて尾張の織田信秀と松平氏内部で織田氏の後援を受けた勢力に追い込まれた。広忠は「（岡崎城）一城になる」（『松平記』）とあるように、岡崎城のみを保持するばかりであったことはもちろんのこと、岡崎城は織田氏によって落城したとも考えられる（「菩提心院日覚書状」本成寺文書）。

広忠の没後、三河に進出した今川氏は岡崎城に城代を置いた。同じ西三河にある西尾城は当時、今川氏によって改修されており、岡崎城も同様に改修が及んだ可能性がある。しかし、今川氏は岡崎城付近の軍事的拠点としては山中城（岡崎市舞木町ほか）を重視していたと考えられる。したがって、確証はないが、広忠期および今川氏城代在城期には、岡崎城の構造を大きく変化させるような改修はなかったと考えたい。

永禄三年（一五六〇）の桶狭間合戦の結果、岡崎城に松平元康が復帰する。元康、改名して家康、のちの徳川家康は元亀元年（一五七〇）に本拠を浜松に移すまで、岡崎城を本城とする。その後、嫡子松平（岡崎）信康とそれを引き継いだ城代の支配期間を含めて天正十八年（一五九〇）までの間、岡崎城は徳川氏の本領三河の要となる。その間、岡崎城は改修により大きな変化を遂げていくと考えられるが、それを具体的に示す史資料はやはり乏しい。したがって、家康領国時代の岡崎城の変化と想定される構造を、次に「家康の城郭」という側面から考察する。

権現様の御縄張り

徳川家康の岡崎在城時は、前半は西三河、後半は東三河で領国の拡大をすすめ、永禄十一年（一五六八）になって遠江に進出している。この間、岡崎城は「当城永禄年中権現様御縄張之由」（『龍城中岡崎中分間記』）がなされたといわれる。しかし、その内容や実態はわからない。そこで、永禄年間の「家康の城郭」を検証し、「権現様の御縄張り」

の内容を想定してみよう。

永禄六年（一五六三）十二月、三河一向一揆の最中に、家康は本多豊後守広孝に土井城（岡崎市土井町）を安堵した（永禄六年十二月七日「本多豊後守宛松平家康判物写」『譜牒余録』所収文書）。土井城はこれまで本多氏の居城と評価され、松平家康判物の一条では、土井城を「別条」はないとして広孝に（従来通り）安堵したとみなされる。しかし、周辺に類を見ない土井城の規模（一〇〇×四〇〇m）や連郭式の複郭構造を踏まえて考えると、構築には家康の関与が推定される。土井城は、三河一向一揆に対する拠点として家康が構築に大きく関わっていたと判断してよい。平地のため堀は比較的広いが、基本は三つの土塁囲みの曲輪が並置される構造である。また、虎口受けの小曲輪が認められる。

永禄十二年（一五六九）、遠江に進出した家康は同国見付（静岡県袋井市）に城之崎城を築く。この城は築城途中に放棄され、浜松城に移転したと考えられている。見附古城の絵図（名古屋市・蓬左文庫蔵）が伝えられており、当時の構造がわかる。それによれば、比較的大きな曲輪が併存して配置され、堀と土塁を巡らす。主郭の隅には櫓台があり、要所の虎口には折を付けて、横矢を構えている。各曲輪には、階層的な機能が与えられている。絵図ではあいまいな表記になっているが、外郭部も存在したとみられる。これらの構造が独自の特徴であったとまでは言えないが、その時代の家康築城術の一水準を示すということはできる。

永禄年間の家康の城郭は、堀で囲んだ土塁を持つ曲輪がいくつか併存するものであった。岡崎城は、堀と土塁で囲まれた本丸・二の丸・東曲輪・その他の曲輪が配置され、さらに階層構造が進んだ虎口の構えがあったと想定したい。近世において東曲輪は、東切通しや二の丸堀、その他の堀等で周囲を空堀で囲まれており、遡った時期のかつての形態が復元できる。永禄期までには、東曲輪は空堀で囲まれ土塁を備えた一つの曲輪として存在したと推定したい。大手虎口の位置は不明だが、何らかの構えがあった可能性は高い。

二、織豊系城郭岡崎城へ

天正六年の岡崎城普請

深溝松平家四代の松平家忠の日記である『家忠日記』天正六年（一五七八）二月十一日の条に、「新城普請ふれ候て」とある。この新城は、天正六年二月以来、家忠も加わって普請した岡崎城に付属する城であったと考えられる。天正六年の『家忠日記』に現れる新城は、岡崎城の普請であるとは書かれていない。しかし、その前後の記述から岡崎の普請であることは判明し、また、後述する天正十三年の日記の記述からも、岡崎城に付属する新城であることは明らかである。この時、依然として徳川氏の脅威であった武田氏に備えた普請と思われる。天正六年に普請された岡崎の「新城」はいったいどこなのだろうか。

同書では、天正七年に松平信康が家康から粛清されたとき、西尾城には「本城」と「北端城」が確認できる。一般的に、本城（本丸）に隣接した曲輪は、三河では端城（はじろ・はじょう）で呼ばれることが多い。新城は本城より一定の距離を取り、しかも独立して防御の拠点足りうる施設だったと考えることができる。岡崎市岩津町には岩津（本）城と岩津新城が三〇〇mを隔てた距離にあり、新城は本城と同時代に使用された可能性が強い。

一方、比較的古い岡崎城絵図は、備前曲輪を「三の丸」と記している。一連の絵図は誤りを踏襲する傾向があることを考慮しても、この三の丸を複数系統の絵図製作者が続けて間違うことは考えにくい。このことから、東曲輪から東側二〇〇mあたりの地点に位置する岡崎城内郭東辺の備前曲輪が、拠点の曲輪として重くみられていた証左とみなすことができる。新城は、のちの備前曲輪だったと考えられる。やがて、三の丸は二ノ丸の外側の曲輪を指すように修正され、かつての三の丸は備前曲輪と呼ばれるようになったのではないだろうか。

また、「書き上げ」には、三の丸歓城院の裏庭から備前曲輪への古い土橋の痕跡があると記されている。近世には、備前曲輪と三の丸は三の丸堀上の三の丸門土橋で結ばれていたが、かつてはその南側にも土橋があったらしい。天正六年普請の新城の形態は不明だが、近世城郭になるまでの間に三の丸堀で土橋の位置が改修されていることは想定可能である。近世の備前曲輪の形状から天正期の新城を推定すると、本体は方形で北側に虎口を持ち、周りを堀で囲んでいたと推定する。天正六年時には、本丸ほか主要部からやや離れた位置にあって新しい防御拠点となったと考えられる。東方からの武田氏の脅威に備えるために築かれたと考えられ、位置的には適当である。

天正十三年の岡崎城普請

天正六年から七年後、天正十三年（一五八五）のことである。十一月十三日、徳川家康が豊臣秀吉と激しく対決する中、家康の重臣で岡崎城代であった石川数正は、豊臣秀吉のもとに出奔した。『家忠日記』には次のようにある。

十三日己酉、永良より帰候、石川伯耆守上方へ退候由にて、亥刻ニ注進候、則岡崎へこし候へハ、伯州尾州へ女房衆共ニ退候、新城七之助かまえニ居候、国衆其外より先にこし候（『家忠日記』続「史料大成」本、一部修正、傍線筆者）

〔現代語訳〕十一月十三日、（家忠の所領の）永良（西尾市）から（本拠の幸田町深溝《ふこうず》に）帰っていた。午後十時頃に、石川数正が上方に向かったという知らせがあった。すぐに岡崎に行ったら、数正は女房衆とともに尾張へ去っていた。（私は岡崎城の）新城（の中の）七之助かまえに居た。ほかの国衆より先に行った。

日記の筆者である松平家忠は深溝から岡崎に急行し、新城の七之助かまえに入ったのだが、この新城は前節で述べた天正五年二月以来、家忠も加わって普請した岡崎城に付属する新城とみて間違いない。

家忠は十一月十六日に岡崎へ来た家康から、岡崎城に早く来たことを褒められている。翌々十八日には岡崎城の普請に出向いているが、家康の使いの平松金次郎より「各国衆より普請はやく仕候由にて」と伝えられている。このときの岡崎城普請は、石川数正事件に対処するためになされたと言われている。『家忠日記』のその前後の記述から、家忠は岡崎城普請の手伝いに急遽投入され、しかも分担を早く仕上げて、すぐさま日記に詳述される東部《とうべ》城（幸田町）普請に回されたのではないかと思われる。

当時、岡崎城普請は家忠を除く各国衆で行われていたと考えられる。家忠の東部城普請も、関連する戦略の一環であったとみられる。この年の二月には、「吉良の城」が惣国の人足によりつき上げられている。この時の普請の一端を示すのが、当時の西尾城本丸虎口を作る馬出とみられ、それは西尾城二の丸の三日月堀遺構であったと考えられる（『西尾城Ⅰ』西尾市教育委員会）。『家忠日記』によれば、当時、家康は頻繁に浜松から西尾と岡崎を訪れている。豊臣秀吉に対処するための行動であろう。岡崎城も、西尾城程度かあるいはそれ以上の防御を図るため、普請が行われていた可能性が高い。

すると、岡崎城本丸北側の現在は清海堀と呼ばれている堀と虎口の形状は、この時期の普請としてもよいのではないか（詳しくは後述）。家忠は東部城を担当しているが、西尾城や岡崎城の普請には従事していない。だからといって、岡崎城の大規模な普請がなかったとはいえない。

天正期の岡崎城

天正期の岡崎城は徳川領国の本城ではなくなり、松平信康が城主を去った後は城代支配となった。しかし、岡崎城は徳川氏の本領三河の要であることには変わりなかった。実は、天正期の徳川領国の危機（武田氏と豊臣氏の来襲）を真正面から受け止めたのは岡崎城であった。その二度にわたる危機の中で、岡崎城は急速に要害化が進行したと考えられる。

当時の外郭部の様相をみてみよう。絵図によると、三の丸と浄瑠璃曲輪の境には短い堀が見える。諸絵図により形状が違い、直線となるものや弧を描くものもある。比較的正確な形状を描く和田家伝来の絵図では、三日月堀になっている。堀の内側（三の丸側）は土塁のみで、開口部が虎口となる。

「書き上げ」では、この虎口を三日月堀と土塁でつくる「違口」＝喰い違い虎口としている。たしかに、城道はこの地点で二折れするが、この虎口は本来、土塁開口部の前面に三日月堀を配した虎口とみるべきだろう。中世城郭ではしばしばみられるものであり、「書き上げ」の筆者は近世段階の城道に注意をそらされて記したと思われる。土塁開口部前の三日月堀で、堀と土橋はないため馬出とすることはできないが、中世城館の形態である。踏み込んでいえば、馬出への指向をもった虎口といえよう。つまり、近世城郭成立以前に構築されたものが、近世城郭に持ち込まれて残存したものと考えられる。この堀は、明治期の廃城以後に設置された監獄敷地となった際に埋められたようで、地籍図などにも痕跡はない。

平成二十三年（二〇一一）の岡崎市教育委員会による三の丸発掘調査で、東切通しの東側から三日月堀が発見された。この堀は近世の絵図にはなく、近世城郭成立以前に廃棄・埋没されたと判断できる。弧状の三日月堀であり、他の堀へ延長していた形跡はない。西側背後には東切通しがあり、土橋や木橋を設置すれば馬出と想定できる。検出された馬出は東曲輪の虎口で、南側崖端を防御する目的だったと思われる。以上のことから、前述した虎口と南側の馬出を結ぶ当時の外郭線が想定できる。天正年間の徳川領国時代の岡崎城は、のちの三の丸の中程を南北に区切る線までを城郭の外縁としていたと考えられる。

主要部では、本丸北側にある清海堀は二重に堀を配置し、ともに曲線のラインを見せている。堀の曲線は中世城郭の空堀を思わせ、以前から清海堀は中世に成立した遺構と考えられてきた。二の丸から本丸へ至る範囲はたいへん複雑で、多くの屈曲を伴う構造を示す。本丸大手虎口と持仏堂曲輪は、ともに馬出となっており、両者は細い回廊のような帯曲輪で結ばれている。二の丸から太鼓門枡形を経由して持仏堂曲輪へ入り、大きく反転して帯曲輪を進む。帯曲輪には途中に仕切りの塀があり、さらに大手虎口（＝大手馬出）に進むことになる。この構造は重ね馬出であり、徳川氏が当時、最新の技術レベルで岡崎城に構築したものと考えられた。ただし、現在の堀幅は近世時に拡大されていると思われ、空堀の外側法面の石垣も同様であるが、この評価は変わりない。

先に西尾城の二の丸で検出された三日月堀遺構の構築は、岡崎城清海堀付近の改修と同時期の可能性があると述べた。西尾城の遺構は発掘区内の確認に止まり、構造全体は不明である。しかし、推定される構築時期やその類似する遺構から、岡崎城の本丸北側の基本的な構造が完成したのも西尾城の馬出遺構完成の前後だろうと推定される。

田中吉政の岡崎城拡張

天正十八年（一五九〇）七月、徳川家康は豊臣秀吉から関東移封を命じられると、同年十月に田中吉政が三河額田・加茂両郡で所領を与えられ、岡崎城主になった。吉政は「大ニ城郭ヲ啓ク」（「岡崎歴代記」）と伝えられ、岡崎城の拡張を図ったとされる。また、矢倉や城門を新造し、堀や土居を築いて「当城ノ堅美往昔ニ踰《こ》エタリ」とある。「岡崎歴代記」などの地誌類には、城北の天神山を切り崩して城西の沼を埋め立て板屋町や田町など城西の町々を造成したこと、東西の総堀を構築したこと、菅生川（乙川）南岸を通っていた東海道を岡崎城のある北岸に付け替えたことなどが伝えられる。

堀江登志実は、田中吉政入部時の岡崎城は「本丸・二の丸・坂谷・東の丸程度」であり、吉政はこれに侍屋敷と町屋を造成して総堀で囲んだとし、三の丸の構築についてはその判断を避けている（『田中吉政』「三河時代――城下町の建設」）。しかし、移封前の徳川氏時代の岡崎城は、のちの二の丸馬出付近までを外郭としたと考えられ、また、城東の馬出や大林寺曲輪堀は本多豊後守家の時代の造成であるため、吉政により城東の三の丸後の中堀付近まで拡張されたと判断できる。

総堀の構築

地誌類は、吉政が東西の総堀を構築し、岡崎城に総構を築いたと伝える。後世、総堀は「田中堀」と称される。亀井戸（亀井町）にあった万徳寺は、吉政によって移転させられたという（「万徳寺縁起」）。亀井戸は、東側総堀北半の外側に比定される。また現在の御旗公園（材木町）は、北側総堀の西半をなす材木町北の総堀の埋め立て跡に造成されている。御旗と松応寺（松本町）付近は、吉政によって移転させられた稲前《いなさき》神社の所領であったと伝える資料がある（『参河名勝志』）。この伝承では、材木町北の総堀も吉政の工事と解され、北側を含む総堀が吉政により構築されたと考えられる。

しかし、北側の総堀は、材木町と連尺町の東海道とそれに規制された町割にほぼ並行している。連尺町の東側や材木町に東海道が通るのは慶長年間とされている。街道と総堀はセットで整備されたとも考えられ、これらを整合的に理解することが課題である。

街道の付け替えなど

地誌類では、吉政が街道を菅生川南側から北側に付け替えたとする。そのルートは、東から移転前の榎町、唐沢町、北折れして移転前の六地蔵町、横町、西折れして城のすぐ北を抜け、城西の田町、板屋町に至って矢作《やはぎ》川の西方向に達するルートであったと見られている。このルートは矢作橋の架橋と密接に関連する。慶長三年（一五九八）とされる牧野康成書状（「松平甚助指出古文書」）に「橋方之御普請」とあり、吉政の計画と実施が確認されている。吉政は、板屋町の南の福島に寺内町の建設を目指したが、完成に至らなかったようである。街道の付け替えと矢作川架橋は、城西の町々と福島および矢作川に沿う矢作宿の一部の八町とを結びつけようとしたものであった。福島の南の福島口は、矢作川に沿って南下する吉良道に続き、さらに西尾城へ連絡することも注意される。

なお、慶長五年（一六〇〇）頃とされる加藤義勝書状（色川三郎兵衛氏所蔵文書）には「城下道」とあり、通行許可を吉政に求めたと理解されている（堀江登志実『東海道城下二十七曲り』）。岡崎城下道が通行規制されていたのは明らかである。

天守の造営と石垣普請

天守は、田中吉政により造営されたと考えられる。本丸北西端にある天守台は、昭和三十四年（一九五九）の復興天守閣建設時に上部の積み直しが行われている。創建時の様相は明らかでないが、基底部は創建時の状態をとどめると思われ、比較的大きな割石を用いた野面積みである。しかし、打ち込みハギへの指向が感じられ、野面積みの基本を示すとされる東海道沿いの浜松城や二俣城の天守台と比較すると、技術的には進化した様相がみられる。また、隅角部は未熟な算木積みで、現在は「逆反り」を呈している。これを、当初からの古態を示すものとみなす意見があり、類例も存在するという。しかし、再建以前の古写真には反り勾配とみえるものもある。現在のところ、確定的なことはいえず、積み直し以前の様相を探るほかにない。

また、藤岡通夫氏によれば、当初は方形平面であった天守台は、元和期に改修されて現状の長方形平面になったと理解されている。髙田徹氏は、天守台が本丸北側土塁を一部利用して設置されていることを確認し、家康時代の土塁とその後に続く天守台創建時の様相を復元している。天守台以外に、吉政によって築かれたと考えられる岡崎城の石垣を確認する資料は、今のところない。田中吉政による石垣普請は、天守台を含めて一部になされた可能性が指摘されるにとどまる。

石垣の構築に関する絵図として、水野氏時代と推定される岡崎城絵図が存在する（参州岡崎城図〈岡崎市蔵〉）。これには、絵図作成当時までに石垣普請がされていた部分が赤く記入されている。内郭周辺（東馬出南北の東辺・菅生川端から白山曲輪外側・大林寺曲輪北側辺)は、いずれも近世初頭に整備された石垣と考えられる。そのほかには、櫓台と本丸・二の丸周辺の構築時期をいつに求めるかが課題となる。櫓台のうち、天守台は吉政が構築したと指摘される。また、本丸南側面＝風呂谷北側の石垣は荒い割石を用いているが、間詰め石を入れた野面積みであり、吉政が構築した可能性がある。稗田門についても、吉政時代の大手であれば、石垣構築の可能性は否定できない。二の丸にはほとんど遺構は残らないが、隠居曲輪と接する南側一部に古態の石垣が残存する。

参州岡崎城図の中で注目されるのは、稗田門から内郭中枢部に至る北切通しの東辺が、総石垣で構築されている点である。ほかの絵図も同様で、東切通しが腰巻・鉢巻石垣で土居を基本としていたことに比較すると、この石垣は吉政時代に稗田門に続く要所として、高石垣が構築された可能性が高いと考えられる。

吉政時代の石垣化普請のあり様は、本丸やそのほか周辺に残存する石垣調査の進展に期待するしかない。吉政の石垣普請は、さらに明らかになるだろう。

稗田門と「白山郭門」

城西の白山曲輪や稗田曲輪は、近世はじめの本多豊後守時代の造成とされている。しかし、稗田門は、当初は櫓台を備えた外枡形門であった。また、白山曲輪には櫓台を備えた内枡形門があった。「書き上げ」には、

此所ニ石垣櫓台・石垣舛形白山郭ヨリ外エ虎口ト見エ申候、橋も無也、昔其事無之止ミ候ト云、

〔現代語訳〕この所に石垣の櫓台と石垣の舛形があり、白山郭から外へ出る虎口と見えます。しかし、橋はなく、昔橋を架けることを止めたと云います。

白山曲輪の虎口は、総石垣造りであった。二つの門は、石垣の櫓を虎口前面に構築しており、軍事的な機能を強く意識している。城東にある各門は、櫓台に直接しない構造で明らかにその形状を異にする。二つの門は典型的とはい

えないが、織豊系城郭虎口の様相を示している。白山曲輪の門は近世を通じて放置され、利用されなかった。白山曲輪の門と稗田門は、セットで計画されたと考えられる。稗田門が吉政時代の大手ではないかという考えは、すでに『新編岡崎市史』で指摘されていたが、虎口構造からみてその蓋然性は高い。吉政は城西の曲輪造成に着手した可能性があり、それは城西の町屋と交通を重視した政策の表れであった。

三、近世の岡崎城

近世大名家の岡崎城整備

慶長五年（一六〇〇）、本多豊後守康重《やすしげ》が岡崎藩主になり、同家の治世は、本多康重・康紀《やすのり》・忠利《ただとし》の三代四十五年間にわたった。本多氏（前本多）は、岡崎城の形態をほぼ近世の岡崎城内郭の範囲にまでに拡大し、構築を進めたようである。この時代には、白山曲輪の造成・東馬出の構築・菅生川端石垣の構築・天守の再建などが行われた。また、大林寺曲輪堀の開削と材木町への街道の迂回を実現している。

慶長年間には、「東の馬出」が築造された（『龍城中岡崎中分間記』）。備前曲輪の東側に開口部を設け、それに付属させ、一体的に構築されたと考えられる。この馬出の構築は、備前曲輪の東側の堀（黒門外堀）の整備を伴った改修と連動し、すなわち近世岡崎城の内郭東側が定まったと判断できる。同じく、慶長年間に家康の命で大林寺曲輪堀の開削が行われている（「慶安年間書き上げ控」大林寺文書）。大林寺曲輪堀の西側は堀幅が八〇ｍにも及ぶが、もともと大きな谷合の地形に由来する。このとき、おもに大林寺曲輪堀の東側が築造されたと考えられる。この工事により大林寺下道が廃止になったが、のちに水野氏によって復活された。これは後で触れる。城郭の形態に着目すると、大林寺曲輪堀東側の堀の築造により、浄瑠璃曲輪が整備・完成されたと考えられる。浄瑠璃曲輪は、東側に連尺先の大手門が開かれる曲輪である。

三代目忠利の代に、菅生川端から稗田門に至る城郭南・西側縁辺部に石垣が構築された。これにより、慶長年間築造と伝えられる白山曲輪は安定をみたと考えられ、菅生曲輪もまた同様と考えられる。これらの工事によって近世岡崎城の「中堀」が完成し、前本多家時代に近世岡崎城の概要が定まったといえる。これらの外郭工事は、当然その内部構造にも変化をもたらした。

城外では、正保元年（一六四四）から同二年にかけて、城下の街道に八ヶ所の木戸が設置された。ちょうど、城主が本多氏から水野氏（水野忠善）に代わる頃であった。正保四年から水野忠善は城下町の大改造を始め、唐沢町・六地蔵町などを総堀外に移転させ、承応三年（一六五四）には籠田・松葉の総門を完成させた。

天守の再建と本丸

岡崎城天守は、田中吉政が最初に築いたと考えられている。この天守は天正地震で崩壊し、元和二年（一六一六）に本多康重が再建した。再建に際し、天守台を拡大して付櫓を追加したと考えられる。「書き上げ」によれば、近世の天守の東西軸は南側に三〇度傾いていた。天守台北側と西側の廻りに三間（五・四m）ほどの間隙があり、塀が巡らされていた。天守には、東側の付櫓（井戸櫓）と南側の三段の付櫓が付属していた。

近世の本丸には、虎口が四ヶ所あった。一は天守裏の廊下橋へ出る虎口で、井戸櫓の冠木門から持仏堂曲輪へ出た。二は本丸大手門で、一・二の門のある出枡形であった。三は風呂谷へ出る虎口で、門があった。四は本丸西南の埋門で、土塀で複雑な喰い違い虎口を作っていた。おもな建物は、天守・大手表門・巽櫓・三階門（御三階櫓ともいうが、近世後期にはなかったらしい）・風呂谷門・月見櫓などであった。

二の丸と東曲輪

二の丸は、近世初頭に土砂の積み増しが行われながら整備されている。二の丸の発掘調査では、一・二m～一・五mほどの厚みで近世初頭の土層が確認されている。一部の調査では、近世の土層下で中世の銅銭が発見されている。中世のある時期にも曲輪として使われていた可能性もあるが、確証はない。近世の二の丸が形成されるのは、積み増しが開始されて以後のことになる。田中吉政が城主の時期から整備されはじめ、近世初頭に完成するとみられる。

東曲輪は、岡崎城の近世化以前は本丸と並ぶ重要な曲輪であったと考えられる。それは、岡崎城絵図の一つに東曲輪が「本丸」と記載されていることが一つの根拠である。かつて、尾根筋は本丸から東曲輪を通り、三の丸方向へ続いていた。近世の二の丸は、以前にはその尾根から下る広く緩い斜面上であったとも考えられる。二の丸が積まれる以前は、東曲輪が二の丸より優位な曲輪であったとみられる。

二の丸は、東側に開く七間門《しちけんもん》を大手としている。七間門を出た城道は、東曲輪の北西部を切り取って築かれた枡形状になった所で北東に向きを変え、七間門馬出（二の丸馬出）に至る。七間門馬出の東西には冠木門《かぶき》があり、東側へ出ると東切通しに、西側へ出ると三の丸門から大手門へと抜けていく。この複雑な構成の中で、とくに七間門馬出は重要な位置を占めるが、その配置理由や機能等、変遷過程を推定・理解するのは非常に難しい。七間門馬出の遺跡は、現在では公園入り口前の国道一号線の真下となっている。

第一に、この馬出は徳川領国期の天正年間に造成されていた可能性が考えられる。複雑な構成は、中世の遺構を維持しながら近世化した結果と考えられる。諏訪原城（静岡県島田市）の構築は、家康によって天正年間に盛んに行われており（『家忠日記』）、その馬出は家康による構築であるとの考えが近年は強調されている。また、三河長篠城の調査でも馬出が発見され（『長篠城址試掘調査報告書』鳳来町教育委員会）、年代は天正三年（一五七五）前後と考えられる。したがって、徳川領国期の岡崎城に馬出が構築されていても不自然ではない。

平成二十三年の三の丸調査で、東切通しの東側から、近世には埋められてしまう三日月堀が発見されたことは先に述べた。これは、七間門馬出の南東部にあたる。七間門馬出との関係は不明だが、これにより七間門馬出が近世以前の構築との蓋然性は成り立ちうる。七間門馬出の位置は、城下大手筋にあたる「上の馬場筋」から直進して内郭と出会う位置にあり、北・東切通しを結ぶ要所を占めている。徳川領国期の岡崎城の大手口は、この位置にあった可能性が高い。しかし、七間門馬出が徳川領国期に存在したとして、その配置と構造を曲輪関係の中に想定するのは困難である。馬出は北東を向いており、近世の曲輪構成から素直につながる曲輪が二の丸なのか東曲輪なのかは不明である。よほどの曲輪改変があったとみなければ、この考え方は成り立たない。

一方、七間門馬出は近世になってから構築されたとの考え方もできる。中世では、尾根上の曲輪として重要視されたと考えられる東曲輪であるが、近世にはその役割を減じることになる。すなわち、二の丸が積み増されることによって高位の曲輪となり、近世的な階層上では二の丸より低位に位置付けられた。そのため、東曲輪の西北部が切り取られ、二の丸と東曲輪のバランスの良い位置に七間門馬出が設置されたとも考えられる。この考えは素直ではあると言え、ならばなぜ、このような複雑な虎口構成が採用されたのだろうか。いずれにしても、七間門馬出の理解は、現在のところ両説を提起するまでが限界である。残念ながら、二の丸七間門馬出構築時期の推定とその構成の理解は、今後の大きな課題としなければならない。

近世の二の丸には、虎口が五ヶ所あった。一は隠居郭門、二は東郭への埋門、三は七間門で、二の丸の大手であった。門前に枡形はなく、二ノ門（楼門）だけだったが、かざし（障害）として前述した丸馬出があった。四は北曲輪への廊下橋出口で、これは土塀を切り抜いた埋門であった。五は坂谷へ出る虎口であり、透門といった。二の丸の北東には護摩櫓、西北には挙母《ころも》櫓があった。

東馬出と東切通し

地誌にある「城東の馬出」は、備前曲輪東側の丸馬出と考えられる。先に、家康が天正六年に構築した新城は備前曲輪ではないかと推定した。その備前曲輪の東に馬出を構築したということは、備前曲輪を岡崎城の内部に取り込んだ普請であったと考えられる。冒頭で述べたように、「書き上げ」はこの部分が大手であるという。岡崎城絵図の中に、東馬出に「大手」と記載したものがあり、のちの大手は「大手脇門」と記されている。また、この馬出の出口は近世初頭までの東海道と出合う地点である。堀江登志実は、前本多氏がこの馬出の東側に接する区域で街路整備を進めたことを、絵図から明らかにしている。これらから、この馬出が前本多時代に大手口であったことはほぼ間違いない。

東馬出の構築と同時に、黒門外堀も整備されたと考えられる。黒門は、東馬出の「右口」または「引口」（脇口の意味か）ともいわれ（「書き上げ」）、東馬出とセットになる虎口であった。黒門のさらに南側の菅生曲輪には、菅生門が作られた。これら二つの城門から二の丸大手の七間門に至るルート上にあるのが、東切通しである。東切通しについて、「書き上げ」は次のように記す。

角櫓之下ヲ東切通しト云、石垣ニシテ折ヲ取見ヘ透ヲ留ル下ニ小門有、しとみ土居出舛形の心ニして門ヲ建ル、東郭より虎口三ツ有、東の方此かさしの外へ働ク口也、埋門虎口より出塀下ニ筋違之下リ坂有かさしへ寄ルヲ跡取切ル口か、七間門之方へ向カブキ門又七間門土橋先之塀ニ切戸有、かさしの内へ入敵ヲ込返スため哉、以上虎口三ツ也、

〔現代語訳〕隅櫓の下を東切通しという。石垣で折を取り、見透かされるのを防いでいる。下に小門があり、出枡形を意図して、門を建てている。東曲輪からは虎口が三ヶ所にある。東の方は、かざし（丸馬出）の外の敵を防ぐための口である。次に、埋門虎口から出て塀の下筋違いになる下り坂があるが、かざし（丸馬出）に入ろうとする敵を排除する口である。最後に、七間門の方へ向かう冠木門か七間門土橋の先に木戸があった。これはか

ざし（丸馬出）の中へ入った敵を追い返すためであろう。以上、虎口は三ヶ所である。

ここでは、東切通しの幾重もの防御の仕掛けを述べている。まず、通路に折をつけて見通しを防いでいる。入口には枡形門を備える。東の虎口は馬出へかかる敵を、埋門は丸馬出への入口の枡形へかかる敵を、冠木門か木戸の虎口は丸馬出の中に入った敵を追い払う役割があったという。このように、七間門への南からの入り口になる東切通しは、何重にも防御の仕掛けが施されていた。

浄瑠璃曲輪の成立

平成二十年（二〇〇八）、大手門の北側脇にあたる大林寺曲輪堀東端部が発掘調査され、野面積みの石垣が確認された（『岡崎城跡Ⅰ』）。一〇mにも及ぶ高さで、途中に段差を設けて二段に積んだ石垣であった。この石垣の造成年代については、さまざまな見解が述べられている。

この石垣の構築年代を、野面積みの工法から文禄・慶長年間と判断し、田中吉政在城時に構築されたとの意見がある。この石垣の存在により、慶長期岡崎城の外堀形成が進んでいたと判断した考えである。これに対し、岡崎市の発掘担当者は田中時代とは断定できず、大林寺曲輪堀の文献上の構築年代である慶長年間後半をも視野に入れる必要を述べている。それは、大林寺曲輪堀の構築時期を伝える大林寺文書から、本多康重時代の構築を想定している。

これら両説に対し、大手門がこの堀際に移転する正保年間の造営との見方も考えられる。先の両説は、比較的早い時期の構築を想定している。それは、石垣の構築方法に基づく見方であるが、はたして野面積みの石垣編年とその構築年代を一致させることはできるだろうか。発掘調査された箇所は大手門のすぐ北側であり、大手門の周辺は、一七世紀半ばに対面所の新設・連尺新町筋の開通をはじめ、大手門移転に伴う相当の改修が考えられる。したがって、大手門周辺の整備時期に石垣の構築年代を想定することも可能となる。むしろ、構築事情を考慮すれば、大手門を移転したと想定される正保年間とも考えられる。岡崎市の調査では、大手門付近以西の大林寺曲輪堀には同様の石垣の構築がみられない。この点からも、大手周りの高石垣は大手の修景が目的と判断され、大手周り改修時の構築が想定される。

大林寺曲輪堀の高石垣の構築時期については、現在のところ確定しがたい。田中吉政が構築した可能性もあるが、その場合、大林寺曲輪堀が田中時代の外堀なのか、または構築の意義は何なのかを明らかにする必要があろう。大林寺曲輪堀の成立が、浄瑠璃曲輪の形成と関わる点は否定できない。ここでは、大手門の移転と大林寺曲輪堀の開削は密接に関係していたと考える。ただし、石垣の構築時期については古い時期（慶長期）の可能性が残る。

連尺先大手の成立

岡崎城の本来の大手は東馬出で、「書き上げ」がいう搦手、すなわち言い慣わしの大手を「連尺先大手」とするが、成立時期は明らかになっていない。大手の移転、すなわち「連尺先大手」の成立は、対面所の新設・連尺新町の開設とそれらに密接に関連する木戸の設置などの側面から考察すべきである。

水野氏時代以降の岡崎城絵図には、大手門前に対面所が描かれている。対面所の新設時期は明らかではないが、旧来の「こしかけ」を発展させたものである。対面所の設置に伴って新道が作られ、この新道に開かれたのが「連尺新町」である。「連尺町享和元年二月書上げ」（『岡崎市史　第参巻』）には「一、町長　四町拾間　但し籠田町境石橋東端より新町西端石橋西端迄」とあり、「三州岡崎城図（名古屋市・蓬左文庫）」にはこの筋に「新町」の記入がある。連尺新町筋の開通で、東海道は岡崎城の大手周りの堀端（大林寺曲輪堀）に直接に接することなく、材木町へ抜けるようになった。旧道には連尺町木戸が設置され、近辺の岡崎城内郭へ「旅人」や「農・商人」が近づけない構造に変更・改修された。

対面所の設置・連尺新町の開設と異なり、木戸の設置は時期が明らかである。その設置は士庶分離のためであるという（『新編岡崎市史3』）が、連尺先大手口に一般人や旅人が入り込まないように直接的に遮断したのが木戸である。横町木戸・籠田町木戸・連尺町木戸・稗田木戸・大林寺木戸・桜馬場木戸・川端木戸・材木町木戸の八ヶ所は、正保元年（一六四四）より同二年に設けられた（『岡崎市史　第弐巻』）。正保元年時の城主は本多伊勢守忠利だったが、翌二年からは水野忠善となっている。このため、大手の移転は木戸が完成する水野氏の時代と考えられる。ただし、慶長十四年に街道が付け変わった頃から、次第に大手脇門の大手門化が進んでいた可能性はある。

白山曲輪と坂谷門

白山曲輪は、本多豊後守の時代に沼を埋めて築造されたというが（『龍城中岡崎中分間記』）、曲輪として安定したのは菅生川から稗田門にかけての石垣が完成してからと思われる。本丸西側下の坂谷曲輪から白山曲輪に開かれた虎口が、坂谷門である。坂谷門について、「書き上げ」は次のように記す。

天守下タ西ムキ虎口門（世上ニ坂谷門ナド、云）此虎口一二ノ門有出舛形也、かさしへ出ル土橋也（左右ニ板立ハ人影ニ不見）、（中略）右ニ稲荷櫓左ニ葮櫓左右の袖也、ヒズミ郭無之ニより草の丸出（ママ）同前也、

〔現代語訳〕天守下の西向きの虎口を普通坂谷門と言っている。一、二の門のある出舛形である。かざし（障害）へ出る土橋があり、その左右に板塀があり人影は見えない。右に稲荷櫓、左に葮櫓がある。ひずみ郭がないので草の丸馬出同然である。

この門が「西搦手門」であるならば、本多忠利の時代に築造されたと記す資料がある（『龍城中岡崎中分間記』）。堀江登志実はこの築造を寛永元年としているが、妥当な見解である。しかし、堀江の根拠とした絵図には土橋がみられず、堀上に枡形が置かれている。坂谷門跡で現在みられる石垣は、切り込みハギである。坂谷門は枡形と馬出しが組み合わされ、馬出しの袖には土塀が備えられるなど、非常に形式の整った枡形門であった。したがって、石垣の築造

や土橋の新設などは、正保年間に新たになされたと考える余地もある。

水野氏による大林寺下通りの建設

水野氏の街路改修で、以前より問題になっているのが、「大林寺下通り」の建設時期である。近世初期の絵図には、大林寺の南は直接大林寺郭堀に接していたが、水野氏は大林寺下通りを設置し、いくつかの武家屋敷を造成した。しかし、その通りの両側には大林寺下木戸・材木町木戸と連尺町木戸を構築し、一般の通行を禁止したと考えられている。

この道について、『岡崎市史　第参巻』（旧市史）は次のように紹介している。『深溝松平記』などに、正保年間まで大林寺下通りが東海道であったが、大林寺下通りは正保年間に木戸によって閉じられたとするものである。この見方について、旧市史は絵図によれば成り立たないとして、「この説、詳で無い」と否定的である。慶長年間に本多康重は徳川家康の命により大林寺曲輪堀を整備し、これに伴い旧大林寺下通りは廃止された。近世初期に大林寺下通りはいまだ開設されておらず、通行できないはずである。当時、東海道は材木町経由であったと考えられる。したがって、『新編岡崎市史3』では、旧大林寺下通りは慶長十四・五年に廃止され、材木町を回る道に変更された。しかし、正保四年頃には水野氏は再び大林寺下通りを開設したが、一般の通行は木戸を作って禁止したとしている。

髙田徹は、大林寺下通りの開設時期には直接触れていないが、水野氏の改修は城郭の軍事的な役割強化のためではなかったかと述べている。水野氏はこの改造により、従来あいまいであった大林寺を城外とし、新設した士屋敷から南を城域と確定させたと考えられる。水野氏はここでも都市改造を行った。町屋を移転させて大林寺表門を設置し、下道入口まわりを広げている。下道の新設は、大手周辺・稗田門周辺の改修と連動している。両門の改修は、一般人と城郭の接点を排除し、城郭の権威をより高めている。これらの改修は、城郭の機能強化かつ軍事的な政策でもあった。

岡崎城は近世に入り、城域の確定を進めた。東側は馬出の構築と大手の整備によって完成をみた。南側は菅生川端石垣の構築によって籠崎堤を造り、堤の外側は総堀、石垣前は中堀と明確化している。最後まで残ったのが、北側の大林寺曲輪堀付近であった。大林寺曲輪といわれたように、大林寺と内郭の区別が明確ではなかったのである。岡崎城は水野氏の時代に至り、ようやく近世城郭として完成した。

本節では、岡崎城の近世城郭への整備と大手口の変化などを述べた。大手口の変化は、城下町と街道との関連が考えられる。従来あまり重視されないが、重要な論点であり、城郭の構造変化と城下町の機能や段階とを総合的に究明する必要があろう。

四、岡崎城曲輪書き上げ

最後に、冒頭で挙げた仮称「岡崎城曲輪書き上げ」について詳しく紹介する。近世の岡崎城について有益な情報を与えてくれたこの史料は、横帳で題名も年紀もなく、やや乱雑な配置であるため、覚書（メモ）として書かれた可能性が高い。ただし、後尾には筆者がこの文書の校閲を依頼しつつ書き上げを提出した人物名（不明）が出てくる。また、文書のはじめには、「和田伊助申し候」とある。伊助は「書き上げ」の筆者とは考えられないが、『本多家岡崎藩分限帳　九』に権左衛門森弘を初代とする和田家がある。三代目が伊助森宗、四代目が伊助盛尹である。和田伊助は、この両人のどちらかと考えられる。

ところで、中根家文書に含まれる岡崎城絵図の中に、和田家が関わるものが存在する。この絵図は建物が詳細に描かれ、近世岡崎城を表すための資料としてよく使われている。この絵図の描写は、「書き上げ」の記述と合致する点がいくつか見られる。「書き上げ」と絵図の双方に和田家が関係することから、明確ないきさつは不明ながら、両者に何らかのつながりがあったと考えられる。

和田家の関わる岡崎城絵図には、天明元年（一七八一）の袋書きがある。この頃は本多忠典《ただつね》の時代で、『分限帳』によれば、和田家では三代目がお役御免となり、四代目が家督を継いだ時期にあたる。三代目はお役御免前に御曲輪方と御山方を兼帯しており、さらに前代藩主の本多忠粛《ただとし》時代には御普請奉行と御作事奉行を兼役していた。したがって、「書き上げ」に現れる伊助は、三代目森宗の可能性が高い。すると、「書き上げ」の年代は、確定できないもののおそらく一八世紀の後半ではないかと推定できる。

史料の内容は、岡崎城の内郭部を曲輪の虎口の位置と構造を主とし、それにとどまらず、各曲輪の関係と役割にまで記述が及んでいる。軍学関連の用語に注意して読めば、近世後期の岡崎城の様子が手に取るように判明するに違いない（なお、翻刻にあたり、表示形式と難読箇所を小林吉光氏より御教示いただいた）。

「岡崎城曲輪書き上げ」

○本城ニ虎口四ツ　△天守上ノ重

（東西南へ十二方を振て敷〈カ〉抜書付有）〈カッコ内は割注、以下同じ〉

是を以本図定ルと

和田伊助申候、天守の廻り三間

斗明ケ塀懸ケ廻し東之方

添櫓ニかぶき門有テ夫より

出、廊下橋江出御持仏郭へ

出ル虎口也

（図1）

渡り櫓土台下ニ石垣ニ穴有り、石弩ノシ、リヤウヲツナク穴也、此所ニ不限所々石弩ノ場所如此有

（世上ニハ此所へ入口ヲノ切戸ヲ石ナゲ口ト申ス由）

壱

△本城追手門　（又本城ノ表門ト云テモよしト）

○為横矢

一ニノ門有○出舛形右ニ土橋しとみのねり塀ニ狭間　隠居郭へ通しの口右ノ方ニ有木戸也、見透留ニ竪柵ヲ振ル○本城表門之右ノ角櫓ヲ巽櫓ト云　（辰巳ノ角ニ当ル故哉　大櫓之八方正面也）

巽櫓之角ニ三階之門有　口伝

△其次ニ虎口風呂屋口ト云帯郭へ出ル虎口門也　（通用ニ帯郭ト云テよし　本丸ノ腰郭又下タ郭ナド云物哉）

夫より渡リ櫓其次ニ南ノ方ニ月見櫓ト云う南西見切リ櫓也　（敵付沼フケ有ニ付チンナド〈傍線意味不明〉如ク之作事也）

其次ニ西ノ方ニ△四向虎口埋門　（外より虎口有ト不見へ）

ねり塀ニテ違口　（図２）　此如シ　帯郭よりモ

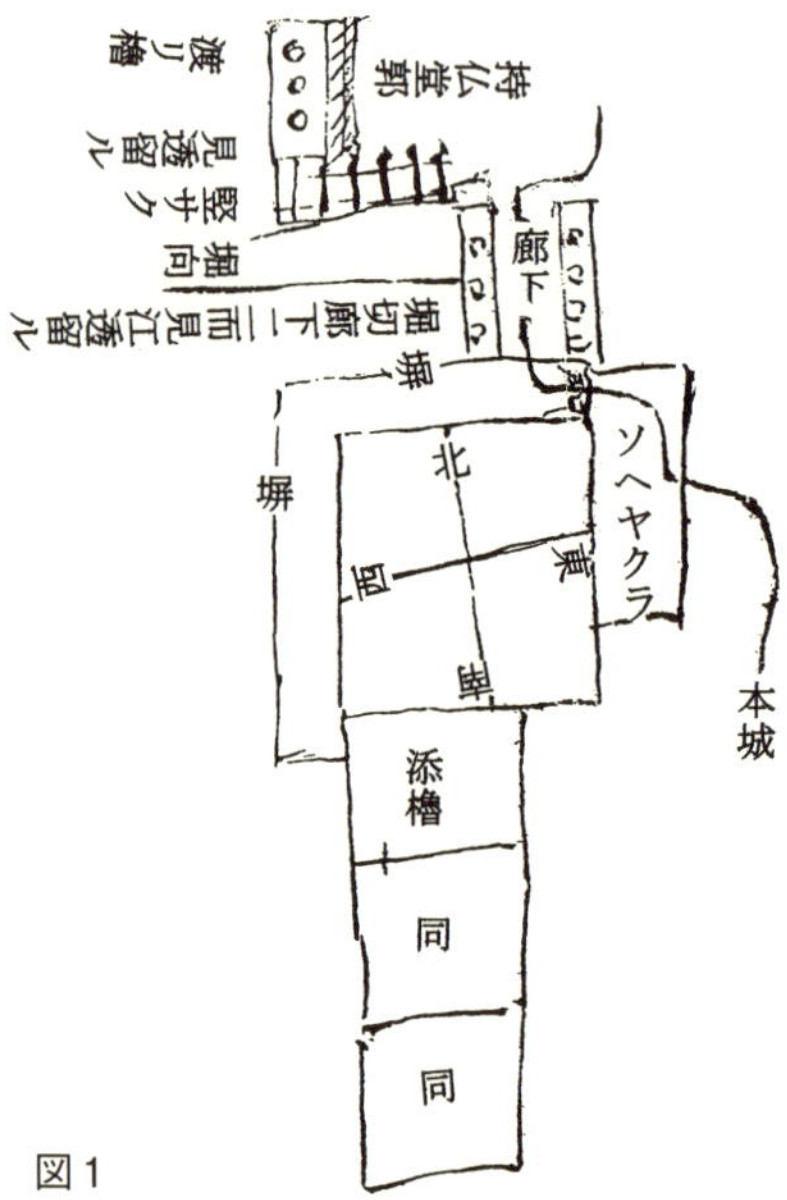

図１

図２

出ル　右ノ方江行御宮　葭櫓左ノ方へ行ニ
天守ノ添櫓下へ通○小門有是ハ
＝＝（是迄）風呂屋口より月見櫓下通リ
違口前通リ右の小門迄帯郭の邪
可成哉
△此印四ツ本城虎口ノ印也
前ニ渡リ櫓無用物也何のためと問人有
渡リ櫓小頭武者（カ）士中之小屋詰所也、櫓者
者頭足軽物奉行の詰長屋也、女わらへ足軽
邪魔ニ不成所ニ入置也、今外郭之屋敷ハ
明ケねばならぬと申候へハ合点行たる也

（図3）

○虎口

○二ノ丸ニ○門五ツ一ニ隠居郭門二ニ
埋門　（御土蔵後東之方ニ有不明門也
是より東郭へ通しの虎口図ニ而見分ル）
三ニ七間門二ノ丸ノ追手也二ノ門斗也
（舛形モ無之〈図4〉如此之かさし有）

二

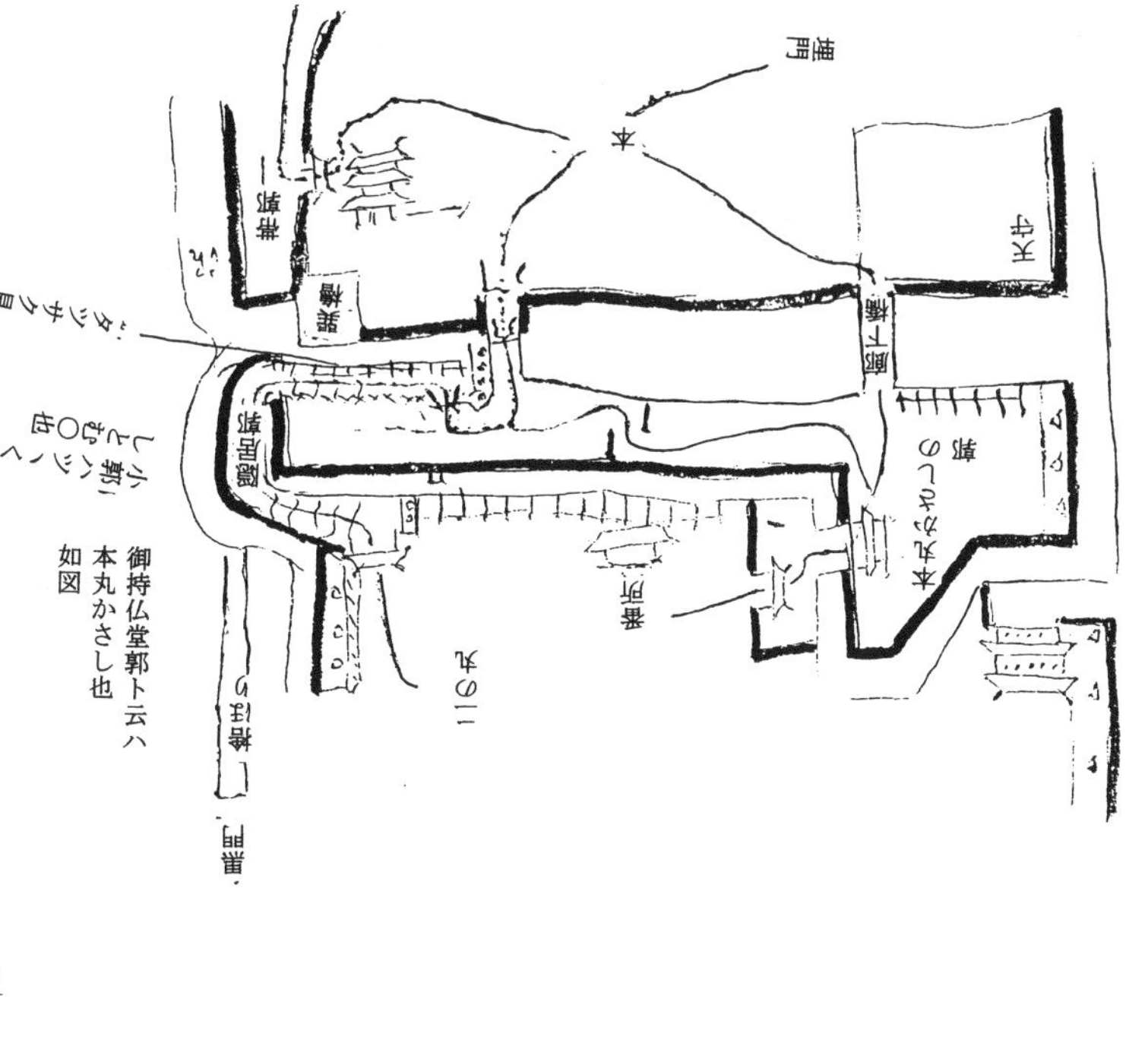

図3

かさし左右へ出ル虎口門有
かさしハ丸馬出之如し（右東郭左ゴマ櫓左袖也）
○二ノ丸かさしの郭（世上ニ東郭ト云）
東郭江通しの虎口（御金元土蔵前ニ）埋門有
是より土橋（志とみの塀かけ廻し隠し口也外より不見へ）

三

東郭江此虎口より入ル（此口壱つ也）
東郭ハ二ノ丸かさしの郭也
地形ノ高を以（図5）此右ノ方ひつミ
郭ニ縄をかけ候哉角ニ大櫓（○相印　下ニ虎口　前捨堀）
かさし馬出之如ク左ハゴマ櫓也
（○相印）角櫓之下ヲ東切通しト云石垣（堀之内道ハケ様哉〈ハケ様は意味不明〉）
ニシテ折ヲ取見へ透ヲ留ル下ニ
小門有しとみ土居出舛形の心ニして
門ヲ建ル　東郭より虎口三ツ有
東の方（図6）此かさしの外へ働ク口也
埋門虎口《コクチ》より出塀下之筋違之下リ坂有かさしへ
寄ルヲ跡取切ル口か　七間門之方へ

上から図4・5・6

向カブキ門又七間門土橋先之塀ニ
切戸有　かさしの内へ入敵ヲ
込返スため哉　以上虎口三ツ也
左之方○（○八方正面也）ゴマ櫓
（丑寅ノ角也依テ六坊出テ正月ゴマヲタクヲ以テ云か）
此コマ櫓より西へ挙母櫓下へ堀切ル
　此堀ヲ青海《セイカイ》堀ト云由昔
　西郷弾正左衛門隠居名青海《セイカイ》
　　此人かさしと此堀切シテ
本丸二ノ丸斗ニテ一城ト成シ給と云所
　之者申伝ル由
四ニ廊下橋土居切ぬき埋門也
　横矢ノ払見透留ル作事ニ心
　　可得

四

　敵之右ヲ討虎口也
五ニ二ノ丸より渡櫓江出ル虎口
（但シ）本丸之かさしの郭ト縄ヲ

組ム
（図7）
都合二ノ丸ニ虎口五ツ
○北之丸是ハ渡郭ト可申候哉ニより
組出し三ト組ム也渡曲輪
之形也此郭ニ御厩有リ
塀下石垣折ヲ取リ見透留メ
北之切通しト云
（但シ昔ハ切通を堀之内道ニして稗田通し内道ニして見透留たる哉）
竹木戸へ下リ坂谷ヲ通リ
二ノ丸渡ノ虎口ヲ左ニ見右ニ
稲荷櫓ヲ見御天守下添
櫓帯郭ノ境小門迄
渡曲輪之邪可成
○天守下タ西ムキニ虎口門（世上ニ坂谷門ナド、云）
此虎口一二ノ門有出舛形也
かさしへ出ル土橋也（左右ニ板立ハ人影不見へ）左右ニ
しとみの＝＝（土居）塀有有（衍字）草の丸馬出シ
の如し（後へ馬出とハ如何かさしと可申哉）右ニ稲荷

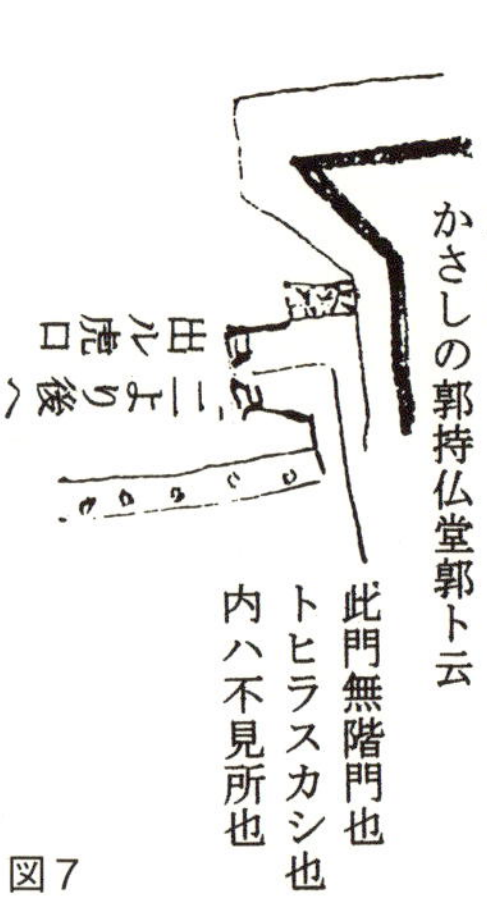
本丸之
かさしの郭持仏堂郭ト云
此門無階門也
トヒラスカシ也
内ハ不見所也
二より後へ
出ル虎口

図7

櫓左ニ葭櫓左右の袖也
ヒズミ郭無之ニより草の丸出（ママ）
同前也
五
稲荷櫓之堀向ニ望ミ土蔵二ツ有
筒薬調合所と云○北切通井戸の
辺より白山郭之内見透留ル為か
○右之北之方沼キワより石垣土居
塀西ノ方ニ木戸違口　次ニ秋葉の
社此所ニ石垣櫓台石垣舛形白山郭
ヨリ外江虎口ト見江申候橋も無也
昔其事無之止ミ候ト云　次ニ白山社
南之方角櫓之台ニ稲荷社
南東之方ニ足軽番所其後ニ
福島へ渡ル橋杭跡有之由
○塀の喰違迄白山郭の
邪可成哉
○北切通し下より○（○井戸ノ近所より）土居ノ上ニ渡リ
櫓（城米蔵ト云）　稗田門二ノ門

階門出舛形ニ一ノ門渡り櫓之
外ト大池也深シ　出舛形之外ニ
水落有リテ田町裏へ水落ル
依テ池水定水也雨ニも不増
日テリニモカワク事無之　白山郭迄
沼ツ、クヒクキ土居有　内ニ
懸ケ塀此内足軽屋敷跡ト云（先御代大水ニ流ト云）
渡郭の堀向如田ノニテ人馬足
不立難寄場也　此所ヲ稗田
郭ト云　白山と坂谷ノ後ェカコム
郭也
〇三ノ丸ハ二ノかさしの曲輪（東郭ト云）
より組出し作事所の前の
違口ト（俗ニ鍛冶屋と云）土橋之しとミか
（図8）如此　二口か木戸モナク内ニ
　櫓有リ　夫より城米
蔵渡リ櫓之ことし　稗田
郭ト縄組ム但シ塀之外二池迄

六

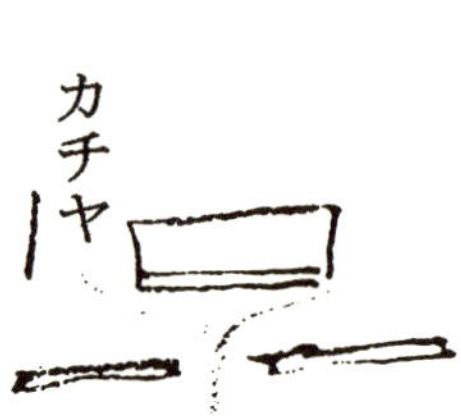

図8

下り坂ヲ塀ニテしとむ板ヲ立ル
水汲口ト云（フンシヤ成か〈フンシヤは意味不明〉）北切通し
向迄三ノ郭可成
○三より備前郭へ虎口舛形二階
門一ノ門（今ハ不見へ）土橋左右ニ
しとミ塀右ノ方之土居に
横矢のため少シヒスミ有歓城院の
庭の角の塀ニ切戸有是より備前
郭へ土橋之跡有○備前郭へ
左右ヨリ之虎口哉（此口秘ノ口か人不知之）
○備前郭ヨリ外ト江虎口埋門也
舛形モ無之○右片虎口ノ
馬出也しとミの石垣有図ニ
具也此虎口大手也
然ルニ内ニ大屋敷建常ニ
虎口有と不見セ外《ソト》ハ人切
場と云て　下部の者モ不行
不明門也○浄瑠璃《ルリ》郭と一ツ郭

七

土橋ニ成ヲ備前門ニ而中仕切タル也
六本榎ノ有口是搦手之虎口也
然ルヲ大手門ト云ならハす哉
此郭ニ昔何の備前守ト云人
被居タルニヨリ備前郭と申由所の
者申候
○備前門ハ大手口通しの虎口也
○浄瑠璃郭　（浄瑠璃御前の守本尊　薬師昔ヨリ有之也依之云か）
追手門（搦手之虎口也　然ルヲ大手門ト申ならハす）
一二ノ門舛形有土橋ヲ
（六本榎ト云用有植物ト不見ヘ冬ハ葉落ル昔ヨリ有古木也）
左ノ方渡リ櫓角櫓
北方ニ渡リ櫓（内ニ弓稽古ノ棚芝原也　矢頭二十間余）
夫より縄延タル哉塀風打横矢有リ（塀風打ニ口伝有）
西北之角横矢舛形夫より塀三ノ曲輪迄
縄組ム　水汲口迄
○菅生曲輪（備前郭馬出之右ノ角櫓より縄ヲ組ム）
黒門　菅生門　（内ニ菅生櫓平馬屋敷前ニ有川向見切之櫓哉）
杉之馬場喰違之塀迄

二三ノ曲輪之脇郭哉菅生郭ト云

八

○黒門（大手ノ右口又引口ト可申哉）一二ノ門外形
有（但シ）一ノ門石居斗有菅生門迄
縄延タル故塀風打出シ塀等横矢有
○右ニ菅生橋よりしとみ塀或ハ柵ニ而
土橋しとみ迄川ノ方しとむ
○菅生門より杉ノ馬場白山郭
迄押廻し外ハ沼石垣
所々石垣櫓台有

此通リニ見申候而も苦敷有間敷哉
私稽古之ため暇にまかせて
書て見申候　御なをし可被下候
御遠慮なく奉頼候　全〇〇様
江御礼ニ書て見申候他見之
堅く禁者也　〇〇相除候
〇井〇様

Ⅱ　中世岡崎城の形成と構造

奥田敏春

はじめに

中世城郭から発展した近世城郭は、ほぼ同じ場所に構築されていても、中世の堀を埋めて近世城郭として新たに堀を掘り直した例が報告されており、[1]中世段階と近世段階では基本的な構造が断絶している様相を示すことが多いとされる。岡崎城の場合にも、今後そのような成果が現れないとも限らないが、今のところ、そうしたことをはっきり示す発掘成果や研究はない。したがって、岡崎城の場合、現在のところ中世段階と近世段階との大きな断絶を前提とする研究段階にはないと考える。

本稿では、現況や近世の絵図に表された岡崎城、または記録を含む史資料をもとに、中世岡崎城の構造を見通すという大変危うい作業を行う。近世の岡崎城が中世のそれを基礎に置くとの想定にたっている。逆に言えば、中世の岡崎城を現況や絵図に残されている近世の状態から部分的にでも推定することは可能である。近世の岡崎城が中世の岡崎城を基礎に築かれていることを明らかにすることになる。ただし、近世の岡崎城が中世のままだとは言えないし、中世から近世への飛躍的な発展を認めないということでもない。岡崎城は中世城郭から出発していることは間違いなく、中世段階での意義を明らかにする必要は欠かせないはずである。

本稿においては、岡崎城の構築から天正十八年（一五九〇）の徳川家康のいわゆる「関東移封」までを岡崎城の中世段階と考え、その基本構造を、想定に近い範囲をも含めて推定した。以下では、江戸時代後期の岡崎城において呼ばれていた名称を、各地点を表す場合に使用する。

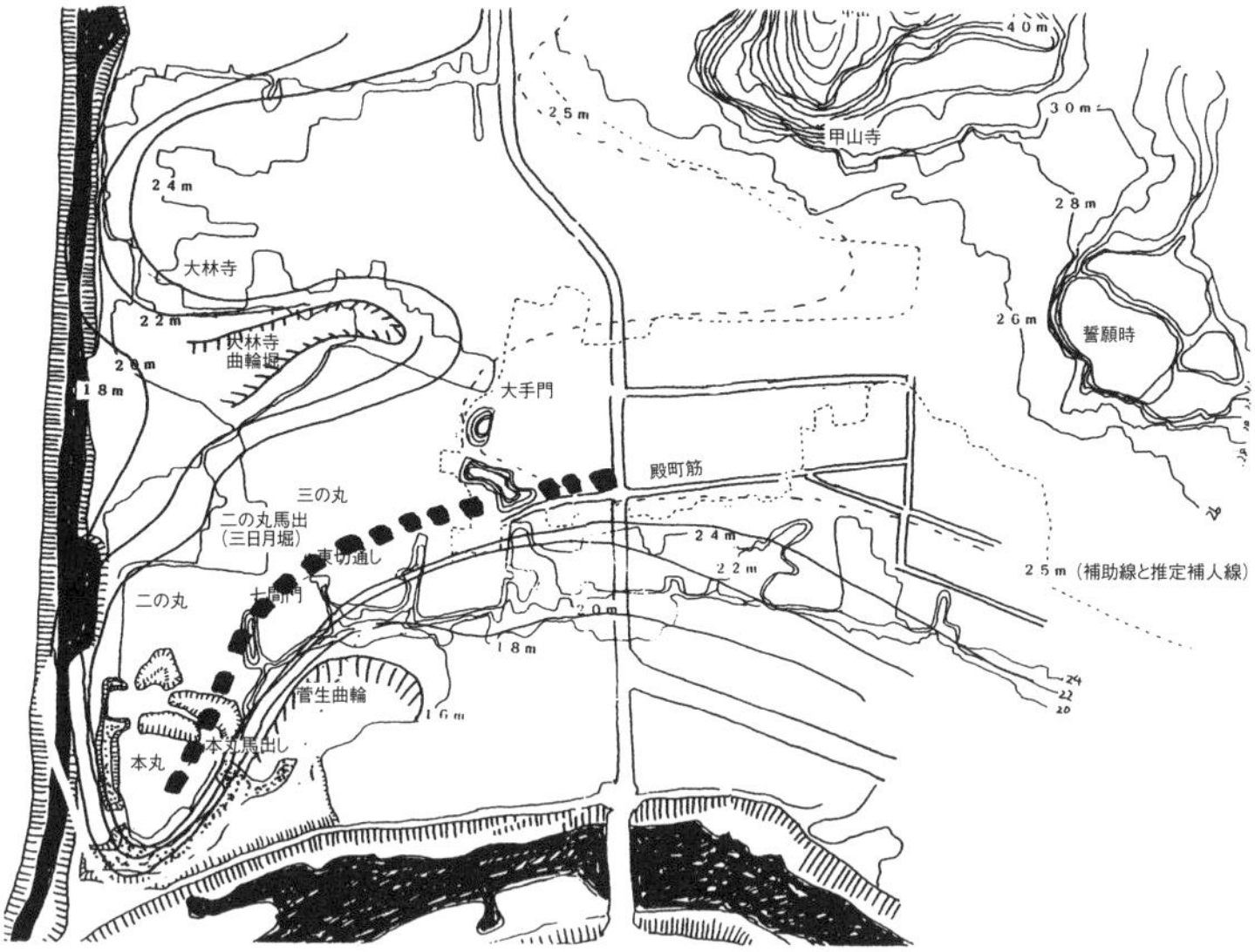

図１　原地形概念図　作図：奥田敏春（昭和２年岡崎市都市計画図参照）

城域の原地形と清海堀

［原地形の概要］　中世の城郭は自然地形に大きく依存しており、中世の岡崎城もそれから逃れていたとは考えられない。すでに城域の原地形に言及したものは多いが、ここでの関心に従って、今一度、城域の原地形を確認しておきたい。

本丸付近は、西側のかつての青木川と南側の菅生《すごう》川の二つの河川合流点であった。現在の岡崎城の周辺は竜頭山《りゅうとうざん》といい、標高六五ｍの甲山《かぶとやま》から南西方向に下る半島状地形が菅生川で切断された先端部である（一五世紀以前の地形的変化はここでは触れない）。本丸の西側下は湿地が広がり、後に坂谷曲輪からさらにその西側の曲輪の位置である。本丸の東側の下方はかつて菅生川の遊水池で、菅生曲輪などになった。竜頭山の北側に位置する大林寺の区域は、天神山と呼ばれた丘陵であった。この竜頭山と天神山の間は、江戸時代初頭に大林寺曲輪堀といわれる堀となるが(2)、もともとは竜頭山と天神山に挟まれる谷筋であった。この谷は、後の浄瑠璃曲輪の東側まで伸びていたと思われる。その付近の旧称「木町久後切《きまちくごぎれ》」

の「クゴ」は窪地を表すとされ[3]、谷筋の最奥と考えられる。

本稿に必要な旧地形の概略は、以上のようなものである。このような自然地形の中で、甲山から伸展していたであろう竜頭山の尾根筋が、城郭の構造にどのように反映されているかを考察してみたい。なぜなら、一般的に尾根筋は中世城郭の構造に密接に関連するからである。結論的には、本丸大手虎口と二の丸七間門、さらに二の丸馬出の三日月堀を結ぶラインが尾根筋と想定することができる。三日月堀の意義については、本丸・二の丸で構成される岡崎城の主要部の主な虎口空間を構成する空堀で、中世段階で構築されていた可能性が高いと考えている[4]。三日月堀は現在、岡崎公園駐車場前の国道付近と比定されるが、現況においても東西に比して高所となっている。ここが、原地形において尾根筋にあたっていたことはほぼ間違いない。

次に、本丸方向である尾根先端部にどのように連なっていたかである。さしあたっては、三日月堀より南側に進展させ、本丸虎口方向に想定できる。現在の本丸土橋には、レーダー探査により「固い地盤」が確認されている[5]。これが地山を意味するかは、レーダー探査では明らかにできないが、本丸虎口から持仏堂曲輪《じぶつどうくるわ》に続く回廊部（帯曲輪）にも同じく「固い地盤」があり、この付近が安定した地盤の上に構築されていることは間違いない。そうすると、本丸虎口と三日月堀を結ぶ線上に、二の丸の主要虎口である七間門《しちけんもん》が存在することになる。これが、かつての尾根筋と想定される。

［初期岡崎城の城域と清海堀の構築］　半島状地形の丘陵上の尾根筋を、堀切で切断することによって城域が作り出される。清海堀《せいかいぼり》は、康正元年（一四五五）に初めて岡崎城を構築したと考えられてきた西郷弾正左衛門嗣頼（頼嗣とも）が構築したとされた堀を、嗣頼の法名清海入道にちなんで伝承されてきた。現在は一般に、持仏堂曲輪の周囲の空堀と本丸北の空堀を一体のものと見なして「清海堀」とされるが、この清海堀について見直してみる必要がある。

清海堀の構築について触れたものに、池上年氏の見解がある[6]。氏は、清海堀構築の目的を、東西の土場（隠居曲輪と坂谷曲輪のことを指す〈筆者注〉）の造成と、馬出（本丸馬出と持仏堂曲輪のこと〈同前〉）の整備であったと想定している。これは、『岡崎市史』（以下、旧市史とする）の見解を踏襲しつつ、具体的に展開したものであった。池上氏の見解は、城域の創出過程を遺構に基づいて論じたものであるが、これにより、旧市史の見解が構築過程の解明を得て、ほぼ定説化したようである。持仏堂曲輪の周辺の空堀を清海堀とするものは、初期の岡崎城は、現在の持仏堂曲輪付近で半島状丘陵を区画して城域を作り出したという見解になる。

　しかし、旧市史が本文中に述べているとおり、「清海堀」がどこを指すかは、実は極めてあいまいである。旧市史が資料として挙げているものには、要約すれば、「本丸の西」「本丸の東」または「本丸の東西」などがある。[7] 本丸の西というものについては、現況から想定できる部分がないが、他はいずれも本丸北側の東西にわたる周辺を想定している。この点に関しては異動はないので、現在の持仏堂曲輪周辺とする上記の説が主な見方となるのである。

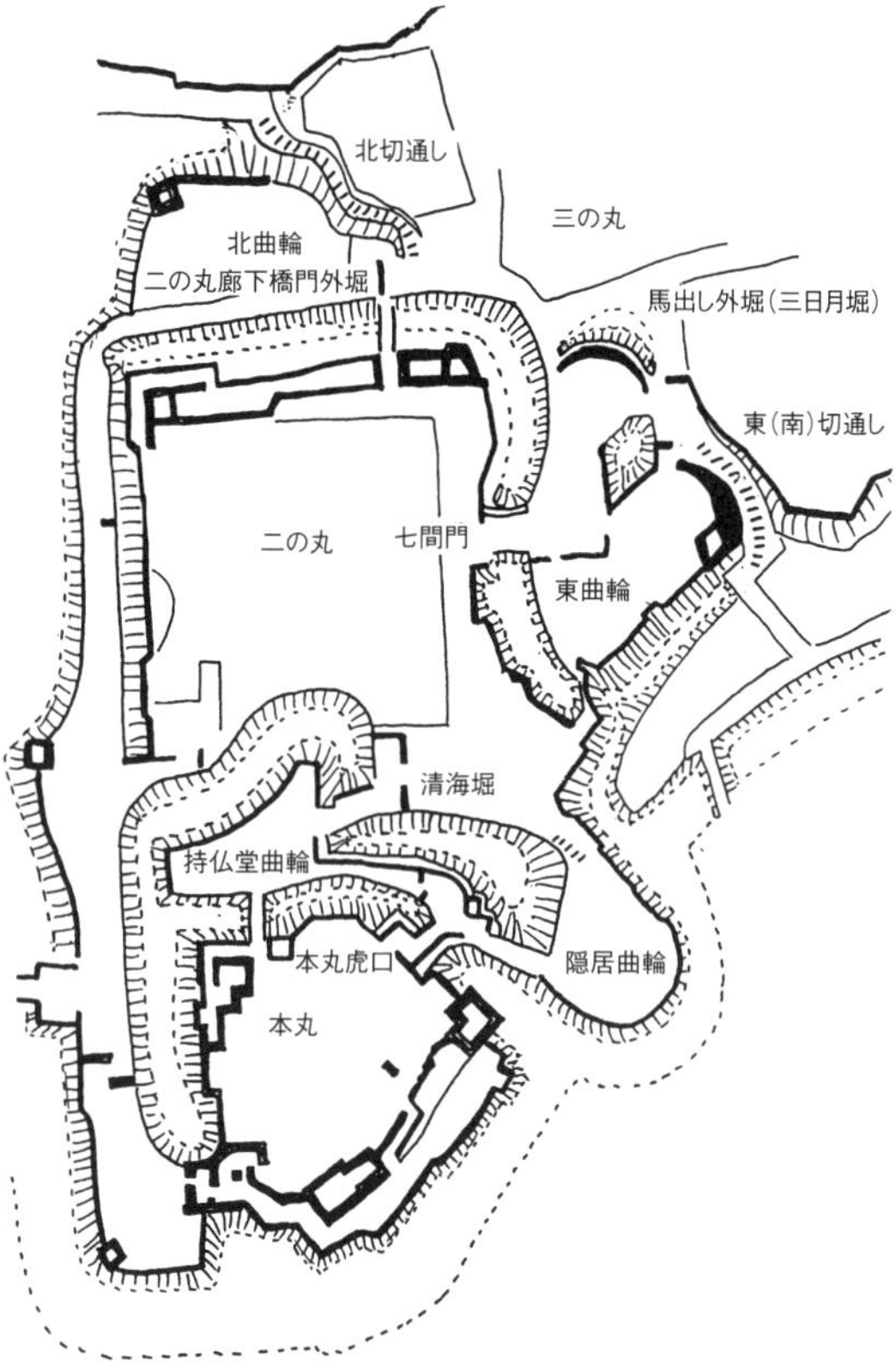

図2　岡崎城主要部（本丸・二の丸）　作図：奥田敏春（明和８年岡崎城図参照）

　清海堀に関しては、最近明らかになった中根家文書の中で、注目されるもう一つ別の伝承が知られるようになった。[8] それによると、二の丸の北側の空堀を清海堀とするものである。前記の文書には、「かさし（三日月堀〈筆写注〉）と堀切（本文書にいう清海堀〈同前〉）して、本丸・二の丸ばかりにて一城と成し給」とある。これによれば、後の本丸・二の丸の範囲を西郷氏時代の城域と想定している。ここにいう清海堀は、後の東曲輪切通しと三日月堀、さらに北曲輪切通しを結ぶラインの原形と想定できる。文書では二の丸北の空堀というが、三日月堀の地点の尾根から左右の谷筋に堀切を切ったことになる。文書の性格が、その作成年代と共にいまだ充分に明らかでなく、これのみで清海堀伝承の解明には至らない。ただし、ここで重要なことは、近世段階では清海堀についてまったく違う伝承があったことである。したがって、位置のあいまいさから見ても、清海堀伝承は近世においても確かな伝承ではなかったということになる。

それでは、清海堀伝承は単なる伝承にすぎないかというと、そうでもないと考えられる。中根家文書説においては、三日月堀をポイントにして尾根筋を切断することを想定している。現在、普通に言われている説では、持仏堂曲輪をポイントにして切断したことを想定している。ここで、どちらが清海堀にふさわしいかを決定することは容易ではない。尾根筋を切断して城域を作り出す可能性としては、二つの場合がありえたことに注目する必要がある。尾根筋を切断して城域を作り出すことが、初期岡崎城の課題であることは前述した。西郷氏が、初期岡崎城に実際にどのように関与したかは明らかではない。しかし、西郷氏に仮託された「清海堀」伝承は、原地形を堀切で切断して城域を作り出す過程を伝説化したものと考えられるのである。

松平清康の岡崎城構築

［松平一族の城館］　松平清康による岡崎城構築と城下周辺の整備については、すでに『新編岡崎市史』（以下、新市史）やそのほかの論考において、現在可能な限り明らかにされている。(9)新市史で述べられているように、直接、清康の岡崎城を明らかにする史資料にはめぐまれない。また、註（9）の新行和子氏による論考は城下町に主な関心を置いて

いる。間接的な手段ではあるが、本稿は清康の岡崎城の形態の基本を判断しようとする試みである。

松平一族は一五世紀の半ば以来、発祥の地である松平郷をはじめとして、各代にわたり西三河各地に本拠を移し、庶家を分出させている。系譜に拠れば、松平親氏を祖とする宗家をはじめとして、二十余りの庶家が知られている。この内、後に大きく改修されなかったと考えられるもの、また初期の城館の構造が推定可能で、その城館の位置や構造が知られるものは、十余ヶ所ほど挙げることができる（表1参照）。地表面の観察では、当初の姿を完全に残していると断定することは不可能であるが、本論の考察に資することができる範囲で、事例として用いるものとする。現在知られる松平氏一族の城館は、一六世紀に入ってからの形態を止める可能性が高いが、庶家の城館は成立から大きく変化していないものと推定される。

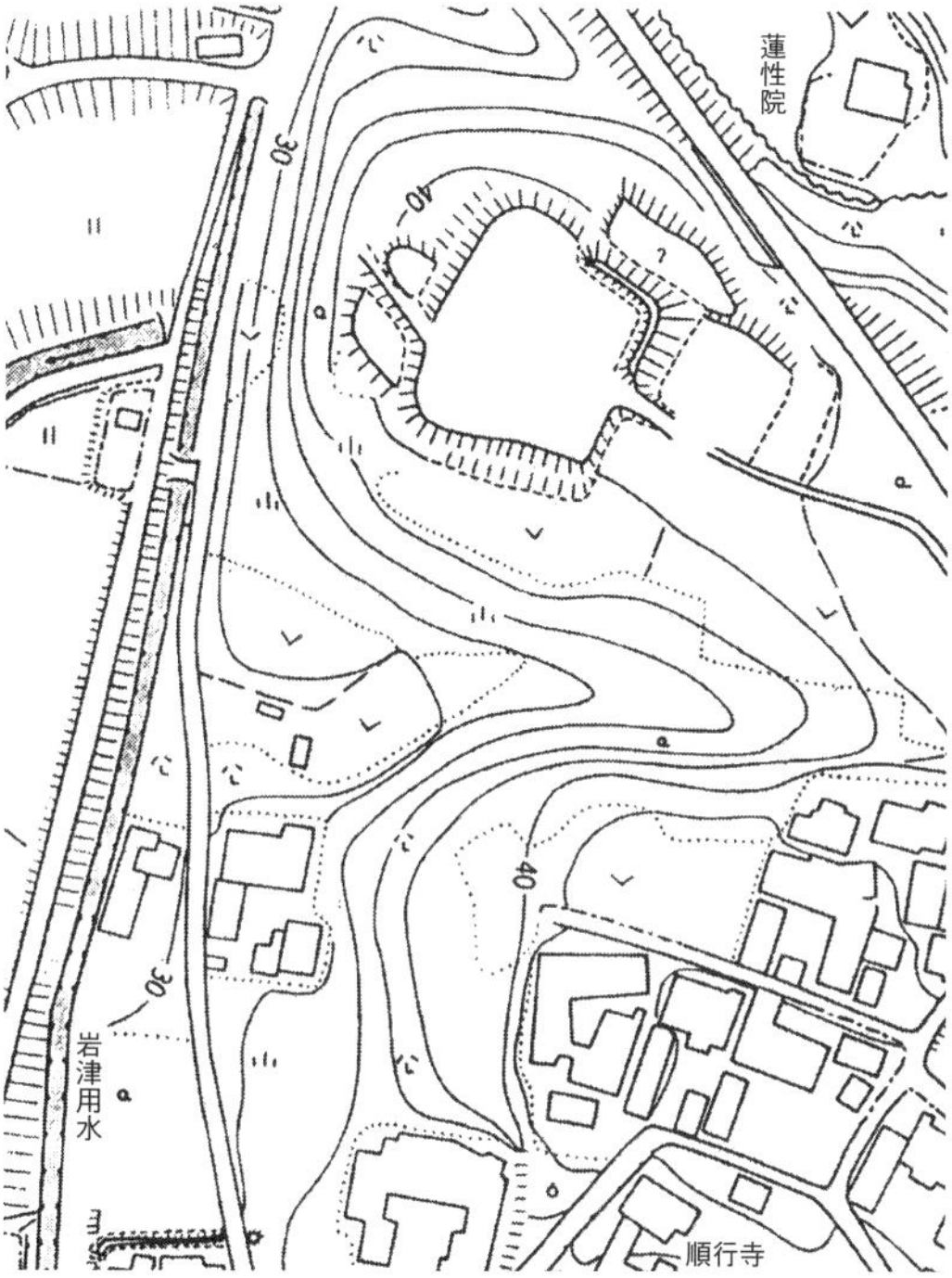

図３　細川城縄張り図（註４文献より転載）

もちろん、以下の考察は地域のある類型に属す城館の特徴を挙げたに過ぎない。すでに明らかにされている、該当する時代の全国的・一般的な城館の様相の再確認である。しかし、対象を松平氏一族に関係した城館と限定することで、松平一族の城館に特徴的な要件と認めることができる。それぞれを詳細に検討することにより、蓋然性は高くなるものと考える。

松平一族の城館の典型的な事例として、細川城（岡崎市細川町〈図3〉）を挙げることができる。細川松平氏は、一般的には松平庶家のなかに挙げ

表1　松平一族の城館概要

		遺構	主郭規模	立地	比高	菩提寺	市場・町
1	松平	×改修・移動か※1		丘陵上	50m	×高月院 松平郷松平氏との関係不明	—
2	岩津	×多数で確定せず※2		—	—	×信光明寺 居館との関係不明	字市場 諸居館のほぼ中央・街道沿い
3	竹谷	○良好・複郭	50×75m	丘陵上	10m	△全保寺 北西100m（一時廃寺）	字町（旧字） 南西100m 街道沿い
4	安城	○旧存・複郭※3	65×85m	台地端	5m	×大乗寺 現在主郭に移動	市場（伝承）
5	大給	×改修※4		山稜上	130m	×松明院 居館の位置不明	—
6	宮石	○保存・単郭	30×20m	尾根上	20m	×	—
7	三木	○絵図・複郭※5	60×90m	自然堤防	2m	○松林寺 西側300m（廃寺 伝承による）	字市場（旧字） 北東250m
8	桜井	○絵図・複郭※6	50×100m	台地端	3m	○菩提寺 北側200m	市場（伝承） 南側150m 街道沿い
9	福釜	○地籍図・単郭	90×100m	台地端	2m	○宝泉寺 北側250m	—
10	青野	×単郭※7		自然堤防	—	○来迎院 西側120m	字東西市場（西は旧字） 東市場内に居館か
11	東条	○保存絵図・複郭	90×90m	丘陵上	25m	○法応寺 北東150m	上市場（絵図） 北側80m 推定
12	藤井	×ほぼ滅失		台地端	—	×	—
13	矢田	×不明		—	—	×	—
14	滝脇	×不明※8		—	—	×	—
15	形原	×改修・移動か		沿岸丘陵上	20m	×光忠寺 形原松平氏の居館が不明	字南市場 菩提寺の北側
16	大草	×不明		—	—	×正楽寺 大草松平氏の居館が不明確	—
17	五井	○絵図	（120×100m）	丘陵端	2m	○長泉寺 北西に隣接（寺の由緒は古い）	—
18	深溝	○地籍図・複郭※9	75×100m	丘陵端	15m	○本光寺 南東800m	字市場（南西300m） 家忠日記に「向市場」
19	能見	×滅失		台地端	5m	○観音寺 西側に隣接か	—（能見市場）
20	丸根	×不明		—	—	×	—

21	牧内	○ 地籍図	50×75m	自然堤防	—	×	—
22	長沢	× 改修※10		—	—	× 本福寺・洞泉寺 移動・廃寺により不明	—
23	細川	○ 保存・複郭	50×50m	台地端	10m	○ 蓮性院 北側に隣接	字上市場　東側200m　「細川市升」
24	本宿	○ 地籍図・複郭	50×75m	台地端	5m	○ 道元寺か 北側か（廃寺 伝承による）	—
25	鴛鴨	○ 地籍図・絵図※11		台地端	10m	× 隣松寺か 鴛鴨松平氏との関係は不明	—

※1松平氏本来の居館位置や形態は不明／※2岩津地区には複数の居館跡がある／※3跡地は博物館、複数の絵図・地籍図で復元できる／※4大給松平氏の居館の位置・形態は不明、大給城は大規模改修される／※5絵図は『家山樵談』／※6絵図は『浅野文庫諸国古城之図』、地籍図も参照できる／※7青野城の形態は不明だが、立地から推定／※8滝脇松平氏の居館は確定できない／※9深溝城の遺構はほぼ滅失、現本光寺は近世に移動／※10長沢松平氏の居館の位置や形態は不明／※11地籍図に「一城別郭」の跡、絵図は鴛鴨公民館蔵

られていないが、同氏は一五世紀末に成立していることが確認されている。細川城は、細川松平氏の居城として成立したと考えられ、ついで天正十年（一五八二）には、大給《おぎゅう》松平氏の居城となった。[10] 現在まで城館の遺構を残すうえ、城郭とそれを取り巻く様相が、地名などから比較的良好に復元できる。細川城は、南北を谷地形にはさまれた丘陵上台地先端に、ほぼ方形居館型の主郭を遺構として残している。城館の南には家臣団集住地（字根古屋と字仲間町）、東には市場（字上市場）、城館の北に隣接する菩提寺（蓮性院——細川城本来の菩提寺の位置を占める）が城館関連の施設として存在したと思われる。

　市場地名や伝承は、表1のうち十ヶ所の城館付近に認めることができる。城館からの方向はまちまちであるが、距離はおおむね一〇〇mから三〇〇mの範囲に収まっている。これは、城館の立地における交通や地形的な条件によるものと考えられる。位置関係を子細に見てみると、大手虎口からやや距離を置きながらも、一直線に結ばれる主要街

道沿いが市場の場所に選ばれていると見られる。三木城（岡崎市下三ツ木町）は、城館と同じ自然堤防上北東に立地する。深溝城《ふこうず》（額田郡幸田町）は、『家忠日記』に「向市場」が現れる。時代的にはやや遅いが、位置としては「向」にふさわしく、また、同日記より城主による市場開設への関与が考えられる。細川城・東条城の「上」は、根拠はないが城主に対する尊称かもしれない。つまり、いずれも城主の市場への関与が想定される。市場地名は一般的な地名で、中世の城館に関係すると即断することは危険であるが、ここに挙げた事例については密接に関係するものととらえられる。

次に、菩提寺はほとんどすべての城館について認められ、不可分のもののように見られる。しかし、城館の使われていた時代の状態を保存しているかどうかは不明な点が多いし、また、厳密に菩提寺としての由緒を検討しなければならない場合もある。ここでは、城館に付属したと考えられる寺院を仮に菩提寺とみなしておく。すると、それらは城館の北側または西側に立地する点で共通し、距離は隣接から三〇〇mの範囲におさまる。深溝城は、北側三〇〇mに旧城主大庭氏の菩提寺長満寺が現存していたので、後の時代に適地を南東に求めたものと考えられる。

家臣団屋敷地については、事例が少なく不明な点が多い。細川城には「仲間町《ちゅうげんまち》」があり、下級家臣の集住地と考えられる。松平氏ではないが、酒井氏の井田城（岡崎市井田町）には城館南側に「小路町」があった。東条城（西尾市吉良町）・牧野城（豊川市）には「横町」が認められる。田原城（田原市田原町）の大手南側際には「殿町」地名がある。

一方、竹谷城（蒲郡市）には城館の南西一〇〇mに旧字「町」（現在元町）があったが、『浅野文庫蔵諸国古城之図』「三河　竹谷」によれば、街路沿いの地域の中心集落で、後に在郷町になったと考えられる。家臣団集住地と見られない場合、いわゆる「士庶混住」であったことも考えられる。

次に、松平一族の城館本体の特徴を述べていきたい。すでに別稿においてふれている[11]が、再確認しておく。先に、典型例としてあげた細川城は、五〇m四方の方形であり規模としてはやや狭い。主郭は長方形の居館形のものが多く、事例として挙げたものを集計すると、規模の平均は六三×八四mとなる。おおむね短辺は五〇～九〇m、長辺は七五～一〇〇mの範囲に収まる規模である。主郭のみで成り立つ単郭は少なく、主要庶家の分流や、のちに城が移動する以前の場合（青野城・岡崎市上青野町）に限られる。ほとんどは主郭の他に付属の曲輪が認められるので、複郭といえる。また、簡単な虎口空間が備わり、土塁・堀など一定度の軍事性を保持している。

とくに立地条件として挙げておきたいのは、ほとんどが平地居館ではなく、谷地形や河川で作られる丘陵状地形による防御性を特徴とする点である。測定条件を一定にするのが難しく、厳密性は求められないが、事例の平均では比高八・四mとなる。平地に立地していても、周辺よりもいくらか高くなっており、一定程度の格差を求めている。自然堤防上の平坦地の三木城においても、「六尺」の高さに主郭を積み上げている。また、周囲との比高差に乏しい五井城（蒲郡市）では四mもの土塁を構築し、防御性を補っている。これらの典型は、細川城・本宿古城（岡崎市本宿町）・深溝城などである。

［初期岡崎城の周辺構成］　初期岡崎城の構造は、上記の例を大きく逸脱するものではなかったのではないだろうか。新市史によれば、岡崎城を本格的に居城とした清康は、松平一族一揆の惣領の地位にたったと考えられている。この岡崎城が後に近世城郭へと発展していくわけであるが、初発の形態は、基本的には松平一族と同様な類例に属していたものと考えられる。松平一族の城館には、菩提寺・家臣屋敷・市場などが付随している。岡崎城においても、同様な類型であったと見なしうる。

清康時代に「岡崎市場」が知られ、この地点は後の大手付近といわれる。妙源寺文書に「岡崎市場」が現れることがすでに報告されており[12]、これが「能見《のみ》大手口市場」または「木町市場」と呼ばれた[13]区域に開かれた市を指していると思われる。位置関係はやや漠然としているが、新行和子氏による論考では、後に連尺町に発展したと考えられている。

岡崎城に付属する菩提寺は大林寺で、享禄三年（一五三〇）に岡崎城の構築にともない、清康により現在地に移転・建立された。ちなみに、本丸から後の大林寺曲輪堀を挟んで北側三〇〇mの地点になる。

連尺町は初め、「大殿町或は殿町」と言われた[14]。また、現在の本町通りに添った区域に「横町」が、その南に「六地蔵横町」があった[15]。これらの呼称は言うまでもなく、城館に関連するものである。

清康時代の城下の町々のありようについては、新行和子氏の論考に詳しいことは述べた。ここでは以下に、当時の岡崎城の構成に関係する可能性のある点のみ言及しておきたい。筆者は、近世に「上の馬場」と呼ばれた街路に注目する。この街路は、備前曲輪北櫓から籠田木戸辺りまでの街路であるが、街路筋は「上馬場殿町」と呼ばれたとあり[16]、この街路が本来の「殿町」に当たっていたと考えられる。この街路は岡崎城下総構内、とくに城東のどの街路とも進展方向が異なっている。その上で注意すべき点は、この街路の進展方向が二の丸廊下橋門外堀（二の丸北側の堀）や三の丸浄瑠璃曲輪堀の方向と一致していることである。「上の馬場」は、江戸時代には東海道籠田町筋で行き止まりとなっているが、総堀が構築される以前には、総堀を越えて道が続いていたと見られる。地籍図（明治十七年）には、この道との延長線上につながる道が見いだせる。それは、随念寺やその東の誓願寺の所在する諏訪山方向に連絡する。この街路は、もともと竜頭山から諏訪山方向を見通した自然発生的な街路であった可能性がある。

横町は岡崎城の東側に連なり、殿町筋と南北に交差していたと考えられ、交差点辺りが「市場」と呼ばれた区域だったと考えられる。後の連尺筋とはやや南に隔たるものの、「大手口市場」にあった専福寺が「（近世の）岡崎城大手口の南方」という伝承[17]と一致する。

以上をまとめると、初期岡崎城の周辺の様相は、他の松平一族の城館と同様な環境にあったと考えて差し支えない。すなわち、北側に菩提寺が置かれ、大手から伸びる道と街道筋との交差点付近に市場が開かれて、殿町・横町という、城館に密接に関連して形成された街区が存在していた。初期岡崎城に関して、ある時期まではこれらは「上の馬場」

街路を基準として、城館と城下が構成されていた可能性が考えられる。つまり、［八幡曲輪（清康・広忠時代の居館）］　松平一族の城館は、比較的・相対的に主郭が広い面積を占めている。つまり、主郭に城主の屋敷が置かれていたという意味で、居館機能を持っていたと考えられる。初期岡崎城も同様であったと見られる。清康・広忠段階の居館位置は、現在の本丸ではないかと考えられる。松平一族の城館がほとんど方形居館形なのに対し、現在の岡崎城本丸は方形ではない。しかし、屋敷を置く曲輪としては充分な広さを有するうえ、比高は大きく、自然地形による防御性は高い。後の改修により変形したところもあろうし、また、地形を利用する以上、方形にこだわる必要もなかった。

岡崎城の本丸は、「八幡曲輪」といわれている。清康が安城《あんじょう》城（安城市）から八幡宮を勧請して、その地に社殿を建立したことによる(18)。本丸に八幡宮が存在したということは、清康当時の本丸の状況に示唆を与えている。安城城では現在、八幡宮は主郭の南側に幅広の堀を隔てた別郭に建てられている。この曲輪も発掘調査の結果、城内と確認されている。ただし、『浅野文庫蔵諸国古城之図』「三河　安城」では、さらに南にあたる城外の台地縁辺に描かれている。八幡宮が城内か城外かという点では大きな違いがある。この違いをどう見るかで、評価に影響を与える可能性がなきにしもあらずだが、どちらにしても、主郭に近接した地点に建立されていた点は動かない。安城城は、北側の虎口周辺に後世の改修の可能性があるものの、基本的には主郭に居館を置いた城館、つまり館城である。したがって、岡崎城においても、清康当時の岡崎城は本丸が居館機能を担った空間であったと考えられる。

現在の持仏堂曲輪には浄瑠璃山光明院の前身があったが、清康により浄瑠璃曲輪に移されたと伝承されている(19)。現在の本丸の北側も、初期の岡崎城域であったと考えられる。松平一族の城館は複郭であり、また、簡単な虎口を備えるものが多いことを先に述べた。当然、初期岡崎城にあっても、複数の曲輪で構成されていたことは間違いないと思われ、かつ、現在の持仏堂曲輪は主郭前面に相当する区域であり、そこに虎口空間を想定しても問題ない。

清康の後、広忠の時代に当たる天文十三年（一五四四）、連歌師宗牧が大林寺近くの広忠の居館を訪ねている。他に広忠時代の岡崎城の様相を示すものは、今川氏の城代が本丸に、松平奉行衆が二の丸にいたなどという後の編纂資料があるにすぎない。また、今川氏による改修の形跡もない。「一城ばかり」（『松平記』）の広忠は、清康の岡崎城を維持し、家康に引き継いだものであろうか。

本丸の軍事化と二の丸の成立

［徳川領国の城郭網と機能分化］　筆者は、岡崎城の本丸馬出および持仏堂曲輪で構成される虎口構造を、三河における中世段階の最高度に発展した遺構とした[20]。それは、本丸馬出と持仏堂曲輪馬出とで作られる二重馬出が、岡崎城周辺の高度に改修されたいくつかの城館の特徴的な構造となっていること、一方、それらを構成する「清海堀」が、中世的な曲線（自然地形による）を止めることなどによる。「清海堀」は、三河国内においては長篠城（新城市）に並ぶ大規模な空堀である。ただし、中世のものそのままが現存するとは思われない。「清海堀」の二の丸側は高石垣となっているが、これは二の丸側に開削されて切岸強化のために石垣化されたものと考えられる。しかし、基本的な構造は前述したとおり、中世段階の構造を継続して使用していると考えた。

徳川家康による領国城郭網の整備は、徳川領国の危機と考えられる武田氏・豊臣氏の脅威への対策としてなされたととらえられる。しかし、家康による領国城郭網が整備されたという状況が、今日、具体的に明らかになっているわけではない。愛知県の中世城館跡調査では、各地の拠点城郭の改修段階を考察する過程において、武田・豊臣氏への対策が画期として提示される場合が多いことは否めない。本稿でも城館跡調査を踏まえて、家康の領国城郭網への対処を考察し、岡崎城の変化を推定する根拠にしたいと考える。

天正期になると、城館の機能分化が著しく発達する。岡崎城においても軍事的な機能が本丸に集約され、一方では居館機能が二の丸に特化されていくと考えられる。岡崎城の軍事化は、「清海堀」の改修に現れている。

機能分化そのものは、三河の今川氏領有時代から、とくに西三河周辺では今川氏の尾張侵攻時には尾張・三河国境部で認められているが、高度な軍事化と結びつくのは天正期に入ってからと考えてよいのではないか。岡崎城においては、本丸の軍事化と二の丸の成立がこれにあたると考えられる。一説に永禄六年（一五六三）、家康は本丸の八幡宮を甲山に移転し、六供八幡宮が作られた。これは、岡崎城における機能分化の端緒ととらえられる。

〔天正期における拠点城郭の軍事化と国衆の居城〕　天正二年（一五七四）、野田城（新城市）の菅沼氏は徳川家康の許可を受け、野田城から大野田城《おおのだ》（図４）へ居城を移している。[21]これは、野田城が対武田戦のために破壊されたからと理解されている。野田城は、武田信玄の侵入の最前線に立たされた。この時、菅沼氏が戦いの前面に立っていたが、織田・徳川氏連合の強力な支援を受けており、徳川氏の支城に組み込まれたと考えられる。大野田城移転が「家康の許可を得て」というのは、家康の政策と理解される。徳川領国の防衛にかかわる城郭政策の中で、菅沼氏は大野田城を自身の居城として移転したと考えられる。野田城はこの前後に改修されたと考えられ、城域の点でも、馬出を備えた構造においても、三河においては軍事的に卓越した城郭の一つとなっている。一方、大野田城は『浅野文庫蔵諸国古城之図』においては複雑な縄張りが想定されている。しかし、現在残されている遺構によれば、外郭を区画する土塁の内部

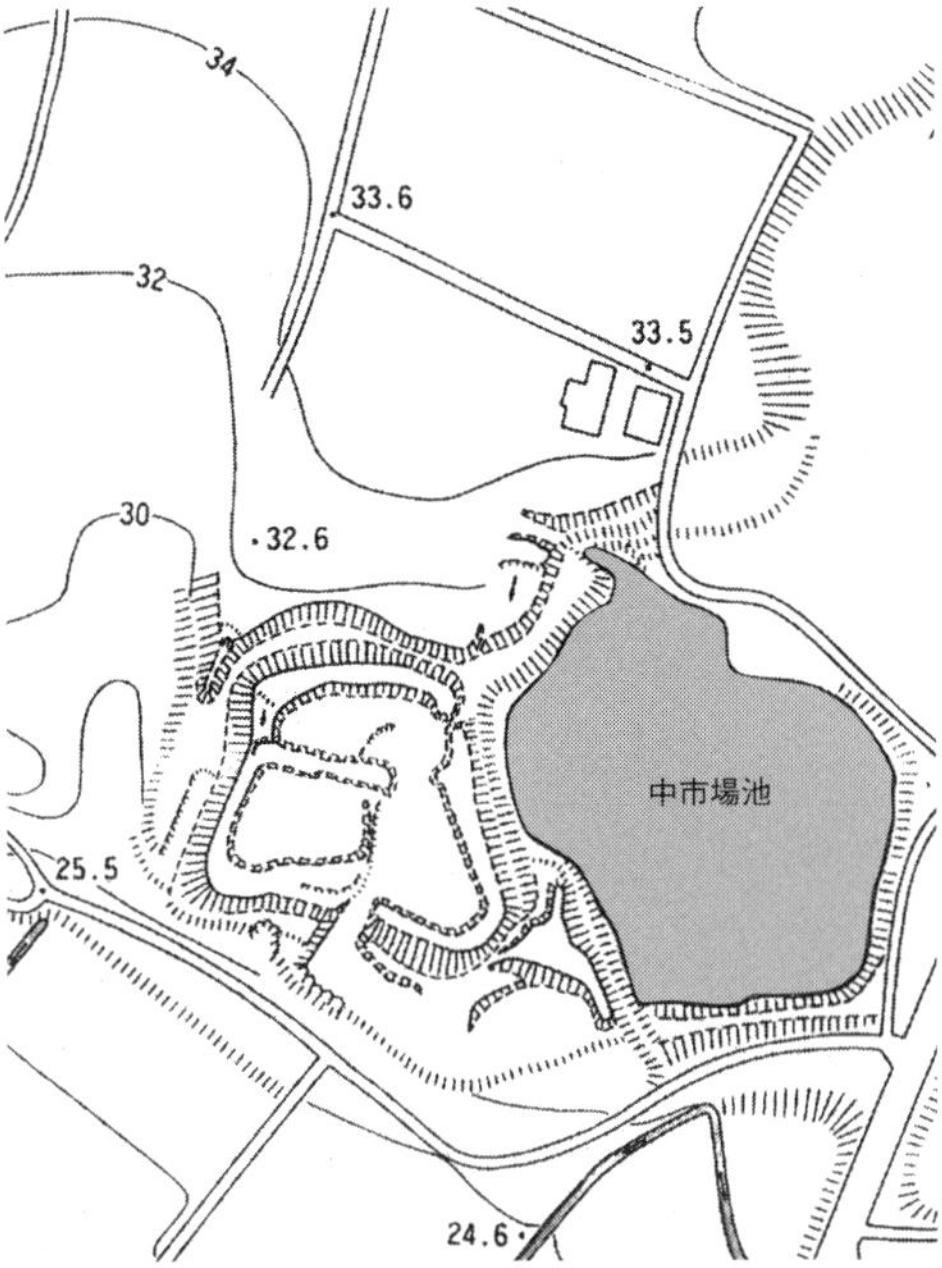

図４　大野田城縄張り図（註 22 文献より転載）

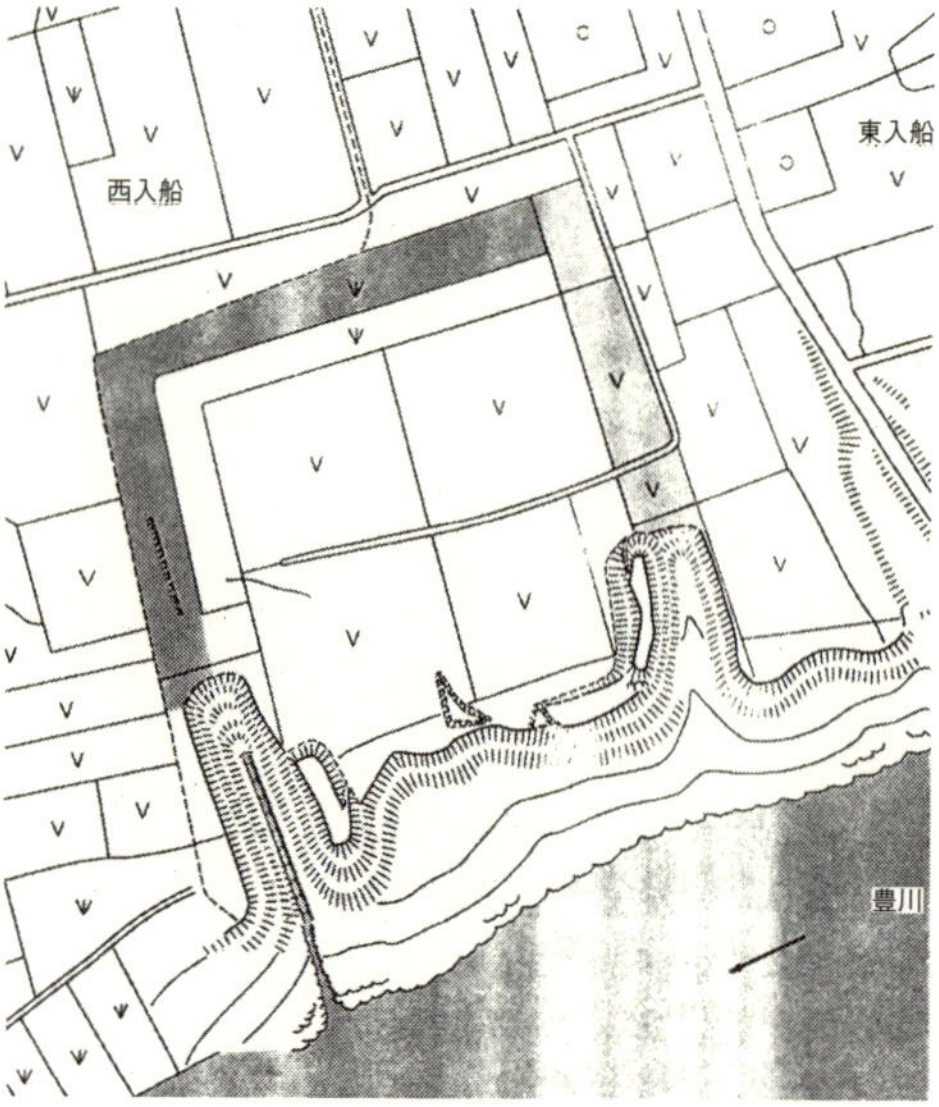

図５　新城城縄張り図・地籍図（註22文献より転載）

に方形の土塁が構成された居館形式の城館である。[22] 国衆の本拠としてふさわしい形態である。

同様の状況は、長篠城（新城市）においても考えられる。長篠の戦いの後、天正四年（一五七六）、長篠城の守将であった奥平貞昌は新城城（図５）に居城を移された。[23] 徳川氏の関与のもとに改修・守備された長篠城は、武田氏との攻防の過程を通じて、高度に軍事化された。一方で、城将奥平氏の居城となる新城城は規模は大きいものの、方形単郭[24]で軍事拠点というよりも地域支配にふさわしい形態と考えられる。[24]

天正十年、大給松平氏は細川城をその本拠としたことはすでに述べている。本来の居城は大給城（豊田市）であった。ただ、大給松平氏は二代乗正・三代乗勝・四代親乗の葬地が足助（豊田市）であり、[25] また、『家忠日記』には「督・足助衆」とある。したがって、大給松平家臣団が足助周辺を拠点にしており、その居城も足助周辺にあったかもしれない。

大給城が当時どのような管理が行われていたかは、資料的にははっきりしないが、現存遺構が高度に軍事的な改修を受けていることは確かである。[26] 周辺の松平《まつだいら》城山《じょうやま》城や松平《まつだいら》郷敷《ごうしき》城（ともに豊田市）などとともに、強力な軍事拠点を構成したと思われる。改修の時期は天正十年より後と考えられなくもないが、大給氏の細川移転と関連づけることは可能である。大給城は徳川氏の軍事拠点として整備されたことはほぼ間違いない。移転先の細川城は、前述したように、軍事的な要素の乏しい国衆レベルの城館であった。

以上のような事例は、この他にも西川城（豊橋市）の西郷氏、茂松城（豊川市）の長沢松平氏でもあてはまる。ただし、

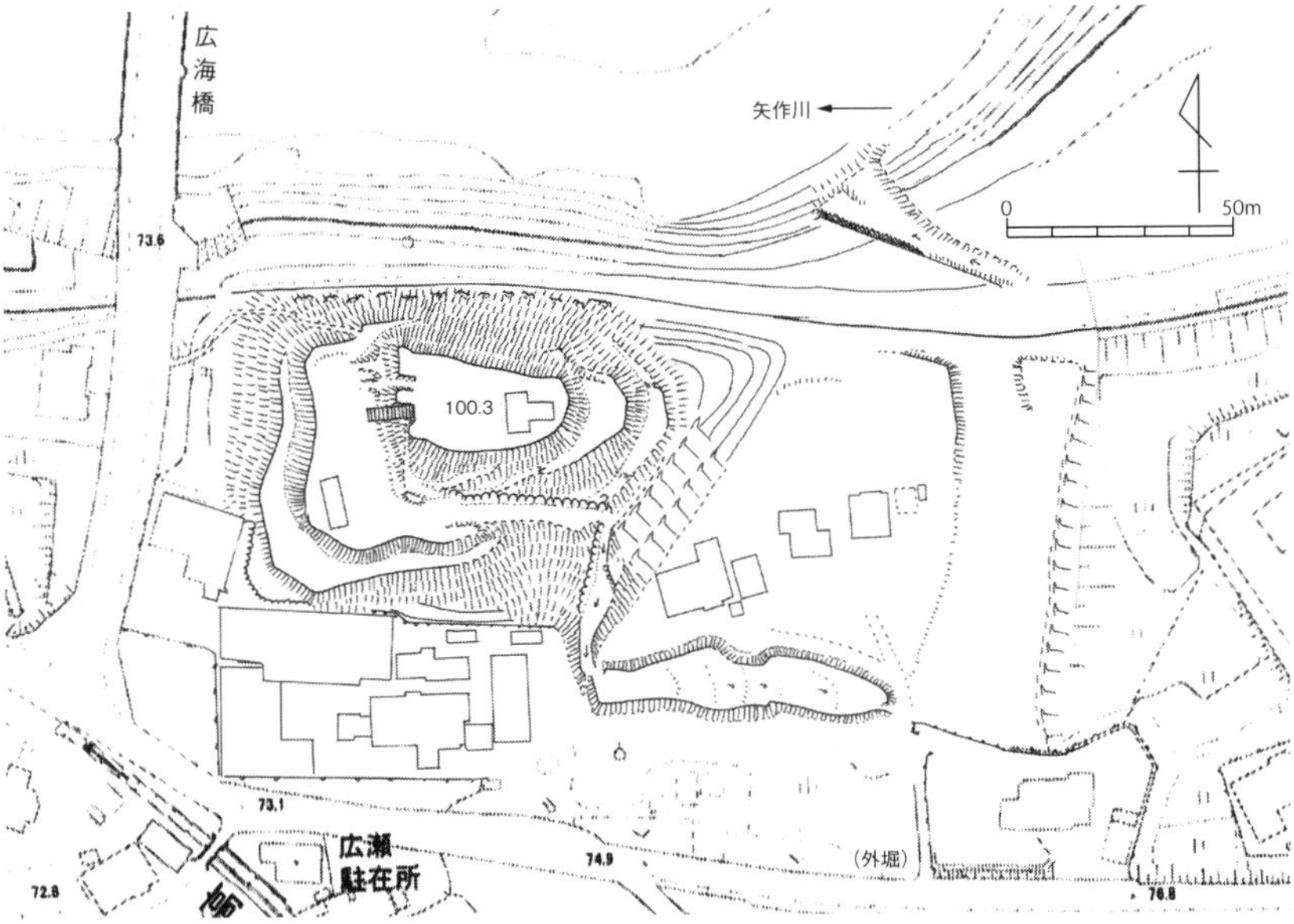

図６　東広瀬城縄張り図　作図：髙田 徹

両者とも確実な資料に乏しく、完全な証明には問題が残る。しかし、西郷氏の本拠とされる五本松城を含む西郷谷城郭群（豊橋市）、また、長沢松平氏の本拠と目される長沢地区の城郭群（豊川市）は、いずれも国衆の城郭群と考えられない規模であり、上記の事例にふさわしいものである。

［岡崎城類型の事例について］　前節では、居館機能が目的の城館と軍事機能が卓越する城館とが分離したものを事例とした。天正期の徳川領国において、城館の機能分化が進行した事態は見ることができたと考えられる。同時に、またひとつの城館の中で、機能の特化もありえたと考えられ、岡崎城はこうした類型に属すものと考えることができる。三河におけるこのような類型の事例は決して多くないのだが、岡崎城と同様に居館部と詰め城部分が接合しているものの事例を見ておきたい。

東広瀬城（豊田市〈図６〉）は、居館部分とそれに続く裏山に詰め城部分を持つ。詰め城部分は曲輪を並べただけの形態で、居館部には大土塁を構築し、馬出を備えている。また、周辺には家臣屋敷も存在している。詰め城と居館部は同時に機能したとは考えられていない。したがって、両

図7　上ノ郷城縄張り図（註22文献より転載）

者が同時に機能したと考えられる岡崎城と同様事例にできないが、居館部分と詰め城部分が合同する典型的な事例である[27]。

上ノ郷城（蒲郡市〈図7〉）は、居館部分と裏山を範囲とする部分に二つの部分を持つ。裏山をはたして詰め城といっていいか問題であるが、詰め城部分と呼んでおく。詰め城部分の曲輪区域はかなり広いために、初期には詰め城部分が主要な区域だったと考えることができる。ついで、戦国期になって南側の居館部分が追加整備されたのであろう[28]。特徴的なのは、居館部分と詰め城部分の接合部において、大規模な改修が行われたと推定されることである。これは岡崎城と同様である。

岡崎城の近くでは、岩津《いわづ》城（岡崎市岩津町）がこの類型に属す。居館部分の整備と詰め城部分の軍事化が近接して行われる事例であるが、岡崎城もこの類型に属するものである。岡崎城では天正期に軍事機能と居館機能とが同時に整備されたと考えられるが、それは岡崎城が三河における重要性を高めたことを意味する。

［二の丸の形態と成り立ち］　近世の岡崎城二の丸は、将軍や

城主のための複数の「御殿」が設置されており、居住空間となっていた。しかし、こうした利用形態を、そのまま中世にまでさかのぼらせて考えることはできない。前節までに初期岡崎城を設定した理由である。

岡崎城が領国の脅威にともなって軍事的に強化されたのは、武田氏の侵入時と豊臣氏との対抗の時期であったとみられることは、繰り返し述べている。天正六年と天正十三年に岡崎城の改修が行われているが、具体的な内容は不明である。一方、国衆の居城において、地域支配の中心として館城が成立している。岡崎城にも家臣団編成や政治的な機能、すなわち国衆の居城が地域支配の中心となったのと同じ機能が求められたと見てよいであろう。

たとえば、『松平記』所載の「正月二日国衆御礼之次第」は、家康と徳川家臣団の年始の儀礼であるが、新市史には、家康の岡崎在城時期より始められていた可能性があるとされている。『家忠日記』の著者松平家忠は、正月十五日頃に岡崎城主であった松平信康のもとに出仕し、同城において信康に正月の御礼をしている[29]。「正月二日国衆御礼之次第」における形式が、信康の岡崎城においても継続されていたと見られる。また、天正六年五月には舞をする越前幸若・幸春大夫が、岡崎城のおそらく信康を訪ねて来ており、これには岡崎在郷の国衆も参観している[30]。天正七年八月の信康事件の時には、国衆が「御城起証文」を挙げている[31]。文面によれば、家康により国衆が一同に集められているように見える。永禄年間の後半から天正年間においては、これらのように国衆が参集し、儀礼が行われた空間が岡崎城内に用意されていたのである。

「二の丸」地区においては、複数の地点での発掘調査が実施されている。しかし、中世にさかのぼる遺構面ははっきりとは確認されていないし、中世末期の地表面も明瞭に検出されていない。ただし、二の丸発掘調査（2）（二の丸南西端地区）では、表土面から地山面まで六層の土層に分けられることが確認され、江戸時代の土層は八〇～一六〇cmの厚さがあり、地表から九〇～一五〇cm以下に江戸時代以前の土層があった。詳細は、斎藤嘉彦氏の報告[32]を参照していただきたい。筆者なりに調査成果を理解すると、二の丸は近世に何度かの造成作業が行われ、いわゆる積み増しがあったものと思われる。したがって、絵図に現れた二の丸の形態は、ほぼ近世に造成され完成されたものと考えられる。

絵図に表わされた二の丸は、挙母櫓の南側をほぼ直線状の塁線で区画されている。この塁線は、本丸とくに天守西側の塁線に対応するもので、二の丸西側が確定されるのは比較的新しいことを示している。これに対して、二の丸の東側は七間門の南北部分を中心にして直線的な区画は見られず、おそらく、かつての地形に規制された形態の構造を保存しているものと考えられる。また、二の丸廊下橋門外堀（二の丸北側の堀）は前節で述べたように、「上の馬場」と三の丸北側堀（浄瑠璃曲輪堀）に対応している。したがって、二の丸は中世から近世初期におよぶ各時代にわたって順次形成されてきたものと考えられる。

家康誕生の場所は、坂谷曲輪の「坂谷の邸」といわれ、「二の丸挙母櫓」の下という伝承がある。[33]これをそのまま信用することはできないが、現在の坂谷曲輪に居住域があったという推定は可能である。そして、近世に二mに近い盛り土があったことと、七間門あたりに尾根筋があったこと、坂谷曲輪の位置と二の丸との落差を考えると、初期岡崎城の現二の丸区域は、七間門あたりから西側に徐々に傾斜しながら湿地に続いていたものと考えられる。二の丸の原地形については、これ以上のことは不明であり、居館機能の分化からその形成過程を想定していかざるを得ない。

しかし、斎藤報告では「(二の丸南西端部）周辺に松平清康～家康時代の中世後期の遺構が存在する可能性がある」と述べられている。二の丸部分も、中世の岡崎城域に含められる可能性が高いと考えることはできる。岡崎城は軍事的な構造面で直接その変遷をたどり得る史資料に欠けており、具体的には拠るべき資料が現在のところ見いだせない。そこで、三河近隣の事例に即して言えば、天正期に近世岡崎城の本丸（持仏堂曲輪を含む）および二の丸が成立していた可能性が強いと考えた。天正七年（一五七九）当時の西尾城（西尾市）は、『家忠日記』によれば少なくとも「本城」と「北端城」とに区分され、それぞれが上級家臣の守備範囲とされていたことが明らかである。この程度の区分・構造は当然、岡崎城にもあったとしてもよい。

まとめ

中世の岡崎城を想定するには、原地形の復元が重要である。近世岡崎城にも原地形の痕跡が認められる。「清海堀」伝承は、尾根筋を掘り切って城郭を形成する過程が伝説化したものであろう。初期岡崎城の形態は、松平一族の城館の特徴から推定した（ただし、具体的に不明なことはやむをえない）。徳川領国の城郭は、天正期に軍事化と居館化の機能分化が明確化する。岡崎城では本丸の軍事化と二の丸の形成が考えられる。二の丸の積み増しによる平均化によって、本格的な近世城郭へ発展したと考えられる。

本稿は、中世段階の構造の基本を諸資料により考察したつもりであるが、全体として想定の部分が多くなり、岡崎城の研究に本当に役立つかが心配である。今後、考古学などの手法により確かな検証を進めるためにも、推定の過程を著すことにした。

【註】

（1）『吉田城址（Ⅰ）』第九章、二（豊橋市教育委員会・豊橋遺跡調査会、一九九四年）。
（2）『新編岡崎市史』3近世、第二章第二節（新編岡崎市史編集委員会、一九九二年）。
（3）『岡崎市史』第参巻、第一章第二節、材木町（岡崎市役所、一九七二年再刊）。
（4）拙稿「岡崎城」（『愛知県中世城館跡調査報告Ⅱ（西三河地区）』4、額田地区、愛知県教育委員会、一九九四年）。
（5）『史跡岡崎城跡地地下レーダー探査業務報告書』（岡崎市教育委員会、一九九七年）。
（6）池上年『愛知県岡崎市周辺の歴史と石造文化財』第四章（岡崎市教員委員会、一九六九年）。
（7）『岡崎市史』第壱巻、四章三節、二〇四～二〇八頁。

(8)　中根家文書（岡崎市美術博物館蔵写真、整理番号　二七〇一―エ）。
(9)　新行和子「近世都市岡崎の成立」（『近世国家の支配構造』雄山閣、一九八六年）。『新編岡崎市史』2中世、二章三節二、三章三節一（一九八九年）。
(10)　『新編岡崎市史』2中世、五章五節一。
(11)　拙稿「矢作川中流域の集落と城館」（『岡崎市史研究』第一九号、岡崎市教育委員会、一九九七年）。
(12)　前掲註（9）。
(13)　『岡崎市史』第七巻、四章九節、四八八頁。
(14)　『岡崎市史』第参巻、一章二節、三一一頁。
(15)　同右　一九五・二〇八頁。
(16)　同右　二九〇頁。
(17)　前掲註（13）。
(18)　『岡崎市史』第弐巻、一章四節、二二頁。
(19)　「瑠璃光山安西寺略記」（旧市史　七巻、四章二節、二七八頁）。
(20)　前掲註（4）。
(21)　『朝野旧聞裒藁』第三巻（汲古書院、一九八二年）東照宮御事蹟　天正二年三月。
(22)　『愛知県中世城館跡調査報告Ⅲ（東三河地区）』大野田城。なお、石川浩治「東三河における館城の一考察」（『豊橋・豊川の中近世城館』愛知中世城郭研究会、一九九七年）が天正期三河国衆の館城の形態について詳しく検討している。
(23)　前掲註（21）、天正四年。
(24)　前掲註（22）、新城城。
(25)　『寛政重修諸家譜』第一巻（続群書類従完成会、一九六六年）「松平　大給」。
(26)　髙田徹「大結城」（前掲註（4）、1、西加茂地区）。

(27) 二時期に分かれることについては、髙田徹「広瀬東城」(『豊田の中世城館』愛知中世城郭研究会、一九九二年)。なお、髙田「日近城にみる居館と詰城の存在形態」(『愛城研報告』第二号、愛知中世城郭研究会、一九九五年)が居館と詰め城について三河の事例を多数を検討している。
(28) 前掲註(22)、上ノ郷城。
(29) 『家忠日記一』天正六年正月一四日条など(臨川書店、一九六八年)。
(30) 同右　天正六年五月六日条。
(31) 同右　天正七年八月一〇日条。
(32) 「二の丸跡の発掘調査(2)」(『岡崎市史研究』第二二号、二〇〇〇年)。
(33) 『岡崎市史』第八巻、八章、二七四頁。

Ⅲ

岡崎市明大寺地区の城館と寺社

――城館遺構とその周辺の考察

奥田敏春

はじめに

岡崎市明大寺《みょうだいじ》地区は、岡崎市の旧来の中心市街地（岡崎城下）が矢作川《やはぎがわ》の支流乙川《おとがわ》（菅生川《すごうがわ》）の北岸にあるのに対し、乙川の南岸に開けた市街地で、現在の名鉄東岡崎駅周辺である（図1）。この地には、近世城郭岡崎城の起源となる岡崎城が存在した。この岡崎城は、「岡崎」という地名が発生した東矢作岡崎郷（明大寺）に松平清康の本城として所在した。後に清康によって乙川北岸に移転され、近世の岡崎城の基となったものである。この過程は、『新編岡崎市史』（以下、新市史）により明確にされたもので、現在、基本的に準拠すべき考え方となっている。

また、新市史では、それまでの明大寺地区が岡崎の基礎となった鎌倉時代以来の矢作東宿であったという理解を、根本的に変更した考え方が示されている。明大寺地区のそれまでの位置付けを変更し、新たな評価を与えた[1]。しかし、この新しい評価は、まだ細部まで究明されたものにはなっていないと思われる。依然として考察の余地があるので、本稿では現地の史跡や遺跡を考察して明大寺地区の理解を深めたい。

明大寺地区には、城館跡二ヶ所をはじめ、寺社（現存または移転したものなど）が多く存在する。明大寺地区全体の理解は、それらの相互関連の解明を積み上げて接近することと切り離せないはずである。したがって、地区の遺跡や史跡の理解が不十分な現在、明大寺地区の城館を中心とする地域的な特徴をどのようにとらえるかは、依然明確ではない。城館遺構の解明を中心に、それを通して周辺の様子を推察することにした。

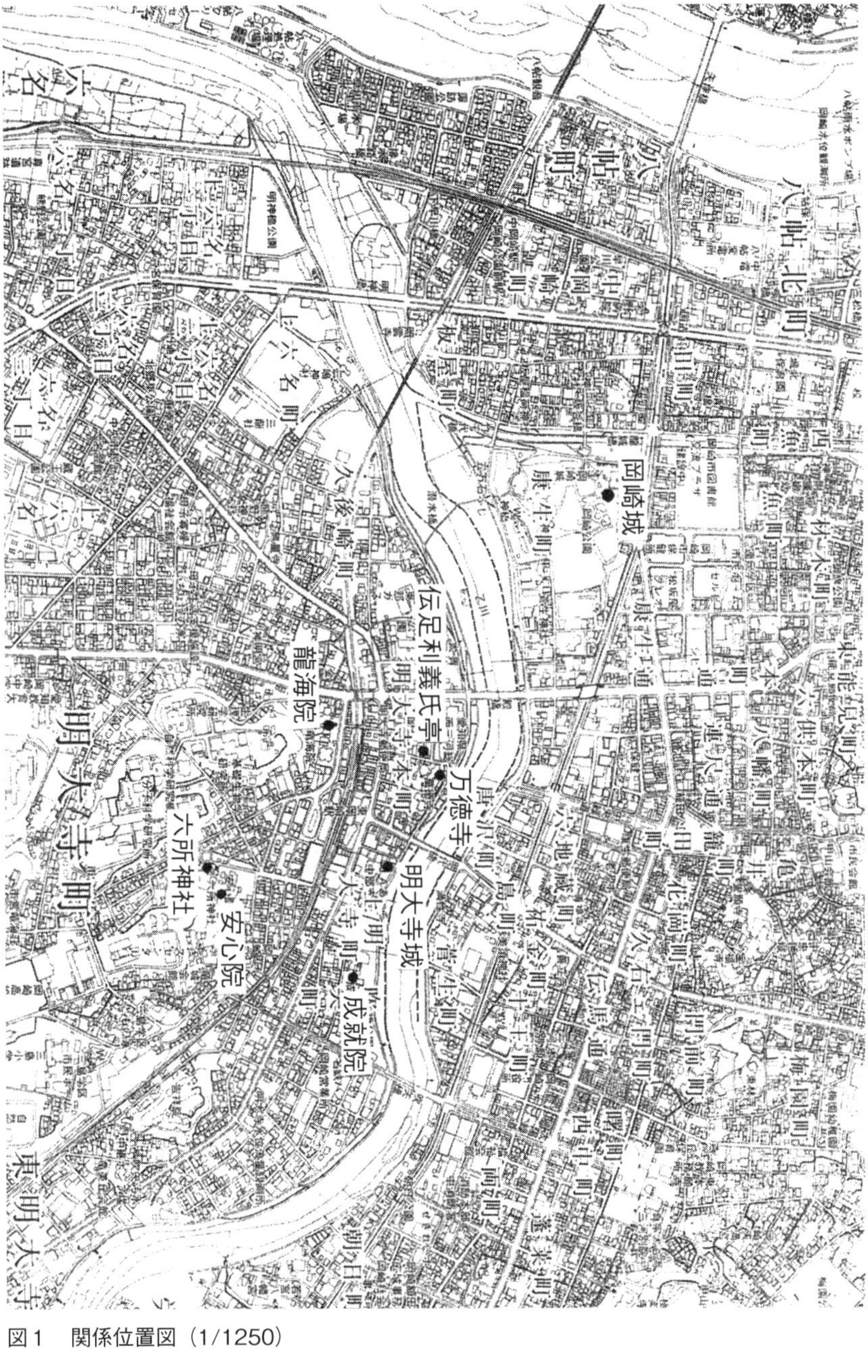

図１　関係位置図（1/1250）

明大寺地区の理解

明大寺地区の城館の理解は、三河の近世地誌の記述を基礎にしている。それらは、遺跡の位置とその城主に主な関心を示している。代表的なものを示すと、『参河国二葉松』では、まず、明大寺村古屋敷を伝説的な人物兼高《かねたか》長者の跡としている。ついで、同村（明大寺）古城として二ヶ所を挙げ、一の城主を足利左馬頭、もう一ヶ所は（乙川沿いの）平岩という所にあり、城主を西郷弾正左衛門とし[2]、永享年間（一四二九～一四四一）に同人がこの新城を築いたとする（これを以下、特定の場合以外は、本稿での遺跡名として明大寺城と呼ぶ）。

『三河堤』は、明大寺村古屋敷と同村古城を挙げる。同村古城は二ヶ所とあり、一ヶ所は足利尊氏の御殿という伝承を紹介し、これを考察し足利左馬頭義氏の御殿としている。もう一ヶ所は西郷弾正左衛門とし、内容はほぼ『参河国二葉松』と同じである。『三河志』は、『三河堤』と同文である[3]。近世の地誌では、『三河聴視録《みかわそうしろく》』（以下、聴視録とする）が最も詳しい[4]。聴視録は、東城（明大寺城のこと）は平岩にあるといい、西城を浄土真宗万徳寺の裏にあるとしている。しかし、注意されることは、「御殿」は「今所不詳」として、場所は示していない。御殿は場所不詳ながら鎌倉時代の三河守護足利義氏亭の跡であるとして、将軍が宿泊した際の『吾妻鏡』の記事を引いている。聴視録は、明大寺が矢作東宿であったという考えを基礎にしている。しかし、万徳寺裏の西城と「御殿」を関係付けて記述しているわけではない。

近世地誌以来の理解をまとめたのが、『岡崎市史』（以下、旧市史とする）であった[5]。旧市史が、近世段階で最も詳しい聴視録を特に踏まえて記述をしたのは当然である。しかし、地誌類ではあいまいであった点を旧市史がそれを補う形で明確にしたために、根拠が不十分な点までも確定してしまった感がある。具体的には、西城と「御殿」を結びつけたことであった[6]。旧市史は、明大寺地区を矢作東宿の跡地と理解している。鎌倉時代には、西側からだと街道（東海道）は矢作川を渡ってから、乙川南岸の明大寺地区丘陵の北側を東進したとしている。根拠は、明大寺地区内にあったという「本宿」と「新宿」が矢作宿の跡地であるとするものである。旧市史は、鎌倉・室町期の「矢作」地区を岡崎市中心部の矢作川両岸から明大寺地区まで広い範囲として理解し、足利義氏亭を当地区内にあったものと考えている。また、旧市史は兼高長者の屋敷を明大寺地区内とし、兼高長者と浄瑠璃姫伝説が濃厚に残存する明大寺地区を、矢作東宿の中心地と考えた。

新市史は、現在までの地形の変動など不確定要素が多いため、「大胆な推定」と断りながら、旧市史の明大寺地区＝矢作東宿説を否定し、矢作東宿は乙川北岸の現八帖地区に推定している。足利義氏亭は矢作宿辺であり、必ずしも矢作宿内にあったとは断定されていないが、現八帖地区付近ではなかったかとされている。明大寺地区は「東矢作」であり、矢作宿の東に成立した都市的な場と見られている。

このように新市史によって、一気に明大寺地区の解明は進み、理解は大きく変容した。しかし、明大寺地区に伝えられた寺社を含めた屋敷群のそれぞれがいかなる形態や地理的な位置に設置されていたかについては、明大寺城の位置を比定した浅井敏氏の論考(7)以外には乏しいのが現状である。それは、明大寺地区の包括的な理解を個別確認の集成として求めているからではないか。

本稿も、明大寺地区の歴史的な理解に寄与するために着手したものであるが、結論として個別事例の報告を出るものではない。ただし、城館の理解は位置・形態・規模などのありようから調査することが基本である。そして、筆者はその理解の助けとして、旧市史ではなく江戸期の伝承を採録する聴視録へ立ち戻って考察すべきと考える。

「伝足利義氏亭」とその周囲

繰り返すが、新市史以前の考え方では、明大寺地区内に足利義氏亭があったとしている。旧市史は、「御殿」の伝

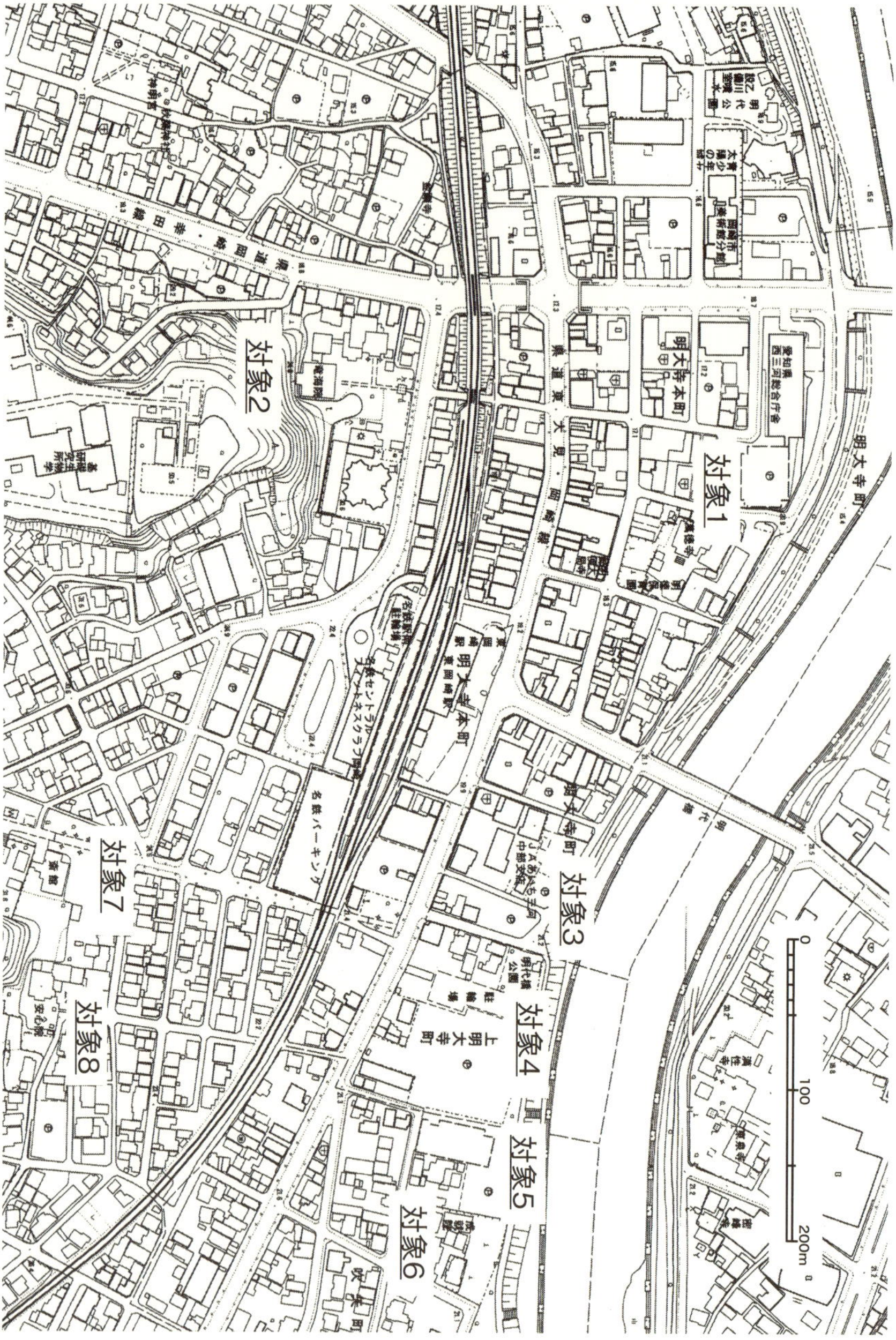

図２　考察対象位置図（対象１～８）

承からこれを万徳寺辺に比定したのである。この遺跡の遺構が一部明らかにできるので、以下考察する。
○対象1（伝足利義氏亭または明大寺西城）　対象1（図2）は、現在の明大寺本町三丁目（旧明大寺町字下郷中）の浄土真宗万徳寺周辺の遺跡を指すものとする。万徳寺周辺は現在市街地化されて、地表面には中・近世以前に遡る遺跡はまったく存在しない。しかし、近代まで遺存していた遺構の様相が、わずかではあるが知られる。

明治十七年の地籍図（図3）によれば、万徳寺の西側と境内裏に「藪」地目がみられる。これは昭和八年の岡崎市土地宝典でも確認され、昭和十年代まで存続していたことがわかる。この「藪」地目が幕末の岡崎城絵図[8]に表示されている。地籍図とは形状や位置がほぼ一致するので、絵図の記載は正確に写されていると考えられる（図4）。絵図の表記に従えば、土塁状の遺構と考えられる。周囲に堀がなかったとは断定できないが、「藪」地目の付随する堀は絵図および地籍図上では見られない。

この「藪」地目は、明治時代の墓地を含めた万徳寺境内と一致しておらず、万徳寺境内の西側に不整形に広がっている。三つの区画が考えられる。1は万徳寺西側のL字に屈曲した土塁状に囲まれた東西四〇m、南北一〇〇mの不整形な区画、2は万徳寺境内とほぼ一致する一辺六〇mの区画、3は万徳寺南の一辺四五mの区画である。なお、いずれも標高は一八m弱であるが、東側から西側にかけて、緩慢な傾斜地の途中となる位置である。絵図には、水害で対象1の敷地際まで水に洗われ、畑地に変化していることを表している[9]。周辺の土地は決して安定したものではなかった。対象1の主要部は、墓地部分を含めれば南北一〇〇mの規模が考えられる万徳寺境内であろう。したがって、万徳寺境内を主要部として、その外側に付属部分を付加した形態と見られる。

対象1の存続年代は知られない。聴視録ではこれを西城と呼んでいる。この遺跡に、守護代末裔の西郷氏の由緒を伝えていることは注意される。その存続年代は少なくとも、後述する明大寺城構築年代以前（一五世紀以前）ではないかと推定される。

図３　明大寺村主要部地籍字分全図（明治 17 年、愛知県公文書館蔵）を奥田トレース

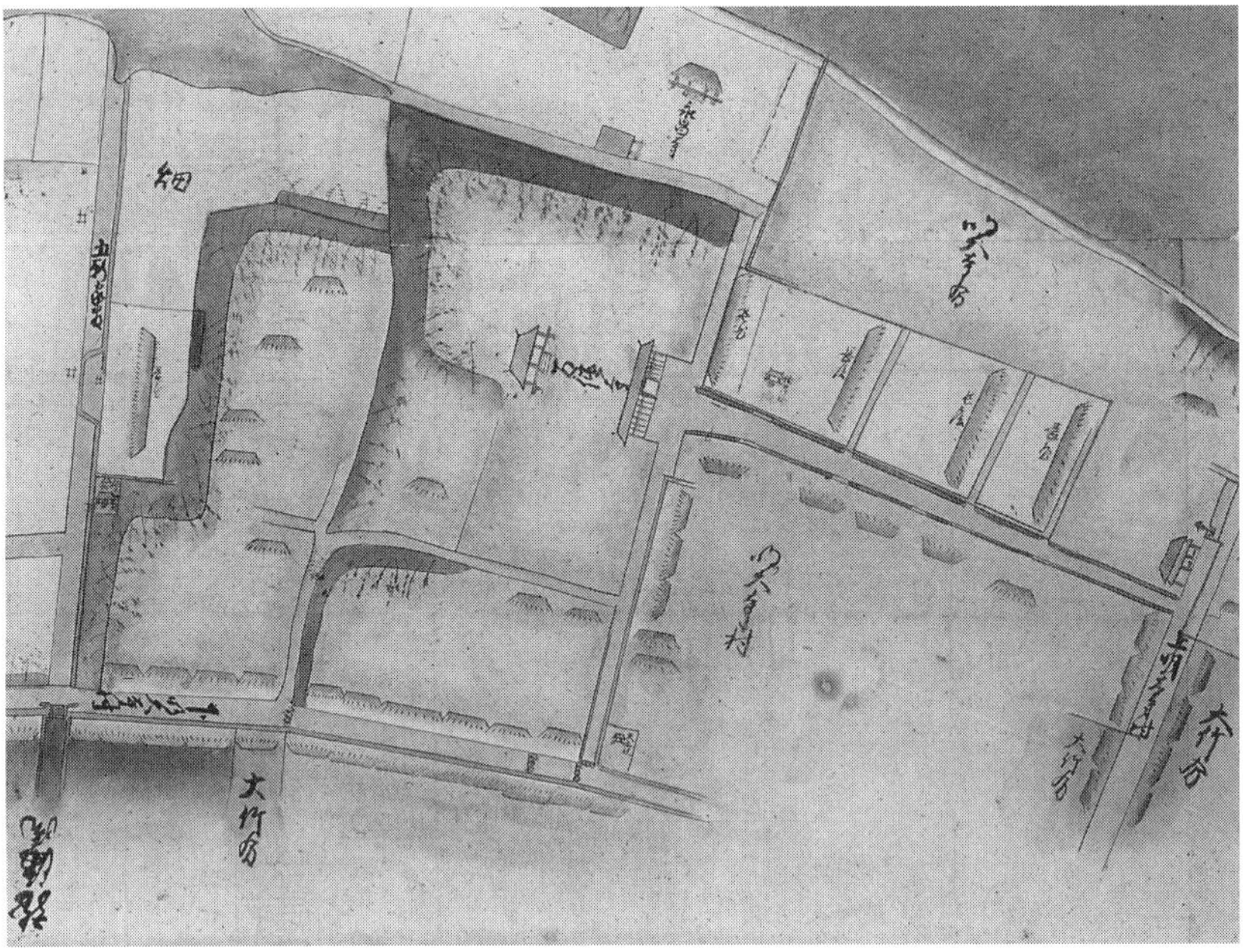

図４－１　岡崎城絵図（後本多時代）部分（口絵、図 10-2 参照）

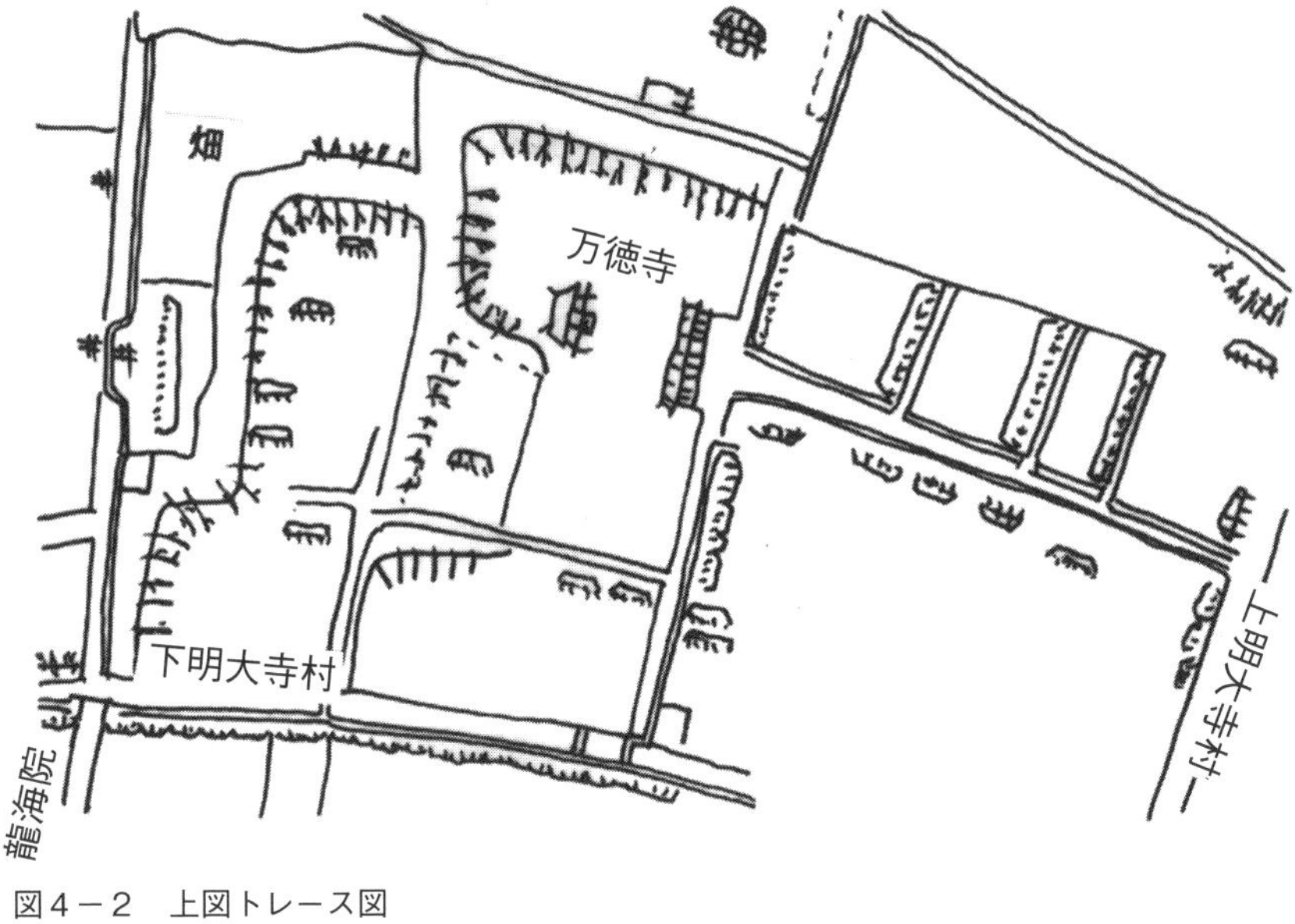

図４－２　上図トレース図

◯対象2（龍海院周辺）　対象2は、明大寺町字西郷中の曹洞宗龍海院を中心とする一帯である。地籍図には主要な境内地として東西八〇～九〇m、南北一〇〇m程が区画されている（斜線部分で周辺の山地と背後の墓地は含まない）。昭和八年の岡崎市土地宝典では、主要な境内地は東西八五m、南北一一〇m程であり、明治期とほぼ同じである。現在、山門前は東西する道路の幾度かの改修・拡大によって後退していると考えられる。また、主要境内地のすぐ西側を、現在県道岡崎幸田線が南北している。境内の標高は一八mで平坦である。南側背後には、標高五〇m、龍海院との比高差三〇mの龍海院山がある。かつて、三島小学校・愛知学芸（教育）大学の敷地で、現在は国立研究所用地になっており、遺構などは確認できない。

龍海院は享禄三年（一五三〇）、松平清康の創建である。天文十五年（一五四六）の松平広忠寄進状[10]によれば、寺領の範囲は、北は門前から乙川に掛かっていた一の橋、その西は一の橋から田畔下宮まで、その南は吉池（芦《あし》池のこと）の辻で、東は六所の谷（六所神社の西側の谷筋）が境であった。中世以来、境内の北・西側とその南側に大きな寺領が広がっていた。龍海院の門前道は、対象1の西側を通って乙川の一の橋に続いていたのである。

◯対象1（西城）と対象2（龍海院）の関係の考察　対象1の遺構は、龍海院門前の一の橋に続く道を念頭において構築されていたと考えられる。L字形の遺構は完全には道に対応してはいないが、龍海院の門前は一の橋に続いている。一の橋のあった時代はまったく不明であるが、かつて乙川には、おそらく近世の殿橋架橋以前にも橋が掛かっていたと考えられており、『家山樵談』の岡崎城絵図や他図によれば、乙川の北側には古い橋台の石垣と廐跡の伝承が存在していたらしい（図5）[11]。すると、南岸の明大寺地区の遺構もこれと関係していた可能性が強い。つまり、龍海院の敷地と門前一の橋および西城などは、一つの設計とまではいかなくても、相互の関係が意図され、またある用途にかなって設定された空間ではなかったかと考えられる。

「龍海院年譜」によれば、龍海院の建物は清康の見立てからわずか五ヶ月で造立されている。龍海院の敷地は、清康の明大寺城在城以前すでに存在していたと見るべきである。龍海院背後の山からは、過去に中世の蔵骨器が見出されているという。もともと古い寺院か屋敷の敷地であった可能性が高い。それが、何であったかは、不明である。しかし、ここで強調したいことは、対象1と龍海院境内は何らかの関係があったのではないかということである。乙川北岸を含め龍海院境内と対象1の周辺に、内実は不明ながらある種の規格性ないしは何らかの関わりが推定できる。

西城の始まりはまったく不明である。しかし、これが西郷氏関連であることを聴視録は明記している。西城を足利義氏亭と関連付けたのは、旧市史の勇み足であった。聴視録によれば、万徳寺の裏には荒神社があり、それは西郷頼嗣の廟であったという。頼嗣は、松平氏へ家を移譲して、隠棲の後西城に住んだとの伝承を採っている。そもそも、西城・東城は明大寺地区内のそれともとれるが、本来西郷氏が地区内で保持した西城・東城であったのであろう。西郷氏は西城から、明大寺平

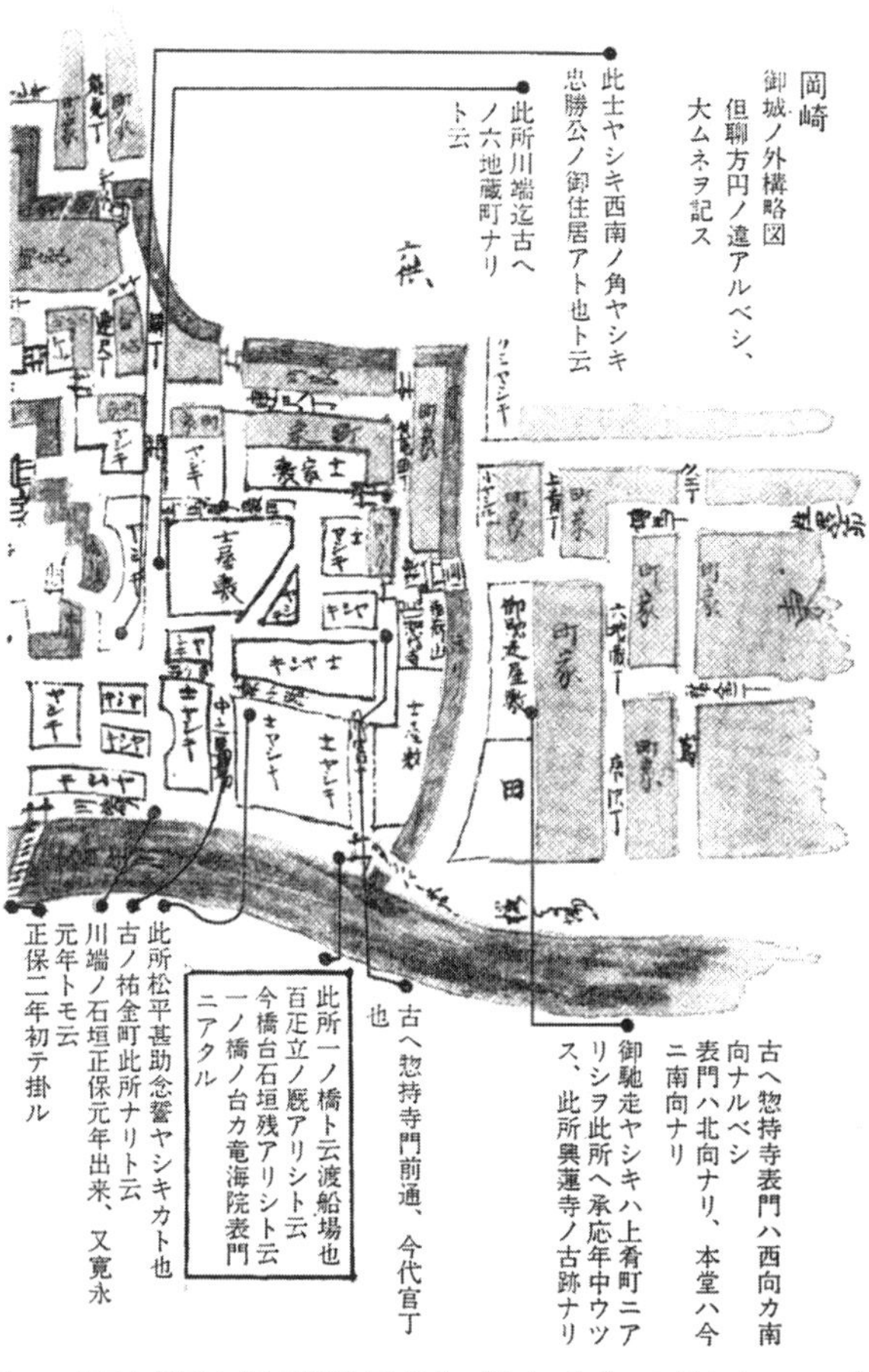
岡崎
御城ノ外構略図
但聊方円ノ違アルベシ、
大ムネヲ記ス
此士ヤシキ西南ノ角ヤシキ
忠勝公ノ御住居アト也ト云
此所川端迄古へ
ノ六地蔵町ナリ
ト云
古へ惣持寺表門ハ西向カ南
向ナルベシ
表門ハ北向ナリ、本堂ハ今
ニ南向ナリ
御馳走ヤシキハ上肴町ニア
リシヲ此所へ承応年中ウツ
ス、此所與蓮寺ノ古跡ナリ
古へ惣持寺門前通、今代官丁
也
此所一ノ橋ト云渡船場也
百疋立ノ厩アリシト云
今橋台石垣残アリシト云
一ノ橋ノ台カ竜海院表門
ニアクル
此所松平甚助念誓ヤシキカト也
古ノ祐金町此所ナリト云
川端ノ石垣正保元年出来、又寛永
元年トモ云
正保二年初テ掛ル

図５　『家山樵談』岡崎城絵図部分（枠内が「一の橋」について）
『新編岡崎市史　近世学芸』より転載

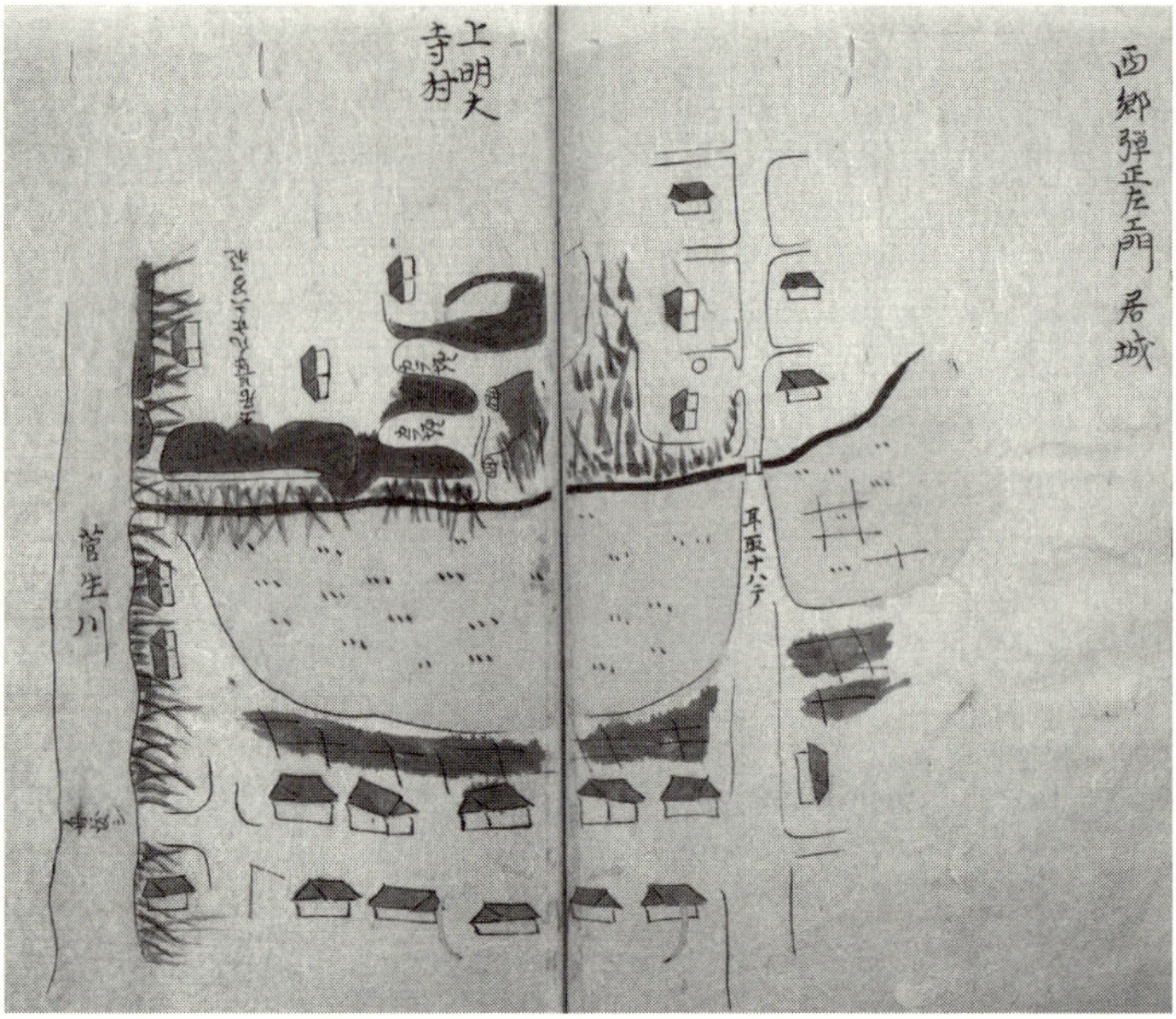

図6　西郷弾正左衛門居城絵図『三河聴視録』　国立公文書館蔵

岩に新城、すなわち東城を構築し、移転したということではないだろうか。

また、西城は乙川南北を結ぶ橋とかつての乙川廻流点を望む立地であり、交通と舟運を左配したであろう守護代の屋敷の位置にふさわしいと思われる。

明大寺城とその周辺

○対象3（明大寺城。別称は西郷弾正左衛門居城・東城・平岩城）とその東側の屋敷地群　対象3は、岡崎市上明大寺地内の明大寺城である。聴視録に「西郷弾正左衛門居城絵図」が伝えられている（図6）。長くその位置があいまいであり、筆者が調査に関わった『愛知県中世城館跡調査報告Ⅱ（西三河地区）』でも確定されていない。[12]しかし、浅井敏氏の比定に筆者は首肯できるのでこれに従う。[13]ただし、同氏による形状の推定には疑問がある。

浅井氏は、一辺八五～九〇ｍの方形居館を推定されている。しかし、主要な城域は浅井氏推定区画の北半分であり、南北は東西より狭い可能性が強い。北側半ばほどの切れ目で一まとまりの区画が設定できる。聴視録掲載の絵図では主要道沿いには民家があり、その北側に土塁の痕跡が描かれている。また、絵図には土塁の長さが廿六間とある。よって、南北が東西に比して狭い形状

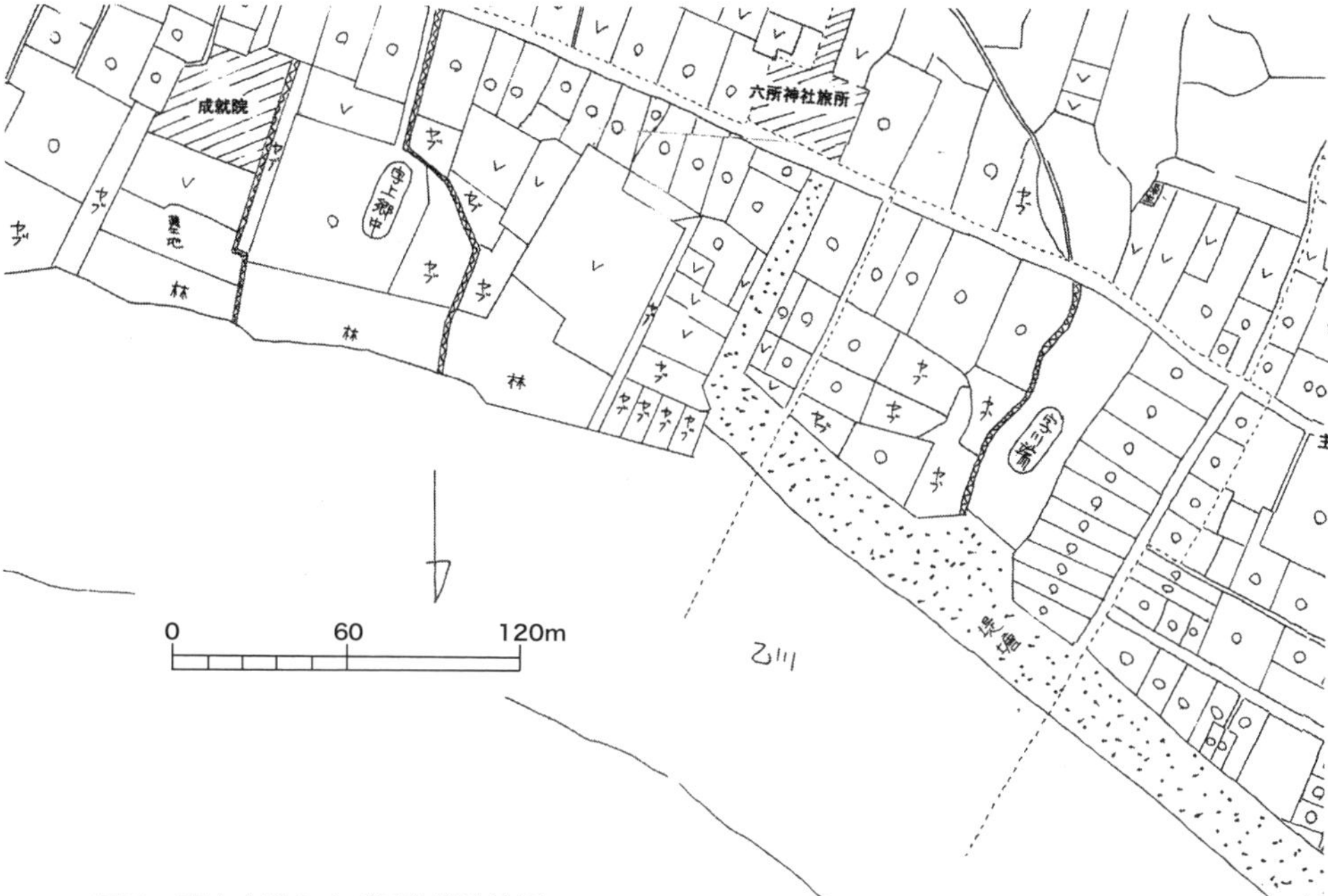

図７　明大寺城および屋敷群地籍図

である東西八〇m、南北五〇mの範囲が主要部と推定される。これらから、明大寺城は一六世紀の松平庶家に共通する類型と規模の館城であったと理解される[14]。

絵図にあるように、西側には小川（用水）が流れている。そのさらに外に当たる西側は田地であり、小川は人為的に西側側面に沿うように設置されていたと理解できる。したがって、この小川は堀として利用されていたと考える。また、乙川川端の南側と東側は堤塘である。当然、堤の外と比べて比高は高くなっていたと見てよい。この位置は東西の標高が減じているため、高所を占めている。

地籍図作成当時の現地は、宅地と藪地が入り混じっている。藪地は宅地の間に混在している。絵図には土塁があったとしているが、地籍図だけから土塁の痕跡と見なすことはできない。しかし、西側の人為的な小川の配置を考慮すれば、絵図がいうように、土塁が周りを取り巻いていた可能性は高いであろう。南北する川を堀とすれば、主要部の外郭は方形であったかもしれない。

明大寺城は、地誌にいう永享年間（一四二九～一四四一）の構築の可能性が高い。しかし、地籍図に見える形状は一六世紀の松平庶家の類型の一つで、後に岡崎松平氏の時に改修された可能性もあろう。

これを、聴視録は「東城」と呼んでいる。対象3で強調したい点は、現状では見ることはできないが、周辺に比して最も高い位置を占めていた点である。

○対象4・5・6（旧駐車場・大竹氏居館・成就院境内）　対象4は、上明大寺町二丁目（旧字上郷中）で、最近まで市営駐車場のあった土地である。昭和二年には、千賀第一織布工場の用地となっていた。対象4は、後に述べる対象5と共に、高台にあった対象3の東側にあり、比高で一～二m低い低地部分に位置している。

今回対象にした各地点が何らかの歴史的に特定される史跡を含む地点であるのに対して、この地点はそうした歴史的に著名な遺跡を伝えていない。地籍図によれば、一部不整形ながら、ほぼ五～六〇m四方の矩形を呈している。西側辺には細長い藪地が続き、藪地の北側から東寄りには水田があり、用水と土塁を想定することもできる。地籍図では、この土地から主要道への取り付け道がみられず、屋敷地として疑問もある。しかし、道は消失したかもしれない。昭和時代には、敷地への入り口は確保されていた。そして、明治初年まで一筆の耕地・敷地として利用されていたから、屋敷地の候補として取り上げた。

岡崎市教育委員会は、付近の市街地整備に伴って当該地の試掘調査を行った。伝聞ではあるが、以下の知見が得られている。一三世紀代の遺物がわずかに確認された。また、現在の川岸から五〇mの地点で東西に小規模な溝が検出された。これらの試掘調査の結果では、この地点がまとまった屋敷地として利用されていたと確認はできない。しかし、地籍図での読み取りではその可能性を否定できない点こそ、重要であろう。明大寺城の東側隣接地であり、それとの関連が注目される。

対象5は吹矢町（旧明大寺町字上郷中）で、対象4の東側隣接地である。この地点には、六所神社社家の大竹氏の屋敷があった。岡崎城絵図の中の一つには「大竹主殿」とあり、この屋敷は幕末まで存続したと思われる。昭和初年には、内藤絹綵紡績工場の用地であった。

地籍図では五〇m四方のほぼ正方形の敷地で、主要道への取り付け道が確認できる。東西は藪地で囲まれ、西側の対象4との間は合わせて三六m幅の藪地が存在する。中には用水があるので、沢沿いの草地であろう。東側の藪地は細長い形状であり、後述する対象6との境である。したがって、共用していた可能性もある。地籍図では、周囲に堀に相当する区画はない。

対象6は、吹矢町（旧明大寺町字上郷中）の成就院一帯である。地籍図上での境内地は、ほぼ四〇m四方を主要部としている。畑地を隔てて墓地があるので、実際の境内はこれより大きかった可能性はある。主要部の西側には、先述した対象5（大竹氏屋敷）との間に共用の可能性がある細長い藪地がある。東側には、主要部南東部から墓地にかけて細長い藪地が存在している。主要部西側には用水があるが、藪の内側であり、堀であったとは考えにくい。

成就院領は永正八年（一五一一）に岡崎松平氏の信貞が判物を与え、寺領を確認している。[15]それによれば、境内の屋敷は東西に「くね」があり、東側の「くね」には松とえり穴があり、西のくねの川端にもえり穴があった。地籍図では、松とえり穴の存在は確認できない。しかし、「くね」のありようは地籍図の表示にほぼ一致すると思われる。「くね」は正確には不明であるが、藪地目に表現されている遺構であり、土塁状の遺構と推定される。したがって、対象4～6は土塁状の境界で区画されていたと見られる。なお、明応二年（一四九三）の松平光重判物によれば、成就院の元の屋敷は、対象5の大竹氏の屋敷であったようである。[16]

○明大寺城（東城）の周辺　東城は永享年間に西郷氏によって構築され、後に岡崎松平氏に引き継がれたと考えられる。周辺より高い土地に、一部に堀を備えた館城であった。館城の東側には、いくつかの屋敷群が置かれたと考えられる。具体的なのは、対象5の屋敷や大竹氏屋敷＝本成就院屋敷、現在の成就院屋敷の周辺であろう。成就院はかつて現在地の西隣にあったと思われるが、ある時期に現在地に移転している。現在地は、対象3とやや低い谷地形を隔てて対面する好立地を占めている。成就院は文明九年（一四七七）の創建といわれるので（それ以前とするものもある）、対象3が新設された永享年間を下らない時期に現在地に建立されたと考えられる。東城に対応する位置に再興されたのであり、西郷氏の菩提寺か、それに準ずる寺院として設置されたと考えられる。

対象3の東側には、「くね」で東西を囲まれた屋敷地と考えられる区画が少なくとも五ヶ所は確認される。これらは明大寺城に付属する屋敷群と見てよいのではないだろうか。西郷氏を引き継いだ岡崎松平氏の居城に付属するものであろう。文亀元年（一五〇一）の一門連判状には、松平親貞・公親が岡崎（明大寺）にいたことが知られる。[17]

次に、一五世紀後半には明大寺地区に「本宿」という文言が現れる。応仁三年（一四六九）の三後光定寄進状写と文明十三年（一四八一）の九良寄進状写である。後者は妙台寺（明大寺）住人とあり、明大寺地区内の本宿に都市的な場があったとしてよいだろう。[18]それは、東城の周辺が本宿と言われるように、城下集落化したものかもしれない。あるいは、本宿を膝下にとり込むために、東城が新たに構築されたとも考えられる。

前述したが、一五世紀末に岡崎松平氏の光重は大竹氏に替え地を与え、そこに光林寺を造立した。これは、光重が岡崎松平氏の菩提寺として光林寺を建立したと解される。そのために、大竹氏は屋敷の移動を求められたのであろう。

なお、光林寺の敷地は不明である。明応八年（一四九九）、僧舜禎は明大寺の光林寺に南面する坊で『深草抄』を筆写した（大谷大学図書館所蔵『深草抄』[19]）光林寺は、南側が開けていたといわれる。また、光林寺替え地の経緯からして、そこは大竹氏の所領内と考えられる。したがって、そこは対象3の南西にある宅地と畑の区画かもしれない。根拠はまったくないが、他に適当な場所も見つからない。替え地とされた大竹氏屋敷（対象5）とほぼ同じ面積であることも、乏しいながら論拠の一つとなる。

以上、東城は西郷氏の居館として成立し、後に岡崎松平氏の本拠の館城となった。東側には家臣団の屋敷地が展開し、城主の菩提寺が好立地に作られていた。城下には、城下集落が出現していた。これは、松平氏の拠点城郭の一つの様態であった。しかし、松平庶家の館城の中で、規模・構造とも卓越していた形跡は見られない。また、光重の文書を通しての理解では、岩津城などに対して独立したものではなく、一族一揆を採り結んだ松平氏一族の地域支配の一環を担っていたとされる。[20]したがって、明大寺城は、松平庶家の一つとしての岡崎松平氏の城館とその本拠という理解となる。この館城に入った松平清康がそうした環境を乗り越えるには、本拠の移転が必要であったのであろう。

○対象8（安心院）と明大寺城　対象8は、現在の安心院を中心とする地区を指すものとする。安心院は、後述する対象7の六所神社の東に隣接している。地籍図の安心院境内主要部は東西五〇m、南北三六mの規模で描かれている。主要部の東南には墓地があり、かつては地籍図より広大な寺地を占めていた可能性はあるが、内外を区切る明確な区画は地籍図には見られない。現在の主要道からは、南へ二〇〇mの位置にある。

安心院の寺領に関しては、応永三十二年（一四二五）の一色修理・成瀬某連署寄進状写が伝えられている。[21]この文書は、一色修理（一色義貫か）と成瀬某との関係が不明で、文言にやや疑問点があるとされる。採録に際しても、「文字不相見」とあり、年代も確かではないという。

ともかく、内容は次のようになる。安心院に山を寄進する内容であるが、実質として安心院領を示していると解せる。しかし、内容を少し訂正する必要があろう。まず、南北の表示を誤っていると思われる。安心院の北には「嶺」はなく、南側に丘陵がある。また、「六名道」は主要道を指し示すと考えられ、北の堺とするのが正しいと思われる。西は正しいと思われるが、「上下之宮前道」というのはにわかに理解できない。一説に、龍海院の西側の諸（両）神の前身である上宮と下宮を結ぶ道を表すともいわれる（旧市史）。しかし、諸神は現在安心院から西側六〇〇mの地点にあり、あまりにも広大な安心院領となり考えにくい。これは、上下する宮前道の意とすれば、六所神社の参道と解してよいのではないか。天正十六年（一五八八）の成瀬国次等連署状[22]では、六所神社の「路次之通用」を安心院が認めているからである。すると、一五世紀はじめには六所神社の参道があったことになるが、応永の文書は年代が不確かで、参道の存在を確定するものではない。したがって、年代や作成された意図は不明であるが、この文書からは東側を除いて一五世紀の安心院領の概要が知られるのではないだろうか。

安心院は、東城が創立された頃に創建されている。以後、成瀬氏の菩提寺として存続したことは間違いないとされる。前代からの由緒は確実ではないが、守護被官との由緒を伝えようとするものかもしれない。ともかくも、成瀬氏が西郷氏と共存していた記憶の表現ではないか。東城との関係でいえば、成瀬氏と西郷氏との同盟関係が推定できるかもしれない。岩津周辺では、松平氏・酒井氏・本多氏・成瀬氏の遺跡がある。一五世紀の拠点城郭ではあり得ることである。

蛇足だが、広大な寺領も、近世徳川の世には安心院領は三石九斗二升二合になる。幕末には衰微したらしい。安心院は、周囲との関係が強く見えず、前述の評価をしたが、明大寺地区の盛衰を自ら担った存在であったかもしれない。

六所神社と松平清康

○対象7（六所神社の周囲）　対象7は、明大寺町字耳取の六所神社と六所神社周辺を指すものとする。六所神社の主要境内地は現在五〇m四方である。六所神社の主要境内は、石垣囲みの高台に立地している。主要境内地を造る石垣は、古いものでも江戸時代以前には遡らず、徳川家光の造築と考えられる。現在の境内背後の山地に遺物が採集されており、石垣による高台構築以前は背後に何らかの遺跡があったと考えられる。

六所神社領は、天正十六年（一五八八）当時の所領が前述した成瀬国次等連署状によって大体が知られる。神主は安心院の住持と合意し、要所にくねを立て松を植えて確認した。西側は「山ミチ境的立場のくね」であり、現在の明大寺町字的場付近と思われ、六所谷の大部分を含む。南もある点（此中）で確定した。安心院との境は、「路次」を広げた上で左右を揚いたこの路次（参道）で確定させたようである。北側は、路次が終わる主要道沿いの「旅所」まででであろう。

六所神社の位置を、特に対象3の明大寺城との関係で見てみる。六所神社主要部は、対象3の南側四〇〇m程の地点で、六所谷の奥の背後の六所山の中腹に位置している。明大寺城からは、ほとんど真南の位置である。主要部からは参道が一六〇m程構築されている。さて、参道の主要道に出る位置の「お旅所」は鳥居が設置された広場となっている。この場所は、明大寺城の主要道を隔てた南東に隣接していて、西側の大きな沢六所谷を見渡す尾根先端で明大寺城と並存している。六所神社の存在を明大寺城と主要道に対して強調していると見てよい。

〇清康の岡崎城移転について　松平清康は、享禄四年（一五三一）までに乙川の北岸に岡崎城を構築し、対象3（東城）を廃棄したと考えられ、光林寺を移転して、大林寺を岡崎城の北側に創立した。清康は六所神社を現在地に勧請し、また、龍海院を創立した。六所神社と龍海院はともに岡崎松平氏（ないしは西郷氏）の居館（東城と西城）の背後に設置された。同時に、明大寺地区は、岡崎城下の南側に包摂されるように位置付けられたと考えられる。

清康が明大寺城に在城していた大永七年（一五二七）の十二月、松平郷の六所神社（豊田市坂上町）が回禄（焼失）したが、その再建に際して奉加帳が残されている。(23) 松平長忠（道閲）と信忠の署判があり、六所神社は当国の鎮守であり郡村加護の明神である。特に松平一党の氏神であり、「一門の合力や一族の助成」が再興になくてはならないものと記されている。つまり、六所神社は一門・一族の結合に有効な施設であったことになる。清康の署判は文書にはない。したがって想像でしかないが、松平六所神社再興に際して、清康は岡崎への勧請を図ったのではないだろうか。

お旅所は、対象3の南東側に隣接している。ここにお旅所が設置されていることは、居館の移転によって生じた空疎を埋め合わせ、付近に清康の権威による緊張感を与えたことになったのであろう。その位置関係は計算されたものと考えられる。また、龍海院は享禄三年（一五三〇）に創建された。この年は、近世岡崎城の地に移転した時期と重なるので、その作業の一環であることは間違いない。六所神社と共に、明大寺地区を岡崎城下に位置づけたのである。清康による六所神社の勧請は、岡崎城移転以前か以後かなど、詳しい経緯は不明である。ここでは、六所神社（旅所）と清康の明大寺城との位置関係に、勧請に関わる関係が見えることを確認した。

おわりに

明大寺地区の二つの城館遺跡を中心に、明大寺地区の変遷を考察した。それらの形状の理解から考え直すことを第一とした。幸い、二つの城館の形状を十分とは言えないが、考察のきっかけ程度には推定することができた。しかし、やはり周辺寺社との関係性は明確にできたとは思えない。一意見の範囲と考えていただければ、考察の目的は達せられたと思う。

【註】

（1）岡崎市史編集委員会『新編岡崎市史』２中世（一九八九年）関係箇所を参照のこと。なお、上記関係箇所執筆者による論考は以下のとおりである。新行紀一「矢作東宿・明大寺・岡崎」（『岡崎市史研究』３号、一九八一年）、同「中世の矢作—薬師寺と宿—」（同前５号、一九八三年）、同「中世都市矢作をめぐる諸問題」（『年報中世史研究』８号、一九八三年）。

（2）足利左馬頭は鎌倉時代の三河守護足利義氏で、西郷氏は南北朝期の三河守護代西郷氏の子孫とされる。

（3）佐野監物「参河国二葉松下巻・三州古城記」（『近世三河地方文献集』、国書刊行会、一九七九年）。本間長玄・有格『三河堤』（岡崎市立図書館複写本、原本西尾市岩瀬文庫蔵）、渡辺政香『三河志』（歴史図書社、一九六九年）。

（4）加茂久算『額田郡三河聰視録』「妙大寺保記天・地」（岡崎市立図書館複写本、原本国立公文書館蔵）。

（5）柴田顕正編『岡崎市史』第壱巻〜八巻（岡崎市、一九二六年〜一九三三年）。本稿関係は各巻にわたるが、特に八巻に詳しい。

（6）旧市史は、足利義氏亭を万徳寺辺であると明記する地誌を引用している。しかし、旧市史は当時としては画期的な業績であり、その影響力の大きさから、足利義氏亭＝万徳寺辺説を決定的にしたということである。
(7) 浅井敏「西郷氏が築城した明大寺の「平岩城」の位置について」(『研究紀要』第28号、岡崎地方史研究会、二〇〇〇年)。
(8) 岡崎城図(堀江登志実「岡崎城絵図について」図―20―1、『岡崎市史研究』23号、岡崎市教育委員会、二〇〇一年)。
(9) 前掲註(8)論考の本文。
(10) 松平広忠寄進状(龍海院文書、愛知県史編さん委員会『愛知県史　資料編10　中世3』、二〇〇九年、文書番号一五七五)。
(11) 『家山樵談』岡崎城絵図(『新編岡崎市史』13近世学芸、一九八四年)、なお、「一の橋」については新行和子「近世都市岡崎の成立」(林陸朗先生還暦記念会編『近世国家の支配構造』雄山閣出版、一九八六年)の注(8)に言及がある。
(12) 『愛知県中世城館跡調査報告Ⅱ(西三河地区)』額田郡平岩城、愛知県教育委員会、一九九四年。
(13) 前掲註(7)論考。
(14) これに見合う松平庶家の城郭に、三ツ木城・山中宿古城・牧内城・竹谷城などがある。いずれも基本が七〇m×一〇〇m程の規模の館城である。
(15) 松平信貞判物写(愛知県史編さん委員会『愛知県史　資料編10　中世3』、二〇〇九年、七六七)。
(16) 松平光重判物(大竹氏文書、同前四八三)。
(17) 松平一門連判状(大樹寺文書、同前六一四)。
(18) 三後光定寄進状写(安心院文書『愛知県史　資料編9　中世2』、二〇〇五年、一二九四)。九良寄進状写(古案　三州聞書『愛知県史　資料編10　中世3』、一二〇七)。
(19) 前掲註(1)第2章第3節、二　西郷氏から松平氏へ「東矢作岡崎郷」(四三二頁)。
(20) 同前「岡崎城主松平光重」(四三七頁)。
(21) 一色修理・成瀬某連署寄進状写(信光明寺文書『愛知県史　資料編9　中世2』、一一三四)。
(22) 成瀬国次等連署状(大竹氏所蔵文書『愛知県史　資料編12　織豊2』、一四二八)。
(23) 六所神社造営奉加帳(六所神社文書『愛知県史　資料編10　中世3』、一〇六〇)。

Ⅳ　岡崎城大手の変遷と城下街路

奥田敏春

はじめに

平成十二年（二〇〇〇）度からの岡崎市教育委員会による菅生《すごう》曲輪の発掘調査を契機として、岡崎城への関心が市民の間に深まっている。その関心の中に、東西の馬出が岡崎城の特徴のひとつとして挙げられることは多い。構築の年代も記録されおり、また、その意義についても論じられる機会がある。ところが、大手門についてはあまり語られることがない。これは一つには、「連尺先大手」が自明と考えられてきたこと、もう一つとして、記録に大手の構築について述べたものがなかったことによると考えられる。

さて、岡崎城および岡崎城下の比較的最近の研究を本稿の関心からまとめれば、次のような区分ができる。一つは、城下町形成を主眼とするものである。二つには、主に軍事的な観点よりその構造に関心を寄せるものである。そして最近になり、岡崎城絵図の集成と城下の地籍図の利用が可能となった[(1)]。本稿は、絵図と地籍図から、大手の変遷にかかわって読み取れたいくつかについて述べたものである。

先に述べた諸研究により、基本的な街路についての変遷はすでに明らかにされている。しかし、その街路形成の意図についてはは充分明らかにされていない。二つの研究動向から示唆を与えられて、自身の問題の所在を示し、城下街路の基準を明らかにする準備としたい。

現状の街路は、いくつかの異なった基準で構成されているように思われる（図1）。戦後の区画整理においては、

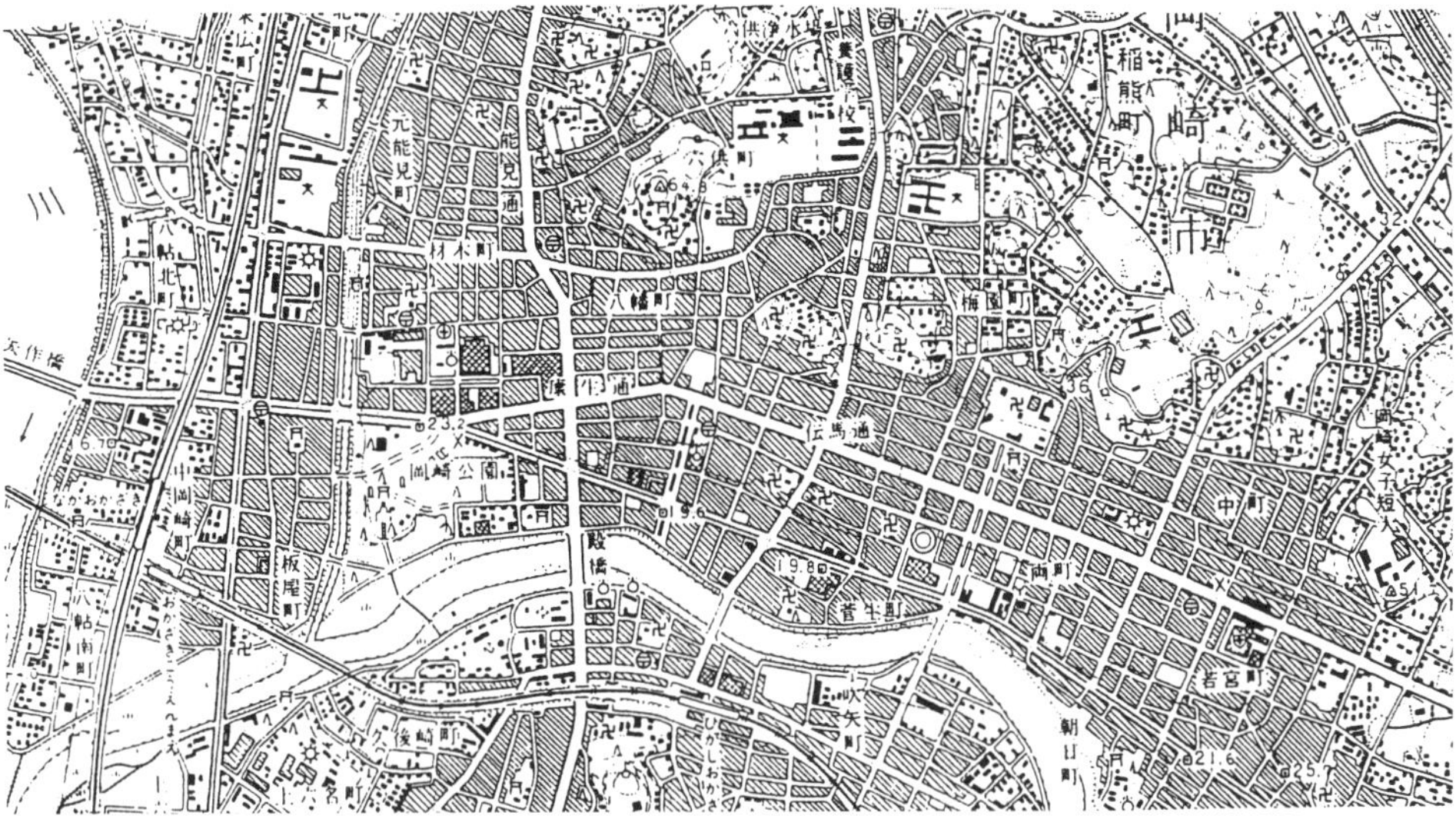

図1　原図 1/25000 地形図　岡崎

主なものは基本的に旧来の城下街路を踏襲しているから、[2] 近世城下においても異なった基準があったとみられる。したがって、それに内包される基準を読み取れば、城下形成の段階を推定できることになる。結論はないが、試論とした。

田中期以前の街路構成

天正十八年（一五九〇）、田中吉政が岡崎城主となるが、それ以前の松平氏・徳川氏が城主であった時期を田中期以前、田中氏の城主時代を田中期とする。田中期以前の大手については、形態・位置ともに不明である。田中期以前は、筆者の見方からすると三の丸門の辺りとなるが、まったくの想像説である。しかし、岡崎城下の上の馬場筋が東馬出成立以前の機軸の街路を形成していたことは想定される。この点に関しては、別稿ですでにふれた[3]。いくつか誤りや思い違いがあったが、重要な点があるので、繰り返し述べることとする。

上の馬場筋は、明治六年の岡崎城取り壊し以後、それが延長されて「往還通り」となり、さらに一部改編され、現在の「東・西康生通り」になっている。康生通りは戦災復興により拡幅されているが、基本の位置関係は上の馬場時代と変わっていない。

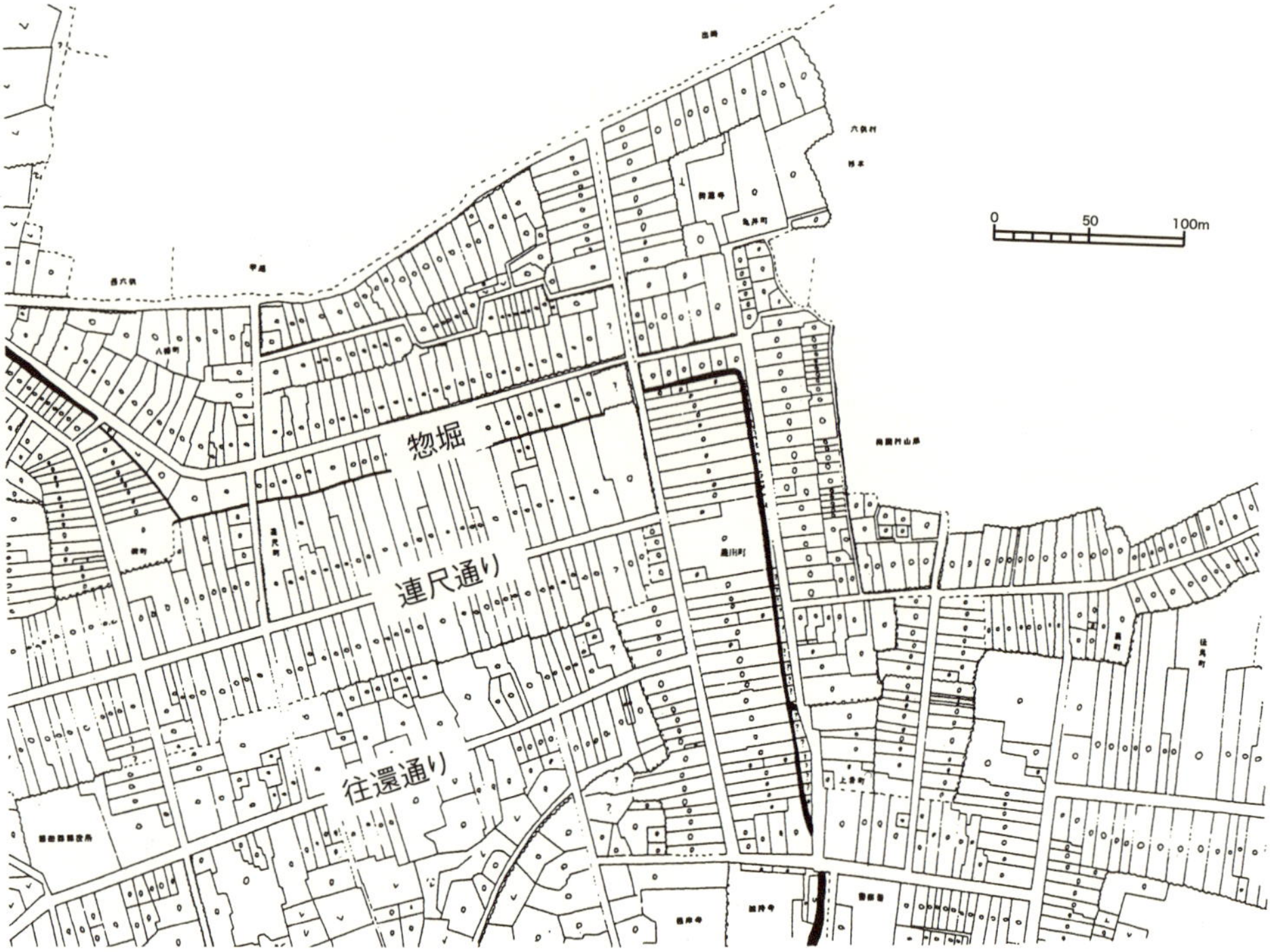

図2　明治17年　地籍町分全図　髙田徹氏トレース

この通りは地籍図（図2）[4]に明らかなように、連尺通りとは方向が微妙であるが、明らかに異なる。両者は同じ基準で作られたものでない可能性があると見られる。前稿で述べたように、結論的に言えば、この街路は基本的には城下形成以前にさかのぼって存在したと考えられる。

上の馬場筋が「殿町」と呼ばれたことは、『岡崎市史』に記されているとおりであり、絵図もある（図3）[5]。また、上の馬場筋より北側の連尺町は「大殿町」と呼ばれている。連尺町は、家康家臣畔柳寿学によって開かれたと伝える。[6]殿町と大殿町が同じ内容なのか区別された意味かは不明であるが、『岡崎市史』には連尺町から康生町にかけて大殿町と呼ばれたと記されている。どちらにせよ、現在の連尺町方向、すなわち岡崎城西北に「殿町」が形成されていたことには変わりがない。

上の馬場筋を惣堀を越えて延長させると、東方向に随念寺・誓願寺の所在する裏町方面へ通

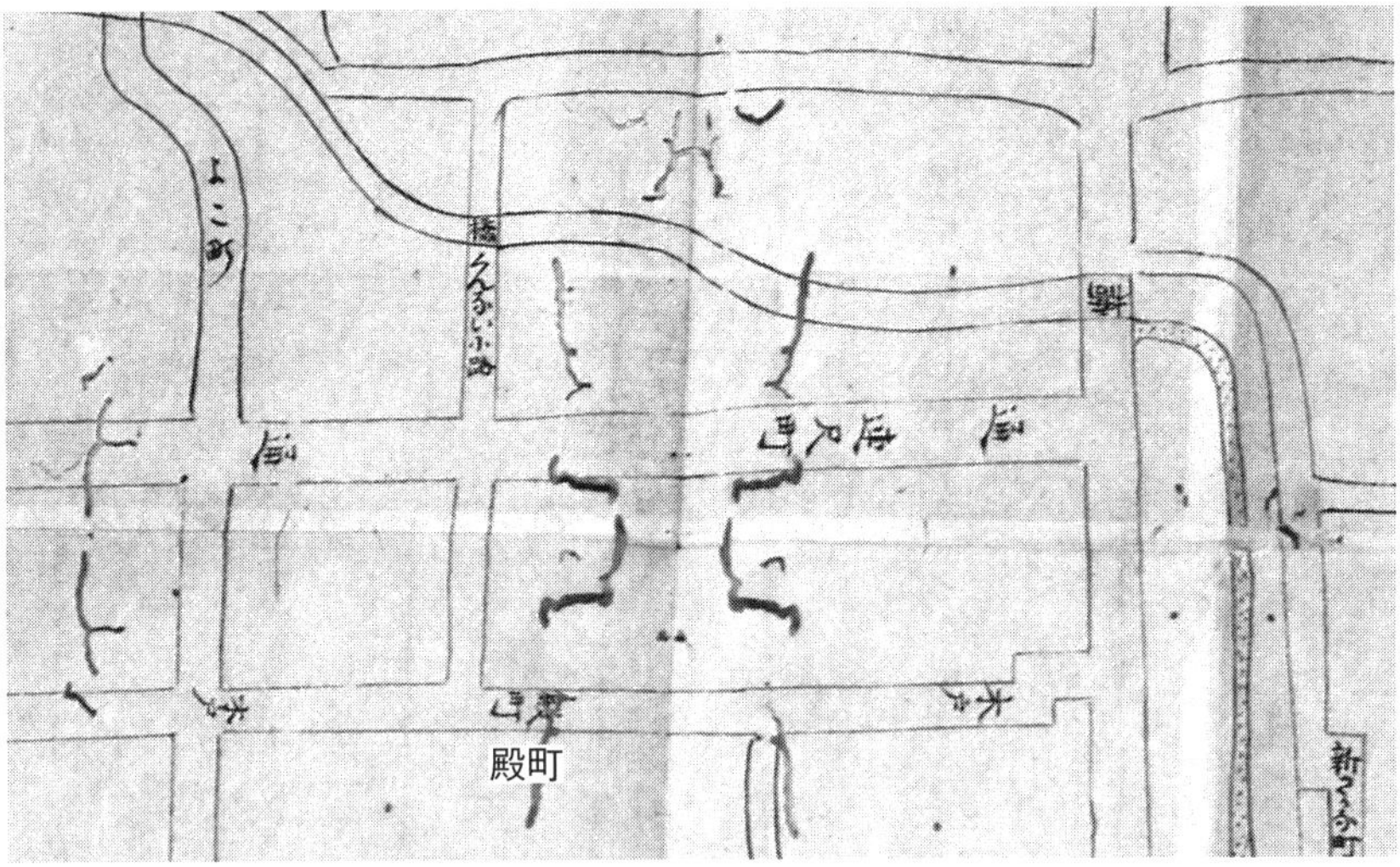

図３　「殿町」を記載する絵図　部分　国立公文書館蔵

じる道となる。惣堀内側の道は、直線化が図られたと見られる。郭外を含む広い範囲を描いた絵図を見ると、想定延長部以東は直線的とはならず、自然に形成された街路と見ることができる。[7] その間は街区地割と惣堀で道はなく、前出の地籍図（図２）では江戸期の枡形は消滅し、惣堀部分でやや齟齬しているように見える。しかし、付近の地割の形成は切断された時より後の時代と考えられる。かつてこの道の延長部であったと想定される地籍図の部分には他では見られない地割の乱れが認められる。これを考慮すれば、かつて付近には接続していた道があったと見なしてさしつかえないであろう。惣堀の形成により切断されたと考えられる。なお、永禄年間には随念寺の南には「宿」が形成されていた。[8] この街路に沿ったものであろうか。やや距離を置くが、弘治年間に大泉寺の南に「往復道」・「海道」[9] があり、この街路の延長部分に当たると考えられる。

上の馬場筋の西方向については、二の丸の北側区画に方向が一致することが明らかである。上の馬場筋は、江戸期の城内三の丸門に対応することとなる。三の丸の形成は不明であるが、田中期以前の岡崎城の様相を推定した『新編岡崎市史』掲載図とその本文該当個所[10]にあるとおり、家康時代には存在が想定できる曲輪

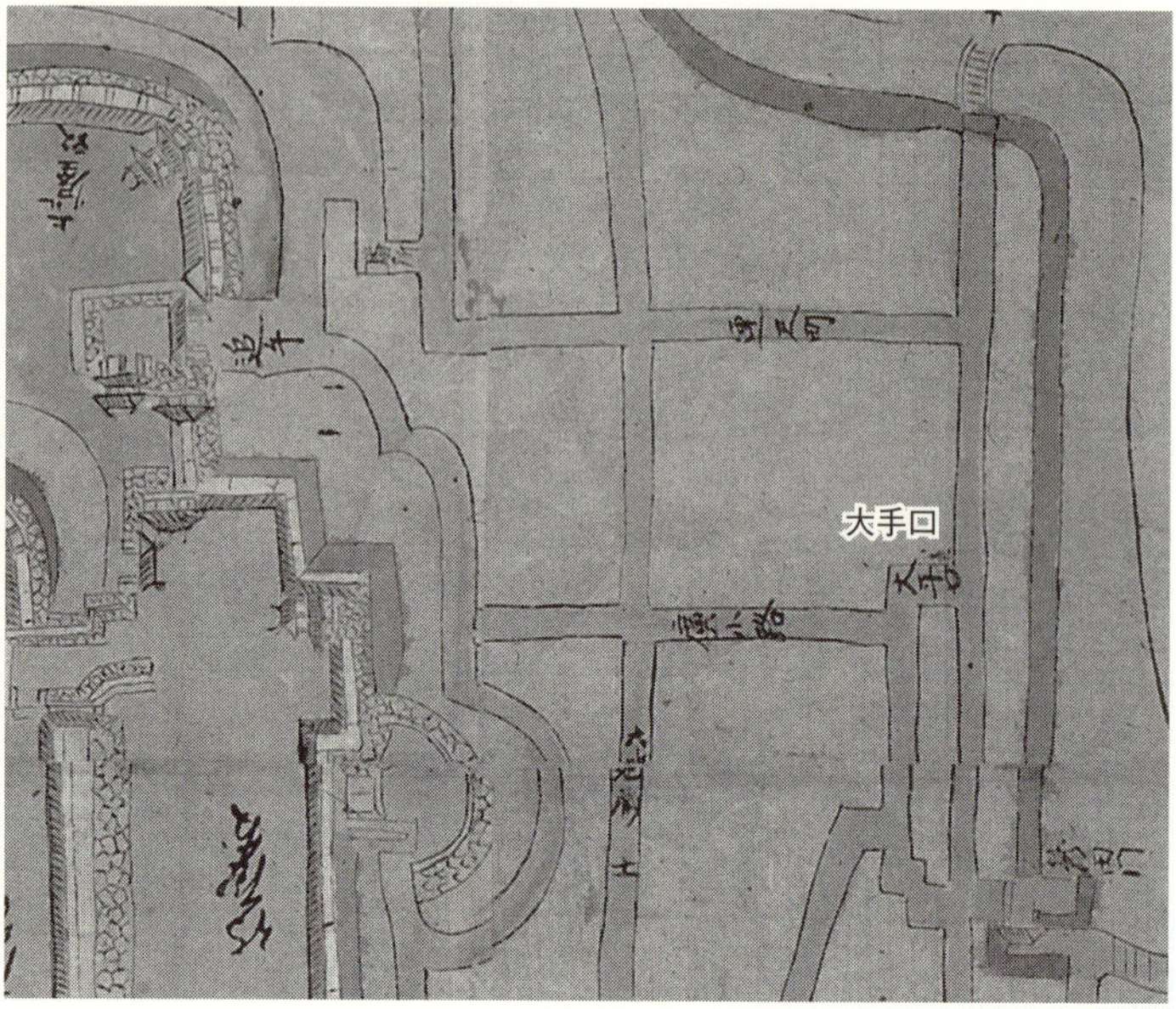

図４　「大手口」を記載する絵図　該当部分に加筆（口絵、図５参照）

である。当時の大手が不明であるので、直接的に上の馬場筋が田中期以前の基本街路であると証明できないものの、蓋然性は高い。

この時代の街路の観点で注目されるのは、甲山寺付近から南下して六供町で接続している道「郡内小路」である。惣堀と接する個所でやや屈折するが、ほぼ延長しているものとして差し支えない。途中やや向きを変えながら、上の馬場筋まで接続している。甲山寺は清康の創建である。この道は甲山寺の設立と関係するもので、古くからの道を利用しているといえる。この街路は、惣堀形成以前の道を保存している可能性が高い。この道が上の馬場筋に接続しているのは、間接的に上の馬場筋の成立時期に示唆を与える。

上の馬場筋は後までも岡崎城の正面路と意識された場合もあったようで、図４[11]には「大手口」と記載されている。水野家時代に作成された絵図であるが、重要な記載と思われる。また、籠田木戸が設けられる地点は江戸時代当初より枡形が作られていた。枡形形成の時期は不明であるが、籠田町筋との接続時とすれば、田中時代と推定される。城郭と密接する軍事的な目的の強い街路であると思われる。

次に、この時代の主要南北路として横町筋がある。この街路には横町・六地蔵横町があり、横町北側には「市場」があっ

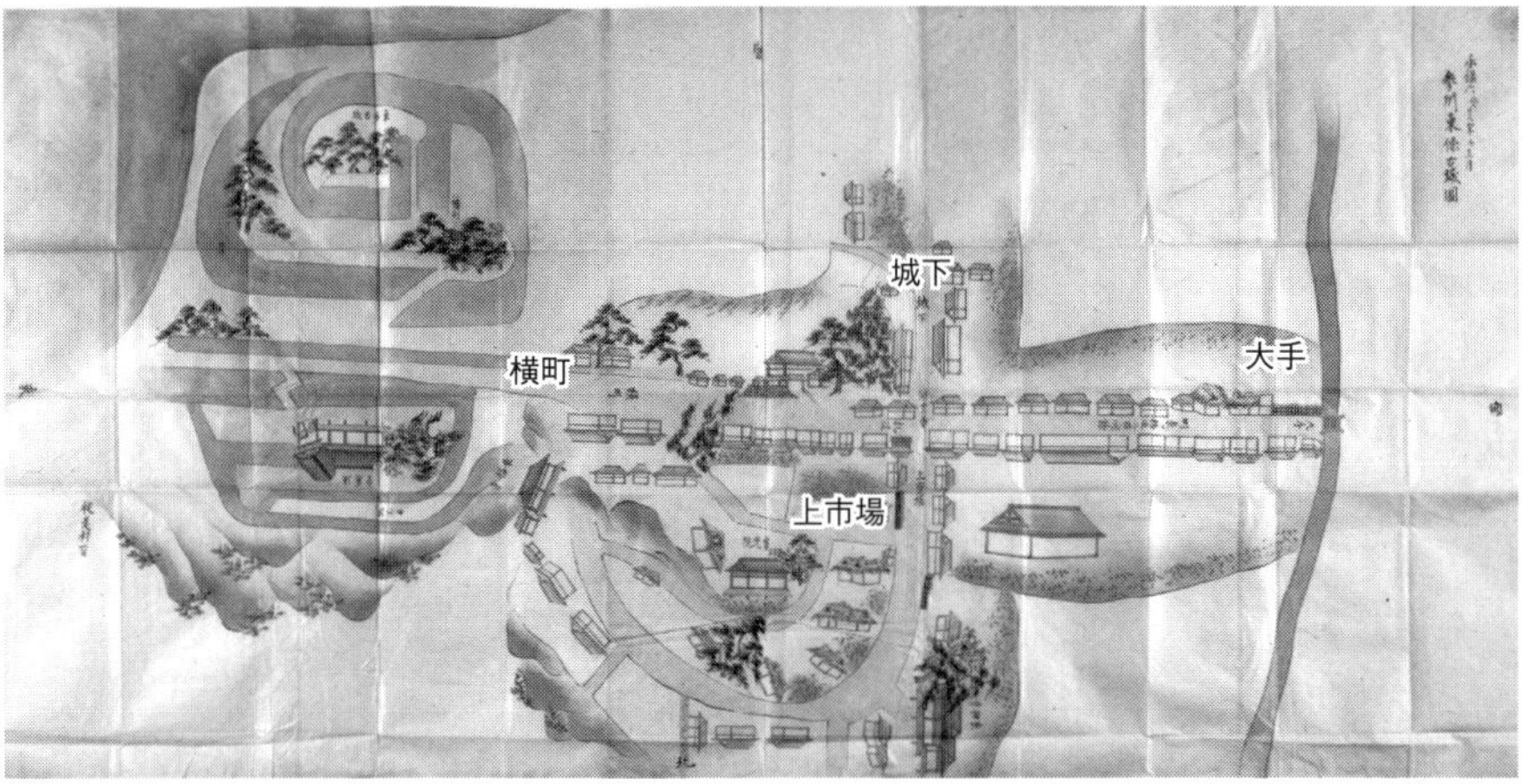

図５　東条城絵図　埼玉県川越市・光西寺蔵　写真提供：川越市立博物館

たと考えられている。この街路と上の馬場筋は、当時の主要な街路を形成していた。横町を『岡崎市史』は街道の横筋にあることによる呼称だとしている[12]。しかし、これは当たらないであろう。ささいなことのようであるが、横町筋の成立にかかわる事柄なので、異見を述べておきたい。横町・六地蔵横町の名称は、城郭の横にできた町を表わす一般的な呼称である。

このような類例の代表的なものでは、東条城（西尾市）が挙げられる。東条城の絵図（図５）[13]には、交差した二つの街路に「城下」を含む町が形成され、辻には市場がたち、周辺に関連寺院が配されている。まったく同じではないが、基本的な構成は同様である。前拙稿の松平諸城との比較を通じて、岡崎城の初期はこのような配置で構成されていたと考えられるのである。

田中時代の街路形成

天正十八年に入部した田中吉政は、岡崎城を大改修し、近世城郭として完成させたと評価される。しかし、惣堀を構築し、城西の町々を造成したことが伝えられるのみで、具体的な資料は乏しい。惣堀は連尺町と六供町との境辺り以外は自然地形を利用して構築されている。後に町家が形成された東海道筋は、高田徹氏によれば「惣堀の縁に押しやられた」

といわれる。[14]街道筋の街区は惣堀の形状にほぼ添ったというよりは、図2の地籍図のとおり、一部を除き惣堀の区画に完全に一致している。町並み形成の時期はともかく、東海道は惣堀を基準として設定されていることは間違いない。

虎口に関しても、地籍図に基づく髙田氏の分析があり、田中期の虎口を推定されている。前本多時代の絵図からは、惣堀の主要虎口（伝馬口・能見口・松葉口）はすべて枡形であるので、田中期もほぼ同様であったと推定したい。内郭部分では不明なことが多いが、惣堀を構築し、主要街路に枡形を形成したと考えられる。街路の惣堀との関係および枡形形成の位置から見て、田中期の関心は、惣堀による東西路の確保にあったと考えることができる。したがって、東西路の東側出口は伝馬口に限られたと推定される。

『新編岡崎市史』は、田中期の大手について「稗田門は田中期よりあり、その当時の大手であった」と推定している。これは主に田中期により城西の開発が進められ、当時の町屋のほとんどが集中する地域に開く虎口を大手の位置と考えたのであった。また、田中吉政はその城下政策の中心のひとつとして、福島の寺内化を意図したとされる。福島・板屋・田町は白山・稗田曲輪の形成を待って、城下としての組込みが完成されたと考えられる。ところが、白山曲輪には虎口が作られなかった。白山神社北の枡形は利用されなかったし、当然あってよいはずの江戸時代後半には廃止される白山曲輪南側曲輪への虎口も作られなかった。これは、田中期の城下計画が「完成されなかった」という評価と関係すると考えられる。しかし、田中期の計画から後の時代に設計変更の可能性がある。

田中吉政時代は岡崎城形成の画期であるが、大手口に関して具体的な史資料が乏しい。本稿では、間接的に触れるにとどまらざるを得なかった。

東馬出の構築

岡崎城の大手は、連尺先の枡形門であると考えられてきた。しかし、岡崎城の本来の虎口が東馬出であることは、

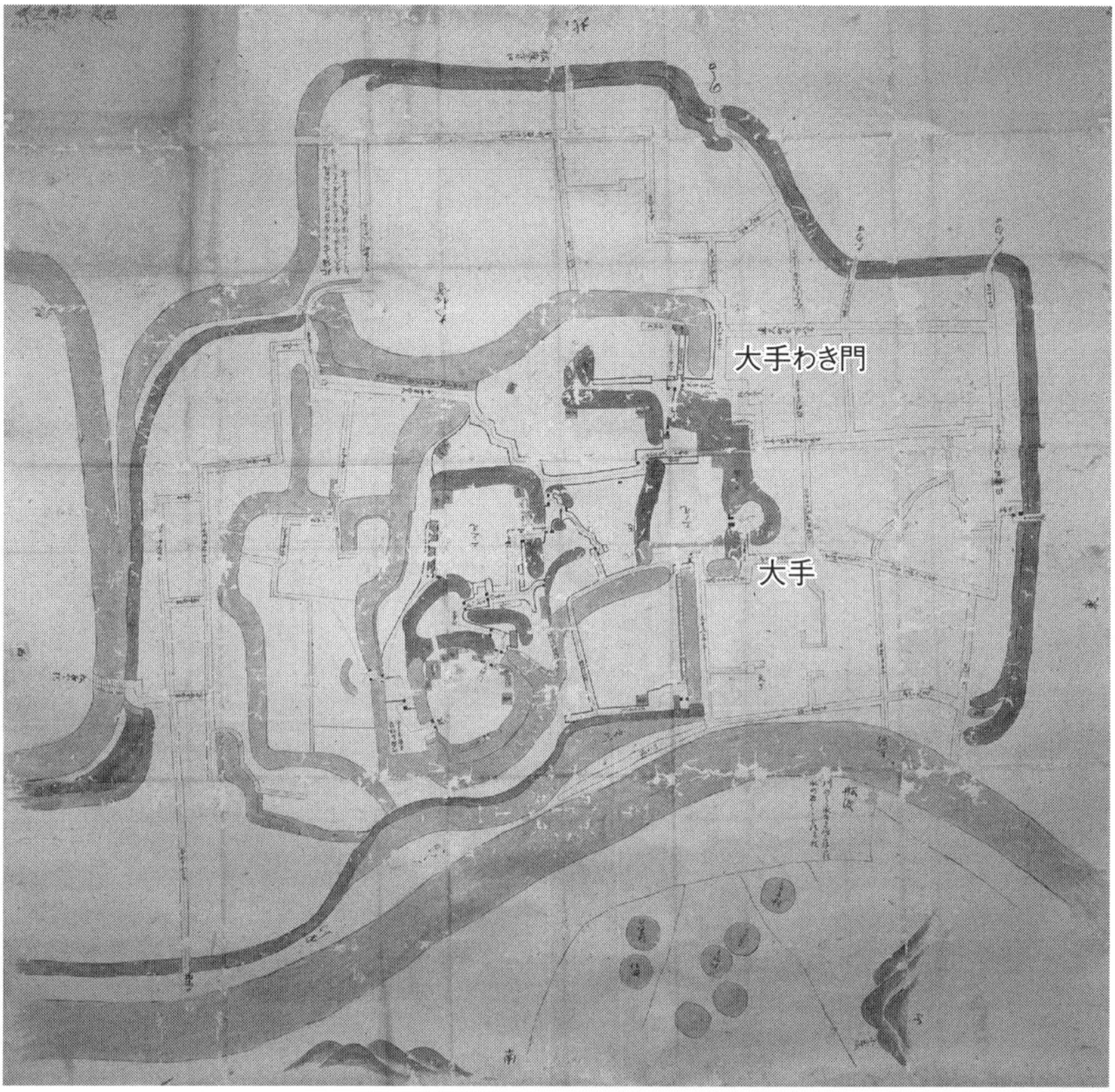

図6　「大手」「わき門」を記載する絵図に加筆（口絵、図２参照）

現在ではほぼ明らかになっているといえる。図6[15]には東馬出に「大手」と記し、後に大手とされてきた枡形門には「大手わき門」とある。中根家文書には、東馬出を「此虎口大手也」とし、連尺先の大手を「搦手之虎口也」といい、「大手門と云ならわす」とあるから、幕末までそのように考えられていた[16]。ところが、東馬出はいつのころからか閉鎖されたようで、埋門が作られている。したがって、岡崎城の大手は東馬出から枡形門へ変更されたと考えられる。

　東馬出の構築の時期は、『竜城中岡崎中分限記[17]』に本多康重が城主の慶長七年とされる。ここを大手として構築されたのである。この馬出を徳川系城郭としての意義は石川浩治氏が論じられている。具体的に旧東海道に対応させて設けられたと考えられている[18]。ま

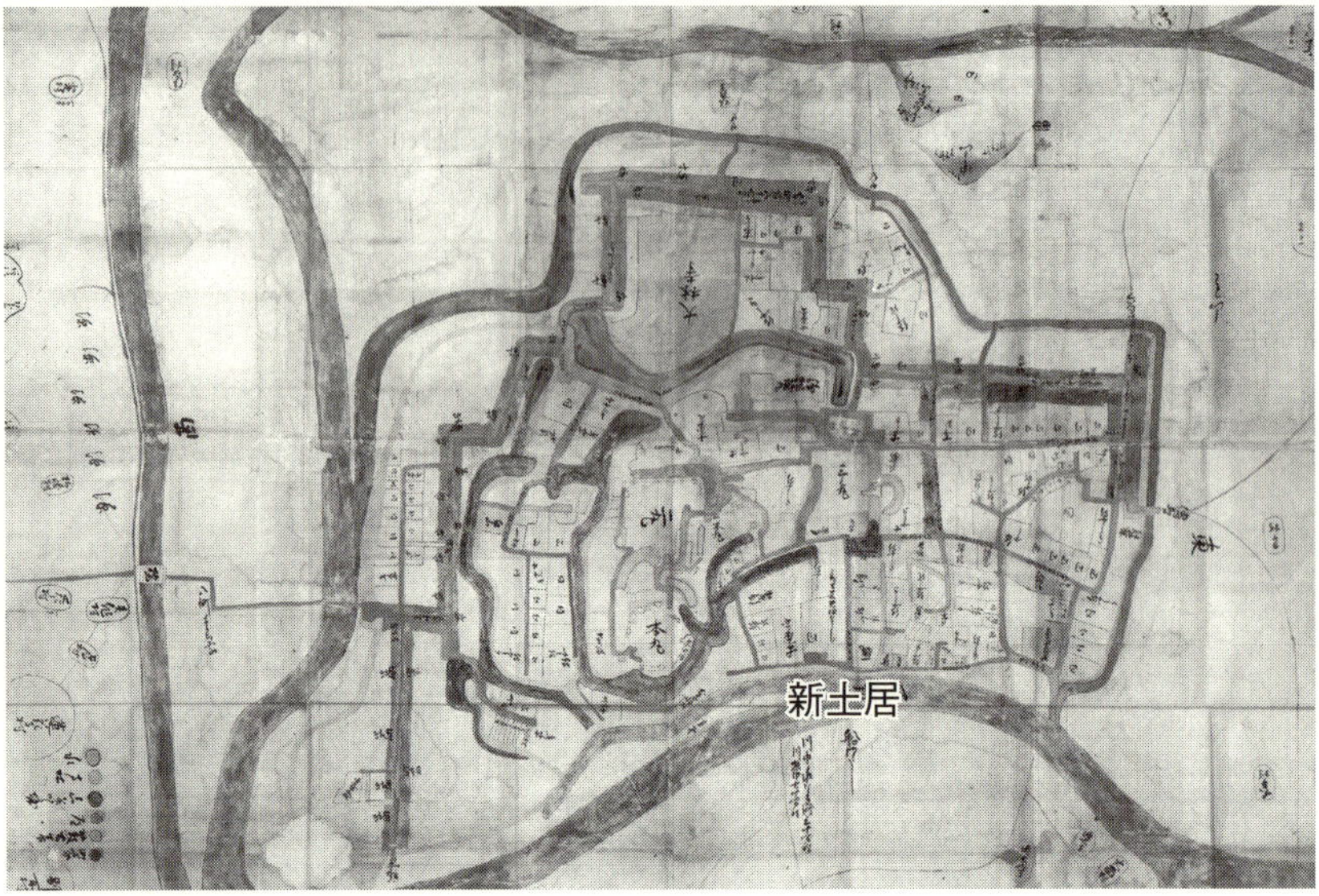

図７　「新土居」を記載する絵図に加筆（口絵、図１参照）

た、堀江登志実氏は馬出構築の直接的な目的としては、菅生川沿いの掌握であったと考える[19]。

さて、東馬出を構える備前曲輪は、菅生曲輪と密接な関係をもって作られている。この馬出は、菅生曲輪特に菅生曲輪堀と関連している。馬出南の水堀は、菅生曲輪黒門への土橋をダムとして、水位の保存が図られていると考えられる。また、発掘調査された菅生曲輪土橋は、土橋上部に水路を設け、土橋左右の水位を調整している[20]。黒門土橋も同様の機能であろうと推定される。菅生曲輪は、本多豊後守家（前本多）時代の絵図（図7）[21]には「新土居」とあり、備前曲輪つまり東馬出との構築時期について齟齬はない。菅生曲輪は菅生川岸の整備の起点になっている。

また、馬出は横町筋のラインと方向を合わせている。横町筋を意識した設定が加えられいる。そして、馬出の前は「外ハ人切場」といわれ、また、備前曲輪の南側に牢屋が存在した[22]とともに、横町筋の城下を威圧する存在であった。馬出の出口は東西路に正対し、馬出後背の塁線は南北路に一致している。二重の意味で、乙川（菅生川）沿いの旧東海道に配慮している関係が明らかである。

絵図や地籍図で明らかになることではないが、「伝馬町旧記録」には本多康重が榎町に自分の伝馬を申し付けたところ、我々（榎町）は幕府の御伝馬であるから、城主の御用は受けられないと答えたことが記録されている。この事態への解釈はいろいろ考えられる。榎町は横町・六地蔵町の東にあったが、榎町を含め旧東海道沿いの町々が、城主との対抗関係を持っていたと見ることも可能である。

なお、慶長六年当時の東海道（旧東海道）は、榎町を通り、その東の菅生郷へ達していた。この道は城下南の乙川（菅生川）に沿っていて、台地の縁辺下を貫いていた古くからの道であったらしい。この道が、惣堀部を越えて、横町・六地蔵町に連結していたと考えられる。しかし、近世にはこの道は惣堀で切断され、惣堀の内外でつながっていない。

高田氏は、つながっていたと思われる時の痕跡が地籍図で読み取れないことから、それに疑問を呈している。田中吉政による惣堀構築の目的の一つが東西路の掌握であったから、惣堀構築後には伝馬口経由になったと見てよい。さらに、東馬出の構築により、東西路（旧東海道）を城郭本体により直接把握したと考えられる。

連尺先大手の成立

慶長年間、大林寺曲輪堀が家康の命で構築されている（大林寺文書）。これより先、天正十年に専福寺が連尺先大手の南から移転している[23]。これは備前曲輪の位置にあたり、城郭の拡張・整備とすれば、後の備前曲輪の位置の整備以外にはあり得ず、この時代の城域の範囲が推定される。それはともかく、大林寺曲輪堀の構築により連尺先の虎口の条件は整ったものと考えられる。しかし、次に述べるように、大手となるには時間がかかっている。

連尺通りは連尺町の開設にかかわる点を含む。現在は「岡崎市場」が拡大発展したものととらえられている。しかし、現在の連尺通り＝城下の連尺通りは、ほぼ正確に惣堀と対応していることは先に述べた。短冊型の町屋の形態が整然と区画されて、田中吉政の惣堀構築に準拠して形成されていると考えられる。惣堀の連尺町北側部分は人工的に形成された部分と考えられ、東西に正確に対応している。したがって、現在の成果に基づけば、町並み形成の時期ははっきりしないが、慶長十四年に改められた東海道は、街路は惣堀に対応して計画されたと見てよい。惣堀を基準とする、田中吉政が開始した岡崎城下を代表する街路ととらえるものである。

新大手の形成時期について、史料はなくこれまで論じられてもいない。ここで簡単に見通しを述べておく。新大手は連尺通りに対して対面所を構えており、それに対応していることは言うまでもない。前本多家時代の岡崎城絵図三種には、「御対面所」の区画は現れず、連尺通りは大林寺曲輪堀に直接接し、右折北上している。ところが、水野家時代の絵図からは「御対面所」の区画が現れ、新東海道は手前で右折北上している。かつての通りは、本町木戸で封鎖され、御対面所の空間は本町木戸・連尺木戸で新東海道から分離されることになった。新設された街路には、「連尺新町」が形成された（図8）[24]。この変更は籠田惣門などの施策と時期を同じくすると推定される。いままで、籠田惣門には注目されてきたが、この変化も注目すべきであろう。連尺先大手門は、水野時代の城下再編成の一環に位置づけられる。

正保二年に岡崎城主となったのは水野忠善であるが、この時期の施策に当たるものが、六地蔵町など郭内の町家の城外移転である。これは、木戸の設置と関係している。この時代に設置された木戸は、籠田木戸・郡内木戸・横町木戸・連尺木戸・本町木戸などが挙げられ、町家と士町との分離を図ったものである。とくに連尺木戸と本町木戸は大手前に設置されたものであり、これにより町家筋が城郭に直接接しなくなった。町家筋と城郭の分離という目的のもとに、さまざま施策が行われたものと理解される。以上の事態は時期的には前後するものもあるが、同じ動向としてとらえられる。

新大手の形成は、惣堀を基準とする街路に対して、城郭の大手が対応し、町家と士町の区画が完成した画期を表していると考えられる。

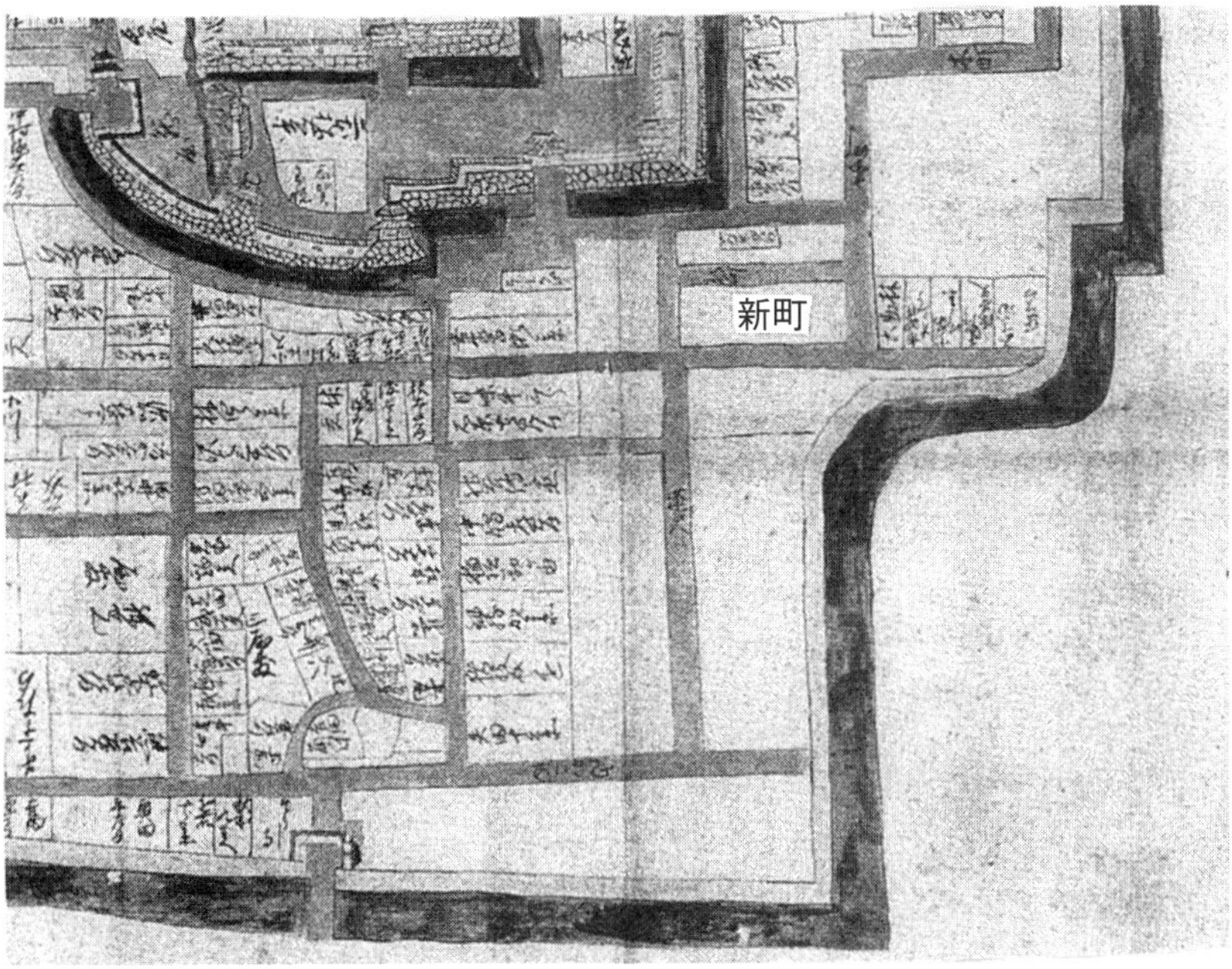

図８　「新町」を記載する絵図　該当部分に加筆　蓬左文庫蔵

城下街路と大手についてのまとめ

以上述べたように、これまでの研究に基づき、各期の大手とそれに対応する主要な城下街路の基準と意義のいくつかを、再確認を含めて変遷として見いだした。以下で整理してみよう。

①田中期以前には、殿町筋と横町筋が基本的に対応した構成を想定することができる。

②田中期には惣堀が構築され、惣堀が東海道の基準とされている。

③東馬出は旧東海道に対応していること、その目的のひとつは、旧東海道と横町筋を直接管轄することにあったと考えられる。旧来の城下の機能に依存している江戸時代初期の状態であるが、東馬出の完成で東西道への直接の掌握を可能にした。

④連尺先大手は、城下確立期に照応する。城下を城郭中心に編成完成させた段階ととらえることができる。籠田惣門と連尺先大手の完成を待っ

て、城下の編成を終えたと考えられる。

⑤各期の主要街路を保存しながら岡崎城下が形成されてきた。

土地利用の内容は大きく変化しているのであろうが、以上のように変遷の跡を現在に止めていることが理解される。すべての街路をひとつの基準で再編成することは行われなかった。岡崎城下構成のひとつの視点として示すことができる。本稿でとり上げた個々の事例には問題もあろうが、岡崎城下は多様な時期の街路で構成している可能性が大きいことを指摘し得るであろう。

おわりにかえて

岡崎市中心部市街路の現状は、昭和四十五年（一九七〇）に完成した旧三の丸開発の結果、定まったものである。これ以前は戦災復興によるものである。岡崎市は昭和二十年（一九四五）の岡崎空襲により壊滅的な被害を受けている。戦後、区画整理により部分的にはまったく新しい街路を形成した区画もあり、とくに籠田公園の造成が大きな事業であったらしい。しかし、戦災復興の区画整理の基本は、旧来の街路をそのまま踏襲するものであった。このように見てみると、現状の岡崎市中心市街地の街路は、岡崎城下の形態を基本的には止めていると見てよい。

かつての二の丸馬出部分で、現在の岡崎市街をつくる二つの主要街路である康生通りと国道一号線が合流している。康生通り、すなわち上の馬場筋が二の丸馬出の正面通りになることは、本稿一節の考え方からいえば、必然性のある事柄であるといえる。一方、国道一号線はおおむね乙川沿いの古い東海道を踏襲している。昭和二年までに、東より旧東海道に沿って国道が東馬出部に至っている。さらに、城郭構造上の「峠」を作っていた二の丸馬出部にむかって東西から開削されたものである。したがって、康生通りと国道一号線が現状のように、二の丸馬出上で交差するのは、ある意味で必然的であった。

【註】

（1）岡崎城絵図の集成は、堀江登志実「岡崎城絵図について」（『岡崎市史研究』第23号、岡崎市教育委員会、二〇〇一年）、地籍図は髙田徹「地籍図からみた岡崎城と岡崎城下町」（『岡崎市史研究』第22号、岡崎市教育委員会、二〇〇〇年）。なお、堀江論文には岡崎城研究の論文が掲載されている。本稿はその内、新行和子氏の論文にはとくに多く学んでいる。

（2）「岡崎市復興計画図」（『岡崎市戦災復興誌』岡崎市、一九五四年、第四章第五節）。

（3）拙稿「中世岡崎城の形成と構造」（『岡崎市史研究』第22号）。

（4）前掲註（1）髙田論文、第9図。

（5）「三州菅生念誓屋敷絵図」（『寓巌叢書』国立公文書館蔵）。

（6）『岡崎市史』第参巻、第二節、連尺町（岡崎市役所、一九七二年再刊）。

（7）「岡崎城図」（前掲註（1）堀江論文、図―9）。

（8）永禄九年十二月日随念寺宛松平家康判物案（随念寺文書、『新編岡崎市史』6、同編集委員会、一九八三年）。『新編岡崎市史』2は、この宿を菅生川端と推定している。本稿では門前の宿と解釈した。

（9）弘治二年六月二十一日大仙寺俊恵蔵主宛今川義元判物（大泉寺文書一、同前）。

（10）『新編岡崎市史』3近世、一四八頁（一九九二年）。

（11）「三州岡崎城図」（前掲註（1）堀江、図―4）。

（12）前掲註（6）横町。

（13）「参州東條古城図」（川越市光西寺蔵）。

（14）前掲註（1）髙田論文。

（15）「岡崎城図」（前掲註（1）堀江論文、図―2）。

（16）中根家文書（岡崎史美術博物館蔵写真、整理番号2701―エ）。なお、岡崎市史料叢書『中根家文書　上』が平成十四年に岡崎市より刊行されたが、該当の文書は収録されていない。

(17)『新編岡崎市史』7。
(18)石川浩治「岡崎城の縄張りについて」(『岡崎市史研究』第22号、二〇〇〇年)。
(19)堀江登志実「岡崎城」『西三河の城』(郷土出版社、一九九一年)。
(20)平成十二年度に菅生曲輪発掘調査が行われたが、報告書は現在作成中で、本文での見解は筆者の見方である。
(21)「岡崎古図」(前掲註(1)堀江論文、図―1)。
(22)「人切場」は前掲註(16)。「牢」は「岡崎城図」(前掲註(1)堀江論文、図―17)。
(23)前掲註(4)祐金町。
(24)「参州岡崎城図」(前掲註(1)堀江論文、図―7)。

Ⅴ　近世初頭における岡崎城縄張りの変遷
――天守及び廊下橋周辺の検討から

髙田　徹

はじめに

江戸期の岡崎城縄張りについては、数種類の絵図類等によっておよそ知ることができる。もっとも、大局的にみれば、それらを通じてみられる縄張りに大きな違いを認めることはできない。その理由は他の近世城郭同様、岡崎城でも近世初頭の整備・改修が進んで以降、江戸期を通じてほぼその縄張りが踏襲されたこと、整備・改修以前の縄張りを伝える良質な絵図類が確認されていないこと等による。ただし、先の絵図類から知られる、複雑な平面形態の曲輪や虎口の配置状況、曲輪間の連絡形態等を通じて、整備・改修以前の縄張りが残された部分や、構造的に縄張り等の変遷がうかがわれる部分等を指摘することは可能である[1]。城郭遺構を軍事的な観点から読み説く縄張り研究の立場からすれば、こうした部分の抽出・検討・評価の積み重ねにより、近世初頭に整備・改修される以前の岡崎城の縄張りをある程度明らかにできるのではないか。

これまでも、戦国期から織豊期にかけての岡崎城縄張りは、選地面や断片的な文献史料の記述等による想定や復元案等も試みられているが[2]、根拠となる史料の記述・性格に規定され、概括的な変遷を示すに止まるのが実状である。しかし、限られた範囲内ながら岡崎城は現に遺構の一部を止めている。その再検討の範囲でも、明らかになる事象は少なくないと思われる。さらに、それらの資料化、他の史・資料を含めた総合的な分析を進めることで、近世以前の岡崎城の実像に迫ることができるのではないかと思われる。加えて、そのような作業を通じて、岡崎城の現存遺構の存在価値をも再確認できるのではないか。また、従来岡崎城に関わる遺構や特記的な史的事象は、「徳川家康出生地」であることを前提に説明されるきらいがあった。しかし、このような枠組からいったん距離を置かなければ、新たな展開を切り開くことはできないだろう。

前置きが長くなったが、本稿ではこうした問題点を念頭に置きつつ、岡崎城天守および廊下橋周辺の構造から、その築造時期、遺構の変遷、機能等を検討したい。当該部分を検討対象とするのは、①比較的現状でも遺構が確認できること、②岡崎城の中枢的な位置にあり、その解明は岡崎城全体の評価にも繋がると予想されること、③複雑で特徴的な遺構ながら、従来あまり検討されていないこと、等の点が挙げられるからである。方法的には縄張り研究の立場から、現況遺構を中心に、絵図類[3]、古写真等を適宜参照しながら検討を進めることとしたい。

研究史

岡崎城の天守については、主にその造営時期をめぐっていくつか言及がなされている。

戦前では、柴田顕正氏は、明治初期まで存在した天守は元和三年（一六一七）に本多康紀によって新たに築かれたものと述べている[4]。これに対して、藤岡通夫氏は建築学的な見地を中心としつつ、天守台石垣の積み方やその平面形態、『龍城中岡崎中分間記』・『岡崎雑記』の記述等を総合的に検討し、天守は当初、田中吉政によって築かれたが、元和三年に本多康紀によって南側に規模を拡張する形で再建され、併せて付櫓が築かれたと推定している[5]。また、現状の天守台石垣と井戸櫓石垣は田中期に築かれたもので、田中期の天守は明治初期まで存在した天守よりは一回り小さく、南東隅に付櫓を備えた構造であったと推定されている。そして、元和期に岡崎城で天守の再建が可能となったのは、岡崎城が将軍家の故地であると共に、将軍が上洛の際にしばしば立ち寄った場所である点が大きかったためであるとしている。

戦後では、三浦正幸氏は天守台石垣を田中期の成立と考えながらも、田中期に天守が存在したという確証はなく、当初は天守台のみが存在していた可能性を述べている。(6) 宮上茂隆氏は、基本的に天守・天守台は田中期に築かれたものであるとしつつも、元和期に最上階の廻縁高欄を内縁式に改造したのが明治初期まで存在した天守であったとしている。(7) 文献史学の立場では、新行紀一氏は田中期に天守・天守台は築かれたが、天守自体は慶長九年（一六〇四）の地震によって損壊し、元和期に本多氏によって再建された可能性を述べている。そして、新行和子氏は、この再建は「将軍家の故地にふさわしい」天守を築くことを意図したものではないかとしている。(8)

このように、天守台石垣は田中期に成立したとする点では大方の一致をみるが、明治初期まで存続した天守が全く本多期に新造されたものなのか、部分的な改修なのかという点は建築史学の分野でも一致をみていない。一方、岡崎城廊下橋について詳細に述べているのは、管見の限り藤岡通夫氏くらいである。(9) 藤岡氏は、廊下橋は付櫓を介して天守と連絡しており、有事の際には天守から持仏堂曲輪へ引き上げた後、廊下橋を撤去し、持仏堂曲輪で散華することが意図されていたと推定する（同氏は、持仏堂曲輪には城主祖先の位牌がまつられていたと推測する）。このような遺構は、軍事的な意識が強い時期に築かれたもので、泰平となった元和期に築かれたものではないと述べている。その上で、廊下橋を介した天守・持仏堂曲輪の縄張りを、「城郭の縄張りの中でも類例の少ないものとして、貴重な価値」を有すると評している。

天守台・天守・付櫓・井戸櫓の検討

岡崎城本丸は、ちょうど菅生川と松葉川の合流点に向かって突き出す、比高約一〇mの丘陵先端部にある。本丸直下の「風呂谷」曲輪、「坂谷」曲輪側との比高差は大きいが、逆に持仏堂曲輪・二の丸側の丘陵続きとはほとんど比高差がない。地形面から見れば、中世段階の岡崎城も周囲を斜面や河川・湿地に囲まれた丘陵先端部に主郭部を置き、丘陵続きには比高差が少ない欠点を補うために堀・土塁を設けていた点は疑いない。巨視的にみれば、近世岡崎城の縄張りもこの点では大きな変わりはないと言える。

天守台は本丸北西隅にあり、その北東隅に井戸櫓台、南西隅に付櫓台を伴った構造であり、背後に当たる北側には空堀、西側には水堀がめぐっている。現在、天守台上には昭和三十四年に建設された再建天守が建ち、その際、再建井戸櫓・模擬付櫓も建てられている。その工事の際に、石垣の多くは積み替えを受けており、穴蔵内部も後述のように改変を受けている。ただし、幸いなことに明治初期の古写真、藤岡通夫氏作製の天守台見取図[10]（図1）が存在する他、石垣には旧態を止める部分も存在すると考えられる。

図1に見られるように、天守台は約一六m四方の方形を呈するが、その南東隅部分に突出部を伴っている。天守台

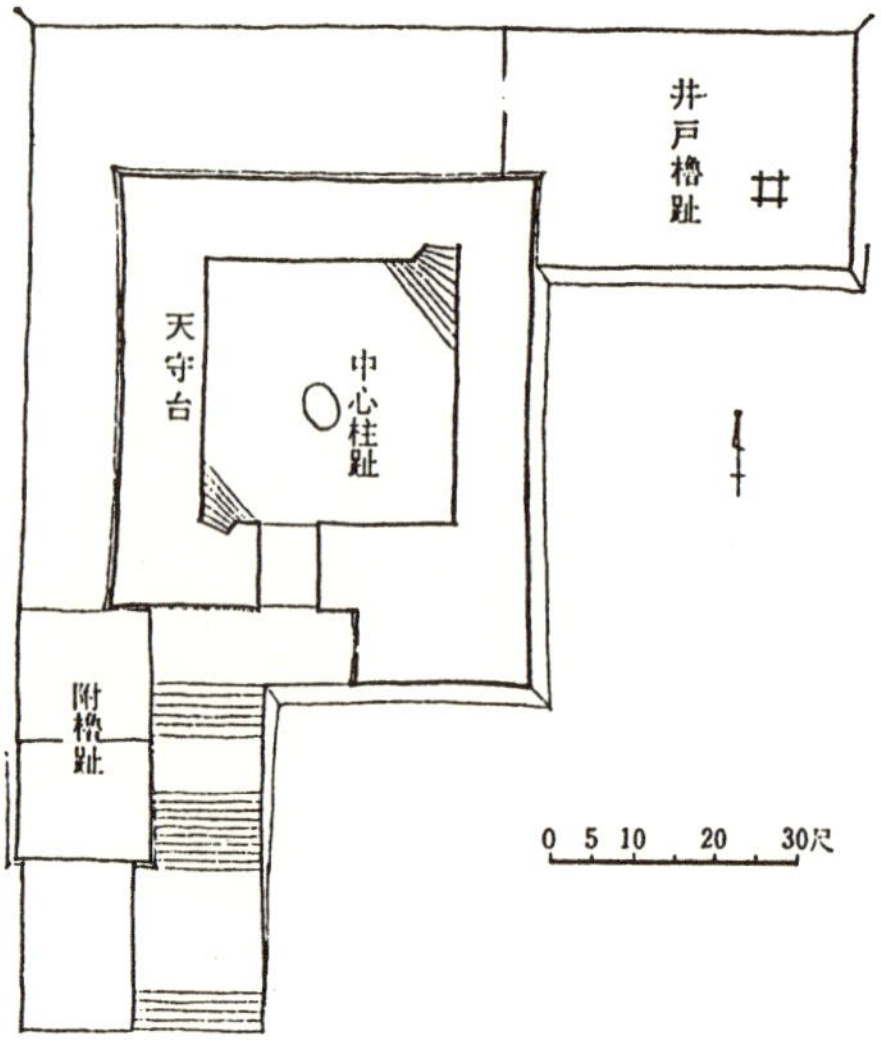

図1　天守台見取図　註5文献より転載

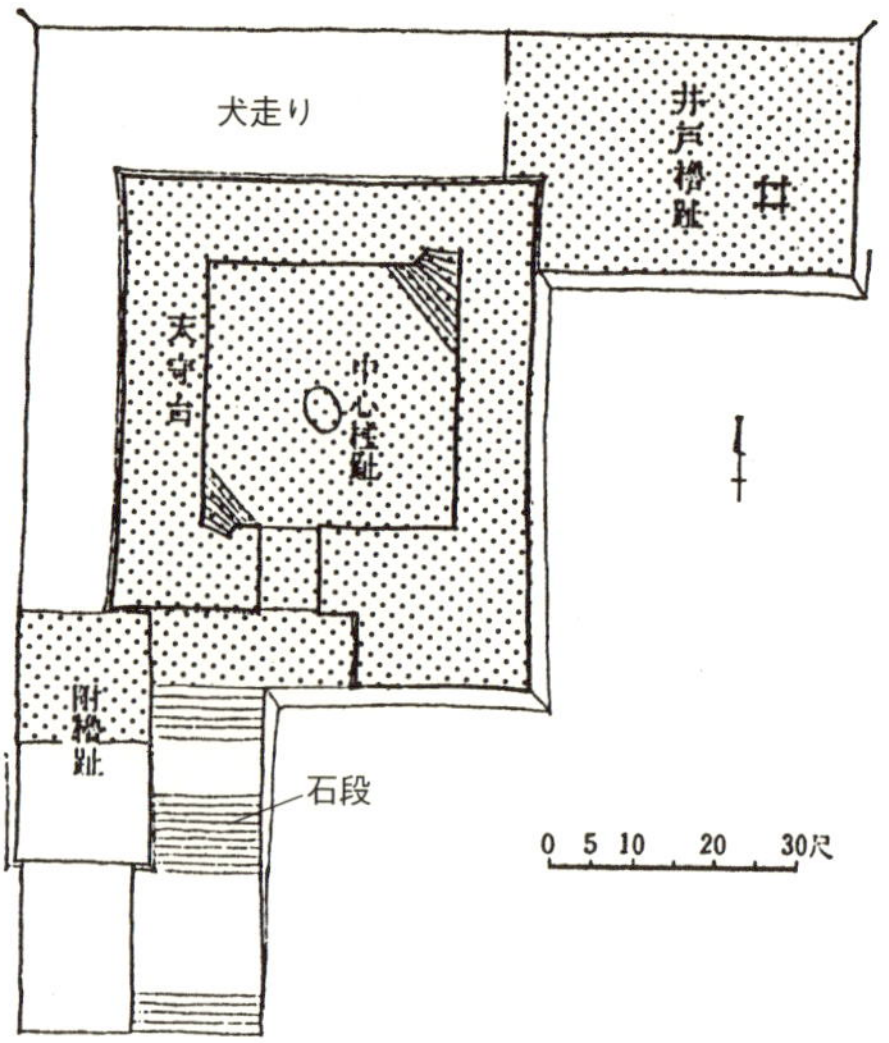

図2　天守台見取図　網掛け部分は明治初期まで残存した部分　註5文献より転載・加筆

内部には穴蔵が設けられ、その南側に開口部がある。穴蔵開口部の前面、天守台南東隅にある突出部西側にはテラス状の空間があり（以下、便宜上前庭部と呼称する）、前庭部の南西部からは、本丸曲輪面に向かってほぼ一直線に伸びる石段が設けられている。また、前庭部の西端部はほぼ同レベルで付櫓台に続く。付櫓台は天守台石垣ラインよりも西側に張り出して設けられ、ほぼ先の石段に沿うように高さを減じつつ、都合三段となって南側に伸びている。井戸櫓台は天守台石垣よりも約二m低い位置にあり、天守台石垣のラインよりも北側に張り出した形である。東西方向に細長く伸び、その東側は一段下がって本丸北側を画する石塁に繋がる。天守台を中心に見れば、井戸櫓と付櫓の配置はほぼ対称的である。

さて、天守台は、本丸北側の堀際から直ちに建ち上がっていたのではなく、その北・西側の堀際部分に幅約三mの「L」字型の犬走りを伴っている。この犬走りのちょうど端部を塞ぐように、それぞれ井戸櫓台・付櫓台が張り出しているのである。そして、天守台石垣は犬走りに面した部分では高さが約四mであるが、南・東側の本丸側では約九mの高さを誇っており、その高さが一定ではない。天守台上に存在した天守の旧観は、明治初期に撮影された古写真によってある程度判明する（写真1・2・3）。これらによれば、天守は三層三階地下一階で、井戸櫓は一階部分が多聞櫓状となり、その東端部に二階部分が乗った構造である。

建築的な特徴は他に譲るとして、注目されるのは、天守は天守台直上にそのまま建っていたのではなく、穴蔵前面の前庭部自体を覆うように建てられていた点である（写真1参照）。つまり、天守台よりも天守の規模は大きく、両者の平面形態は一致していなかった。そして、天守地階は穴蔵開口部を介して、都合二室に分かれていたと考えられる。また、天守南側の石段に面し、ほぼ前庭部の広がりに対応するように、やや間口が広がった門扉とこれを覆う庇が認められる。門扉の開閉を考えれば、前庭部は門扉の可動範囲程度の広がりであったと推定される。

また、天守・井戸櫓は古写真でも明瞭に確認できるものの、付櫓についてはなぜか大半が滅失している。ただ、注意深く観察すると、天守南西隅にその痕跡を認めることができる（写真2参照）。付櫓は、文久三年（一八六三）に幕府に提出された『岡崎城修理伺絵図』には天守南側に二層造りとして明瞭に描かれているので、その後、古写真が撮影されるまでの間、何らかの理由で滅失したと考えられる。それはともかく、付櫓が明治初期の段階でかかる中途な形で存続していたのは、天守南西隅部は天守台上に直接乗り掛からず、柱を前庭部から建ち上げており、その部分は付櫓一階部分と平面的にも、内部構造的にも複合・一体化した構造であったためであると考えられる。そのため、付櫓の大半が滅失しても（させることになっても）、天守そのものを存続させる以上、中途な形で付櫓の一部を存続させざるを得なかったと思われる（図2参照）。なお、写真2からは、西側の犬走りの端部には土塀が巡らされていた様

（上）写真１　（中）写真２　（下）写真３　３枚とも天守台古写真　写真提供：岡崎市教育委員会

子もわかる。

次に、天守台周辺の石垣構造であるが、天守台石垣の内、本丸側の南東隅付近は、比較的本来の構造を止めていると考えられる（写真４）。すなわち、隅角部の三分の二付近から上方では勾配が変化し、石材の積み方も雑然となる。上方は、明らかに再建天守建設の際の積み替えと考えられる。逆に、下方部では自然石を多く用い、隅角部は完全な算木積みにはなっていない。築石部では長さ五〇cm前後の石材を横向きに積むが、横目地はあまり通っていない。間隙には間詰め石が多く用いられている。同様の石垣は、「風呂谷」曲輪に面する、本丸南側石垣の一部にもみられる。

このような石垣は、現存する岡崎城内の他の石垣と比べて古相を帯びており、従来から指摘されるように、天正から文禄期頃、すなわち田中吉政期に築かれたとみて問題ないと考えられる。[11]一方、井戸櫓台・付櫓台石垣は模擬櫓建設時の改変が著しいと考えられるが、藤岡通夫氏は、井戸櫓南側と天守台石垣に対して、付櫓・井戸櫓北側の石垣は新しく、元和期の所産と観察している。[12]これを裏付けるように、井戸櫓北側及び付櫓西側の石垣には矢穴を有する石材が多く認められる（写真５）。さらに、先述した積み替えら

写真４　天守台石垣。本丸側の南東隅

写真５　井戸櫓北西隅の矢穴を有する石材

写真6　天守台に上がる石段東側の石垣

れた南東隅上方の天守台石垣には同様の傾向がみられない。このことからすれば、井戸櫓北側及び付櫓西側の石垣は積み替えがなされているとしても、本来存在した石垣石材を再利用している部分が多いと考えられる。つまり、この部分は天守台石垣よりももともと新しい時期に積まれていると考えられる。なお、本丸から天守台に上がる石段の東側の石垣も、上部の大半は間知石状の石材を混在させて積まれているが、下部にはやや大振りの自然石が横向きに積まれており、形態的には天守台南東部の石垣に近い（写真6）。

本丸廊下橋付近の検討

本丸廊下橋について述べるにあたり、本丸全体の虎口・通路にも触れておく必要があるだろう。岡崎城本丸へ他の曲輪から至るには、かつて四つの虎口・通路が存在した。この点を絵図[13]の描写にしたがいながら確認すると（図3・4参照）、一つ目は本丸北東部の虎口によるもので（A）、持仏堂曲輪東側の本丸馬出[14]と土橋で連絡している。虎口は内枡形状で、その外側に高麗門、内側に櫓門を設ける。櫓門が架かる部分は石塁となり、その東側には辰巳櫓が虎口全体を抑えるように配置されている。本丸馬出からの通路は西側で持仏堂曲輪、東側で隠居曲輪方向へいったん分化するが、その後はそれぞれ二の丸に到達して合流する。

二つ目は、本丸南東部の虎口によるもので（B）、「風呂谷」曲輪と連絡する。この虎口は、本丸南側の月見櫓側面からクランク状に折れる坂道の上部に枡形状の空間を設け、その前後に櫓門を配している。「風呂谷」曲輪は西側の土橋で「坂谷」曲輪と連絡している。

三つ目は、本丸南西部の虎口によるもので（C）、「風呂谷」曲輪を介して、「坂谷」曲輪と連絡する。折れを伴いながら、急坂を昇降させ、上部に左右を土塀で狭めた仕切り、下部に土塀と一体となった埋門、が配置されている。埋門の西側延長線上には「坂谷」曲輪と「風呂谷」曲輪を結ぶ土橋があり、土橋上にも左右を土塀で狭めた二ヶ所の仕切りが配置されている。

四つ目が、問題となる廊下橋によるものであり（D）、本丸北側、天守背後から持仏堂曲輪と連絡するものである。

図3には、持仏堂曲輪の廊下橋寄りの位置に建物一棟が描かれている。その性格は不明であるが、廊下橋と密接に関

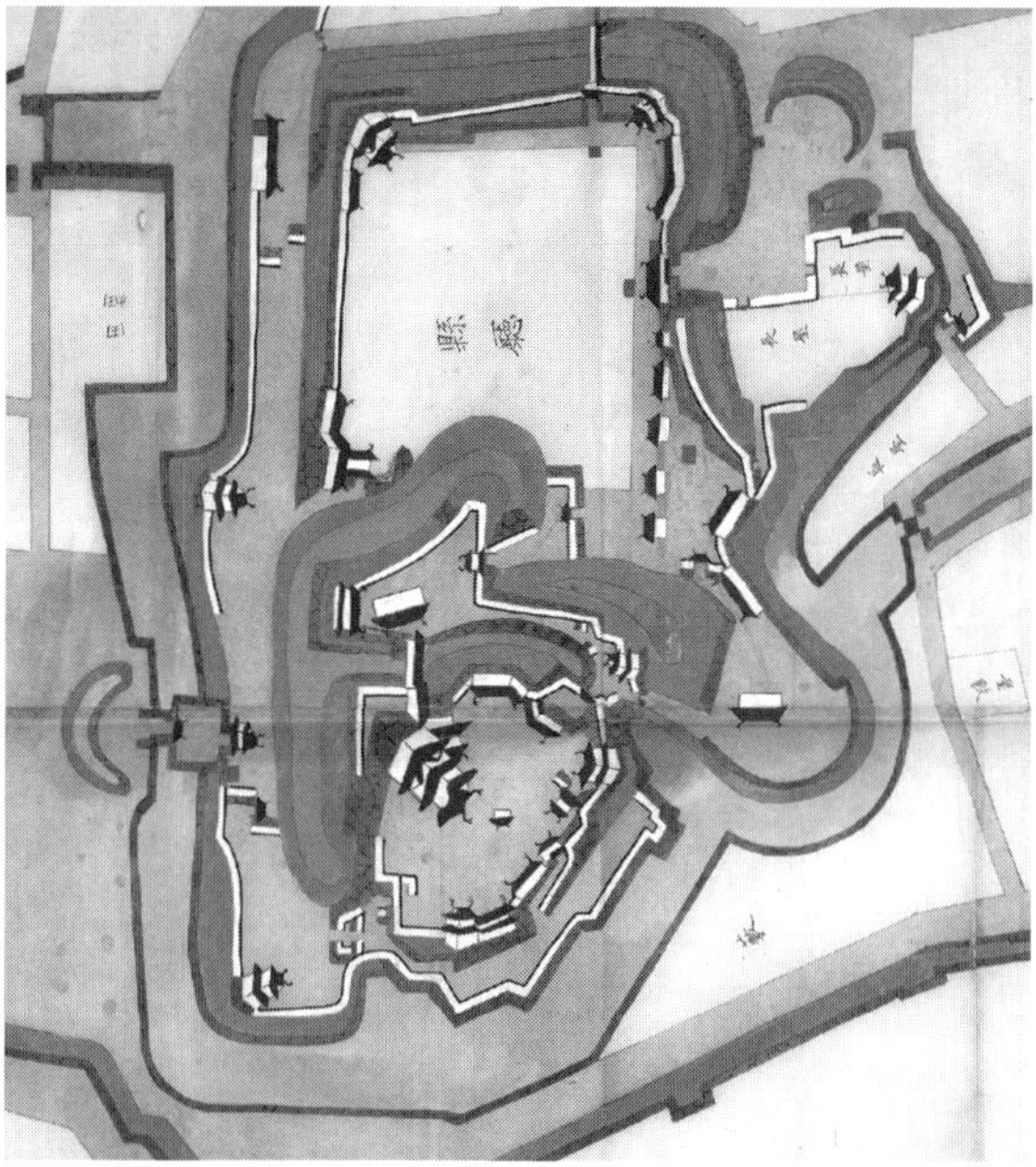

図3　三河岡崎城絵図（部分）　富原文庫蔵

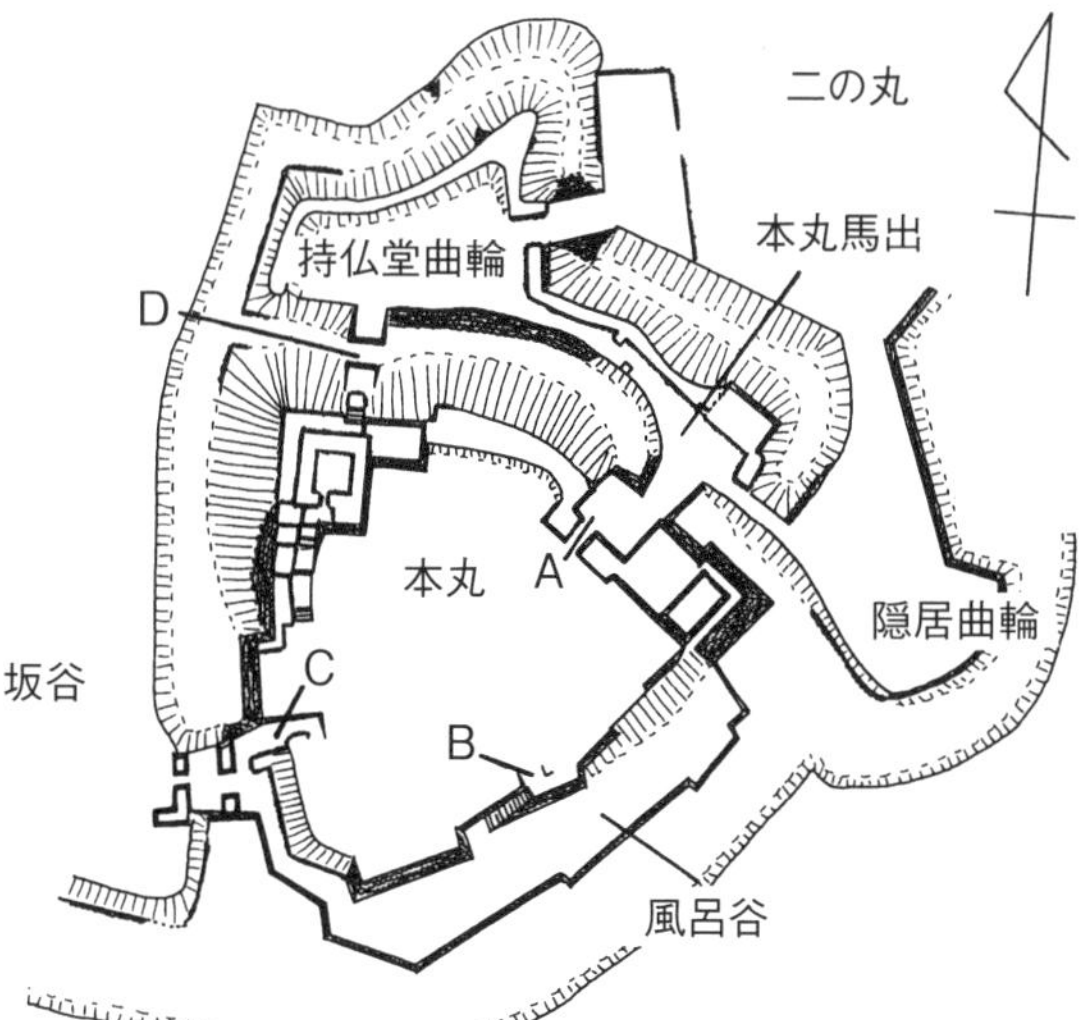

図4　本丸付近模式図　作図：高田 徹

写真7　天守台石垣に配された鏡石状の巨石

わるものではなかったかと考えられる。廊下橋は石垣の橋台に支えられ、上部に屋根を伴ったもので、天守と持仏堂曲輪の間の空堀上を連絡していた。廊下橋を渡った天守側には付櫓状の建物があり、その正面が天守、東側（左手）が井戸櫓、西側（右手）が犬走りとなり、犬走りの端部は土塀で囲まれていた。廊下橋を渡った後、付櫓状の建物に至るまでの通路はほぼ明らかであるが、その後の天守への通路は絵図からではわからない。特に、絵図では犬走りの南端は付櫓石垣で塞がれるように描いている。

そこで、これらの部分の現況を観察すると、廊下橋跡はコンクリート製の橋脚によって支えられた土橋状となっているが、橋台石垣の一部は残存している。この橋を渡った本丸側は土壇状に高まっており、昇降用の石段が設けられている。この石段を上がったところが犬走りである。絵図にみられた付櫓状の建物は、この付近に存在したと考えられる。ここから天守への連絡路としては、三つの連絡路が一応考えられる。

まず、付櫓状の建物から直接天守への連絡路が考えられる。ただし、犬走りから天守台天端までは約四mの高低差があり、さらに犬走りの広がりからみても、天守一階へ連絡する階段の敷設は困難と考えられる。石段を上がった正面の天守台石垣には、約二m四方の巨石が鏡石状に配されている（写真7参照）。仮に、廊下橋側からほぼ直線的に天守に上るような階段を設ければ、巨石自体はその階段の背後に隠れてしまうことになる。巨石に視覚効果が意図されていたならば、それを覆い隠すような通路の設定自体は何ら意味をなさない。これらの点から、この連絡路が存在した可能性は極めて低い。となると、天守東側の井戸櫓、もしくは南側の付櫓を介した連絡路の存在を考えるのが妥当になる。

犬走りから井戸櫓石垣天端までは、高さ約二mの石垣で区画されており、現状では石段等は存在しない。ただし、石垣の高さや犬走りの広がりから見て、石段や木製の階段による連絡路の想定は可能である。仮に、階段が存在したと仮定するのならば、階段を上った井戸櫓一階で直ちに進路を一八〇度転換し、再び階段によって天守一階へ連絡していたと考えられる。このような見方が正しければ、井戸櫓一階は、天守へ連絡する階段の「踊り場」に近い機能を有したことになるだろう。そして、付櫓状の建物と井戸櫓が一続きになっていたのならば、廊下橋から天守までの間は、まったく戸外に出ることなく移動が可能になったはずである。

ただし、この連絡路の想定にも問題がないわけではない。写真3によれば、井戸櫓一階の屋根上部は、天守一階屋根の下に収まっており、加えて井戸櫓一階の屋根下部は、天守一階切妻破風の下付近に収まるように見受けられる。このような屋根の位置関係下で井戸櫓と天守との間の階段連絡を想定すると、階段上部付近では井戸櫓屋根の小屋組み、梁が通行上の支障を来たしたのではないかと思われる。もっとも、写真上では方角・角度によって建物の写り方は微妙に変化するであろうから、古写真の状況のみで即断することはできない。ただ、現在の再建天守と再建井戸櫓の間は、井戸櫓一階と天守一階が連絡し合うのではなく、井戸櫓一階と天守台地階（穴蔵）間で連絡している。これは相互の連絡をスムーズにさせるための処置であったのだろう。天守台穴蔵の一部を破壊して、井戸櫓側と連絡させているのである。これは本来の連絡路を考える場合の参考にはなる。

次に、付櫓を介しての連絡路を考えてみる。廊下橋を渡った後、犬走りを天守台裾に沿って西に進み、南に折れた突き当たりが付櫓である。犬走りから付構台石垣天端までの高さは、現状ではわずか五〇cmほどである。ただし、写真2で見る限り、もう少し高さがあったように見受けられる。ここでも、犬走りの幅から見て、石段や木製の階段による連絡路の想定は可能である。階段を仮定して話を進めると、付櫓に入った後、すぐに左（東）に折れて進めば、そのまま天守台穴蔵前面の前庭部に到達する。つまり、この連絡路が想定できるなら、付櫓に入った段階で、ほぼ天守地階にも到達することができたことになる。

ただし、この連絡路は天守外回りをほぼ半周して進むことになり、井戸櫓で想定した連絡路に比べるとかなりの迂回路である。加えて、犬走りを通行する間は土塀によって側面が覆われるものの、天守の軒下ながら、いったん戸外へ出る形となる。もっとも、先の井戸櫓で想定した連絡路よりは、比較的ゆるやかな昇降によって天守へ連絡できる。犬走りの発掘調査では、間隙を漆喰で接合した板状の石材が敷かれた遺構が検出されており(15)、そこが単なる空間として存在したのに止まらず、通行あるいは目視の対象となっていた可能性を推測させる。

このように、廊下橋・付櫓状の建物から天守への連絡路は、井戸櫓、あるいは付櫓を経由しての連絡路が想定できる。両者が同時期にそれぞれ併存していたのか、あるいはどちらか一方に存在したのみであったのか、さらに時期差をもって両者間で変遷がみられたのかは、現時点では明らかにすることはできない。ただし、このような構造から、岡崎城天守が本丸側からの連絡路と共に、背後の持仏堂曲輪側からの複雑な連絡路を持った特徴的な構造であったことは明らかである。

考　察

ここまで述べたことを踏まえて考察する。岡崎城天守は、本丸北・西側塁線ぎりぎりに建っていたのではなく、塁線際に犬走りを伴っていた。また、天守台石垣の高さは北・西面で低く、南・東面で高くなっている。これは、廊下橋側からみれば明らかなように、天守台自体が本丸北端に存在する土壇に乗り掛かって設けられているためである。この土壇は本丸北側堀にほぼ併走して存在し、東側の延長部では本丸を区画する石塁となっている。これらのことから、この土壇は天守台に先行して存在した土塁の痕跡と考えるのが妥当である。天守台の石垣が豊臣期に遡ると推定されることからすれば、それに先行する土塁は徳川期に遡る可能性が高い。土塁に乗り掛かるように天守台が設けられた理由として、①既存の土造りの縄張りを最大限利用した、②あるいはそれに規定される形で石垣等が部分的に採用された可能性、③石垣の構築技術上の問題から地盤が安定する本丸側に対し、地盤が不安定な土塁縁辺ぎりぎりから石垣を立ち上げることを避けた可能性、等が考えられよう。

同様に、土塁に乗り掛かるように天守台石垣を設ける類例として、武田氏館[16]（山梨県甲府市）が挙げられ、石垣は伴わないが類似した構造であるものとして、横須賀城[17]（静岡県掛川市）、佐倉城[18]（千葉県佐倉市）が挙げられる。武田氏館の天守台が豊臣期の築造と推定されていることは、その石垣構造とともに岡崎城天守台の成立を考える上で参考とすべきである。

いずれにしろ、岡崎城では天守台に限らず、随所に石垣が多用されているが、決して総石垣ではなく、土造りの部分が多くなっている。土造りの部分であっても、豊臣期以降に成立・改修を受けた部分も含まれているであろう。それでも天守台付近の土塁痕跡を通じて、他の豊臣期以前の縄張りを伝える部分のあることを示唆するのである。天守台石垣に先行する土塁の存在から見れば、それとセットになる本丸と持仏堂曲輪を区画する堀も、当然、徳川期に遡ることが改めて指摘できる[19]。

天守台上に存在した天守は、明治初期に解体されてしまったため、その構築時期や内部構造をこと細かく明らかにすることは不可能に近い。ただし、先述のように、天守と天守台の平面形態は一致しておらず、さらに天守は、その一致しない部分となる南西隅部で付櫓と一体的になっていたのはまちがいない。これらの点からすれば、明治初期まで残っていた天守と付櫓はほぼ同時期に築かれたとみるべきである。さらに、付櫓台石垣は天守台石垣に対して、石材に矢穴を残すものが含まれている。そこに時期差の存在を考えるべきである。ただしこの場合、これら石垣が江戸期を通じて大規模な修復を受けていないことが前提となる。付櫓台が築かれた後の次なる段階で、付櫓・天守がそれぞれ築かれたと見るべきではないだろうか。

つまり、筆者は明治初年まで残されていた天守・付櫓は江戸期になってはほぼ新規に建てられた再建と考える。実際、明治期の古写真をみても、天守そのものはほぼ整った姿であり、増築や局所的な改築をうかがわせる点は認め難い。もちろん、再建にあたり、先行する天守の古材を使用した可能性までを否定するものではない。

なお、本丸側から天守へ連絡する石段下部にも、天守台石垣に類似した石垣が見られることは先述した。これは、田中期の天守台に伴う石段の名残である可能性が高い。ただ、この石段は天守入口に向かってほぼ一直線に上がるもので、その正面にある天守入口は古写真で見る限り、かなり広くなっている。これは、やや違和感を覚える造りである。繰り返すが、古写真は付櫓の大半が滅失した後の姿を写しているわけである。絵図類をみても、天守入口と付櫓の関係を明確に描いているものはほとんどない。これらの点からすれば、古写真にみられる天守入口付近の形態を江戸期を通じての形態を止めるとみてよいのか、改めて検討が求められる。単なる想像に過ぎないが、付櫓が石段部分を覆うように存在していた可能性とて考えうるのではないか。従来指摘されるよりも付櫓は平面的にも大きなものであったと考える余地もあるだろう。

さて、岡崎城の天守が田中期以降に再建されたとすれば、その時期は文献史料に即して理解すると、元和期の本多氏在城期ということになる。もちろん、三浦正幸氏が指摘するように、それ以前の田中期に天守が存在したという証拠はないが、他の東海道筋の同時期の城郭例や、文献史料の「再建」の文言を尊重するなら、田中期にも天守が存在した蓋然性は高いと考える。では、なぜ元和期に天守が再建される事態となったのかという点が問題となる。新行氏が指摘するように、先行天守が地震で損壊を受けたため再建されたと考える見方もできるが、筆者としては、豊臣期に築かれた天守を徳川期になって意図的にいったん解体し、新たに建て直した可能性を考えたい。あえて言うのならば、新たな天守を築くことで、豊臣色を払拭しようとする意図があったのではなかろうか。岡崎城とほぼ同時期、同じく東海道筋にあった掛川城（静岡県掛川市）でも天守の再建がなされている点も偶然とは思えない[20]。この他、各地の諸城でも近世初頭に天守を解体したり、解体後に新たに天守が築かれる例が散見される。[21]

このような推測に基づくと、政治的な意図をもって、城郭の象徴的な存在である天守の解体、そして再建がなされたことになる。付言すれば、天守自体が再建される中で、なぜ基礎構造にあたる天守台石垣が解体されず、わざわざ複雑とも言える先行石垣のほとんどを再利用したのであろうか。新たに再建される天守の形態に即した形で、石垣（天守台）も改修してもよかったのではないか。ここでも、石垣構築技術上の問題が絡んでいるのか、あるいは根底的に作事と普請に関わる意識の違いに基づくのか、といった理由が考えられる。また、浜松城[22]（静岡県浜松市）や甲府城[23]（山梨県甲府市）では江戸期を通じて天守が存在しなかったが、豊臣期に築かれたとされる天守台はほぼ残されていた。こうした事例の存在と併せて、天守再建の意味をさらに問うていくべきであろう。

では次に、廊下橋を中心とした通路の成立について考えたい。廊下橋からの通路は、本丸曲輪面よりも高い位置の土塁上を通過する。本来、土塁に直登させたり、本丸曲輪面よりも高い位置となる土塁上を虎口とすることは、土塁の遮断機能を著しく減退させるものである。したがって、少なくとも天守台が築かれる以前、すなわち徳川期にはこの部分の通路は存在しなかったと考えられる。これに対して、虎口A（本丸北東郭）による通路は持仏堂曲輪内部での導線の屈曲、仕切等の障壁を有するものの、平面的には二の丸側からほとんど上り下りなく本丸に到達できる。したがって、徳川期に遡って付近に虎口が存在した可能性は高いと思われる。

ところで、二の丸側から見ると、持仏堂曲輪から廊下橋経由での天守到達は、本丸を直接経由することなく、天守にほぼ直接、しかも短距離で到達させる。しかし、このような縄張りは、天守を中心に見ると、本丸の機能を形骸化させ、逆に二の丸側と天守とのつながりを強くさせることになる。一方、虎口Aを中心とした通路では、二の丸、持仏堂曲輪、本丸馬出、本丸、天守の順に進ませるものとなり、縄張り上の序列は整う。そして、虎口Aを中心とした通路は一貫して土橋等でつながって、恒久性が強いのに対し、廊下橋を中心とした通路は作事の占める部分が多くなっている。廊下橋さえ存在しなければ、相互の連絡は不可能である。

さらに、廊下橋は一見したところ、真上を天守に、側面部を井戸櫓に、それぞれ軍事的に抑えられているかのような位置にある。ただし、廊下橋に屋根が存在している以上、天守から廊下橋内部の俯瞰は不可能であるし、井戸櫓側面には付櫓状の建物が存在するため、そこから横矢は掛かりにくい。廊下橋の構造の詳細は不明ながら、側面に壁が存在していたなら、なおさら横矢は掛からない[24]。

こうした点から見れば、廊下橋とそれに伴う通路は非軍事的、あるいは非日常的な観点から捉えられるべき遺構と考えられる。廊下橋を渡った正面、天守台中の鏡石状の巨石の存在、犬走りの敷石状遺構の存在も、この点を補強しよう。むしろ、本丸の主要虎口・通路として、恒常的に機能したのはやはり虎口Aを中心したものであったと考えられる。

廊下橋については、鳥羽正雄氏は「橋の上に屋根をつけ、一方もしくは両側を壁で囲い、狭間などをつけたもの[25]（以下略）」、内藤昌氏は軍学書での記述に基づき、「通路が城外から見透されず、攻撃を受にくく」し、主に攻撃を防ぐもの等と説明する[26]。このように従来、軍事的な機能から説明されることが多かった。廊下橋にそのような機能もあったことを否定するものではないが、岡崎城本丸廊下橋の場合には当てはまらない。すなわち、天守側から廊下橋を渡る者には有効な攻撃が加わらず、逆に安全にその通行を許してしまう。むしろ、そのような攻撃が掛からないよう、また屋根によって雨水を避け、通行する者の姿を覆い隠すよう、設定されていると見るべきではないか。いずれにしろ、廊下橋側からの天守連絡路の成立には非軍事性による要請、および本丸に対する二の丸、すなわち御殿部分の機能拡充が前提になっていたと考えられる。

この点で参考になると思われるのが、天守と御殿を結ぶ通路事例である。徳川期大坂城（大阪市）天守には、本丸御殿から直接天守台へ連絡する「二階廊下」が存在し[27]、名古屋城（名古屋市）では実現はしなかったが、本丸御殿から小天守へ直接連絡する「ひきはし」が設計されていた[28]。これらはいずれも、御殿からの連絡路とは別に、それぞれ小天守台に明確明瞭な入口を備えていた。むしろ、「二階廊下」「ひきはし」の機能が特殊であったと考えられる。具体的には、作事を専らとして、しかも戸外に出ることなく御殿と天守を直接的に連絡させたわけである。つまり、城内の軍事的な中枢の位置である天守からも、攻撃を受けることなく通行を可能とする者、すなわち城主をはじめとするごく限られた階層の通行を対象とした特殊な用途が考えられる。

御殿と直結こそしないが、岡崎城天守をめぐる二つの通路の在り方も、これらとよく類似する。二の丸の整備という点では、慶長十八年に徳川秀忠が上洛した際に二の丸に御殿が設けられ、元和九年に徳川家光が上洛した際にも、秀忠の御殿の南側に別の御殿が設けられていたことが思い出される[29]。これを裏付けるように、「三葉葵」紋の菊丸瓦が二の丸の発掘調査で出土している[30]。

思うに、こうした将軍宿泊施設等の建設を含めた二の丸自体の機能拡充の中で、廊下橋が建設され、さらにほぼ時を同じくして、天守の再建・井戸櫓・付櫓築造も行われたのではないか。廊下橋から連続する犬走りの端部を塞いで、対称状となる井戸櫓・付櫓の存在は、これらが一体となって築かれたことを示すのではないか。天守に二つの入口がある大坂城・名古屋城が、いずれも将軍家の直轄的な城郭、あるいは上洛時の宿泊所としての側面があったことを考えると、岡崎城も同様の観点から考えられはしないだろうか[31]。

最後に、二の丸の機能の拡充の想定が考えられる以上、本丸の機能にも触れておく必要があるだろう。これまでに知られる史・資料や絵図類の範囲では、江戸期を通じて本丸内部に殿舎の存在は知られない。明治期の古写真を見ても、本丸は広場状となっている。もちろん、有事における拠点として機能させる上で、本丸をあえて広場状としていたとも考えられる。ただし、もともと本丸に殿舎が存在しなかったかと言えば疑問である。例えば、本丸の虎口のうち、AとBはそれぞれ本丸東および東南部にほぼ集中する形で設けられている。その結果、天守と虎口A・Bの間にはまとまった空間が確保される。南西隅のCは埋門であり、明らかにA・Bとは機能が異なっている。さらに、天守自体は本丸北西隅に位置するから、その存在が本丸内部の日照を遮ることはない。虎口や天守の位置関係からみれば、筆者は、天守が築かれた田中期には本丸内部に殿舎が存在した可能性は高いと考える。初期の徳川将軍による宿館があった可能性もあるだろう。それが東海道筋にも比較的近く、まとまった広がりを有する二の丸部分の機能が次第に拡充し、縄張り的に奥まった位置にある本丸は、天守を除いて機能が喪失したのではないだろうか。

あたかもこれを象徴するように、「坂谷」曲輪側と本丸・「風呂谷」曲輪を連絡する土橋部分は土塀による仕切りを設けながら、門扉を設けていなかった。これは意識的に、本丸自体の防御機能を抑止しているようにも見受けられる。実際、丸馬出を有する坂谷門を基点にみると、二の丸の虎口と本丸の虎口は「坂谷」曲輪を介して並列的な配置となりながら、門の有無という点においては、本丸が二の丸に対して劣った構造になっているのである。

おわりに

以上、岡崎城の天守および廊下橋周辺の縄張りから、その築造時期、変遷、機能等について考えた。すなわち、天正十八年以前の徳川期は、二の丸側に堀とセットになった土塁を設け、A付近に虎口を有した。続く、天正十八年から慶長五年までの間の田中期は、前段階の土造りの城郭をベースとし、天守台等に部分的ながら石垣を導入した。そして、慶長六年以降（元和期前後か）の本多期には将軍宿泊所としての側面から、天守が再建され、併せて付櫓・井戸櫓・廊下橋が設けられ、縄張り上大きな改修が及んだ。これらの変遷を模式的に示すと図5のようになる。もちろん、ここで徳川期とした縄張りも、その最末期に近い頃の縄張りを想定しており、それ以前はより簡略な構造であったと予想される。

本稿でみたように、岡崎城では廊下橋によって本丸機能を形骸化させ、さらに天守自体の軍事機能をも後退しかねないものとしていた。このような形による天守の連絡路成立は、当該期の天守機能の変質の点からも考える必要がある。ただし、その機能変質が予測されたとしても、廊下橋が作事を専らとし、決して恒久的な連絡路となっていなかった点も見過ごすことはできない。

本稿で述べた点は、現状遺構を中心としながら仮説に止まる面も多い。今後、新たな資・史料が追加されたり、発掘調査等の成果が加われば、部分的に修正を必要とすることになるかもしれない。ただし、見慣れた遺構の範囲内にも未だ検討を要する問題が存在することは、再確認できたと考える。と同時に、岡崎城のみの「徳川家康出生地」という、単独的な評価に止まることなく、同時期や前後する時期の城郭構造との比較検討の必要性も理解していただけたのではないかと考える。筆者とて、廊下橋の類似事例の様相から、まったく岡崎城が将軍家祖先創出の城であるこ
との意識がなされていなかったと言い切るつもりはない。ただし、そのような先入観からいったん離れて検討を進め

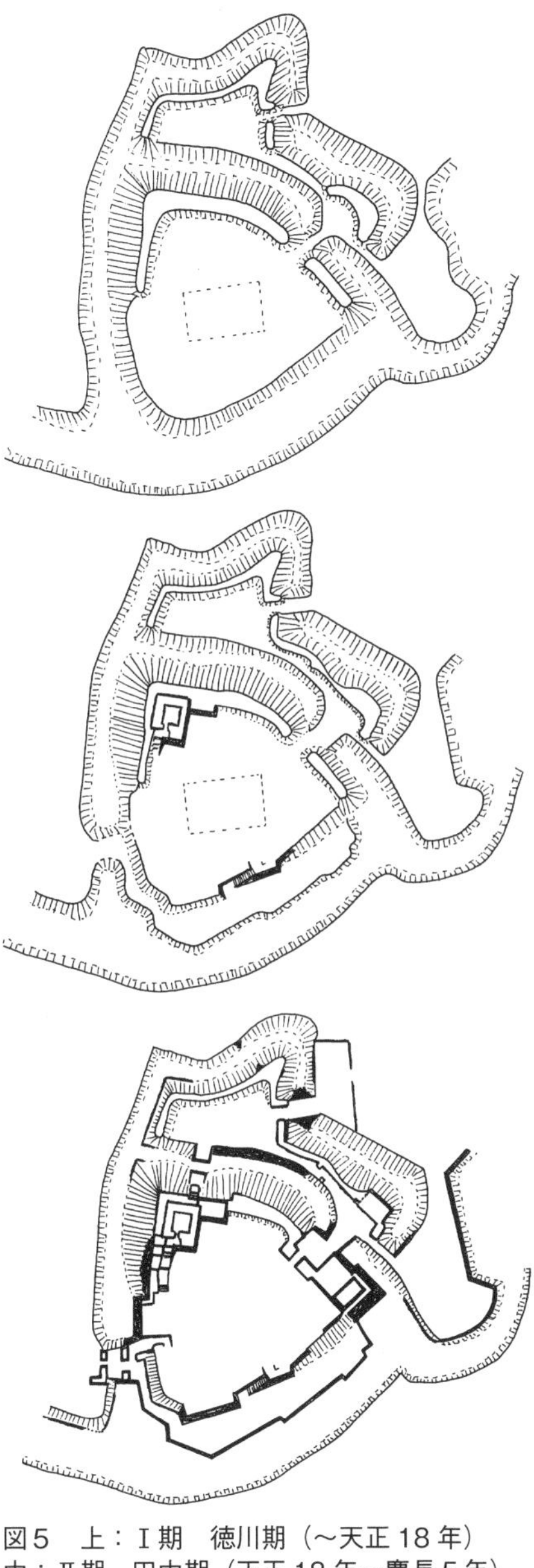

図５　上：Ⅰ期　徳川期（～天正 18 年）
中：Ⅱ期　田中期（天正 18 年～慶長５年）
下：Ⅲ期　本多期（慶長６年～）
作図：髙田 徹

ることの重要性を強く訴えるものである。また、仮にそうした意識があったとして、それが何によって証明できるのか、感覚的な評価を離れて考えていくことが求められよう。

なお、岡崎城では現在、確実に織豊期に遡る瓦の出土をみていない。同時期の東海道筋の豊臣大名が入城した城郭（吉田、浜松、二俣、掛川等）では、石垣と並んで瓦葺き建物の導入がなされている点から見れば[32]、将来的に瓦が発見される蓋然性は高い。もともと用いられた絶対量が少なかったことや、天守解体と共に意図的に撤去されたことも予想される。

最後に、本稿では触れ得なかったが、岡崎城二の丸北側には今一つ廊下橋が存在した[33]。この機能や役割解明も、本丸廊下橋を考える上で重要であると考えるが、この点は今後の課題としておきたい。

【註】

（1）例えば、複数の岡崎城関連絵図には菅生曲輪に屋敷地の一画に櫓台を有する櫓を単独で描き、白山曲輪北西隅には対岸部に連絡路がない枡形状虎口を描く。おそらく、こうした部分はある時期に縄張りが改修された痕跡と思われ、他にもいくつかその可能性が考えられる部分を指摘できる。もちろん、時期差を伴う改修の結果ではなく、築造時の設計変更に伴う痕跡の可能性もあるが、なぜそのような改修・設計変更がなされたのか、その結果、城郭全体の縄張りとして何が変化したのか等も考えていかねばならない。

（2）奥田敏春他編『新編岡崎市史』２中世（新編岡崎市史編纂委員会、一九八九年）、堀江登志美他『定本西三河の城』（郷土出版社、一九九一年）、新行紀一他『新編岡崎市史』３近世（一九九二年）、等。

（3）本稿では主に岡崎市『岡崎城―城と城主の歴史―』（岡崎市、一九九六年）所収の絵図を参照した。

（4）柴田顕正『岡崎市史』壱（岡崎市、一九二六年）。

（5）藤岡通夫「三州岡崎城天守について」（『建築史学会論文集』27、一九四二年。後、『近世建築史論集』、中央公論美術出版、一九六九年に所収)。
(6)　三浦正幸他『復元大系日本の城』4(ぎょうせい、一九九二年)。
(7)　宮上茂隆「掛川城天守復元研究調査報告」(戸塚和美他『掛川城復元調査報告書』、掛川市教育委員会、一九九八年)。
(8)　『新編岡崎市史』3近世。
(9)　藤岡註(5)論文、同『城と城下町』(中央公論美術出版、一九八八年)。
(10)　藤岡註(5)論文所収。
(11)　徳川期にも岡崎城に石垣・石積みが用いられていた可能性もあるが、本格的な高石垣は存在しなかったと考えられる(拙稿「三河における織豊期城郭の石垣・石積み―大給城を中心として―」織豊期城郭研究会『織豊城郭』3、一九九六年)。
(12)　藤岡註(5)論文。
(13)　『富原文庫蔵 陸軍省城絵図』(戎光祥出版、二〇一七年)。
(14)　本丸北側に東西に細長く伸びる曲輪は、今日一括して持仏堂曲輪と呼ばれることが多い。ただし、江戸期の絵図では中央部に仕切りがあり、その西側部分を持仏堂曲輪と呼んでいるようである。仕切り東側の往時の呼称は不明だが、形態や位置から見れば、『定本西三河の城』で呼称されるように、機能的には「本丸馬出」と捉えるのが妥当である。本稿では先の仕切りより西側を持仏堂曲輪、東側を本丸馬出と便宜上呼称することにする。
(15)　前掲註(3)文献。
(16)　平山優「甲府城の史的位置―甲斐国織豊期研究序説―」(山梨県立考古博物館『研究紀要』3、一九九三年)、数野雅彦他『史跡武田氏館跡Ⅳ』(甲府市教育委員会、一九九九年)。
(17)　服部英雄「史跡における建物復原の問題点」(博物館建設推進九州会議『文明のクロスロード』12―4、一九九四年)。
(18)　佐倉城本丸址発掘調査団『総州佐倉城―佐倉城本丸址調査概報―』(佐倉市、一九八二年)。
(19)　高橋延年「三河地方の城」(児玉幸多他監修『日本城郭大系』9、新人物往来社、一九七九年)、『新編岡崎市史』2中世。
(20)　『掛川城復元調査報告書』。

(21) 拙稿「天守台研究をめぐる諸問題―特に用語・概念上の問題を中心として―」(『織豊城郭』5、一九九八年)。
(22) 加藤理文「「石垣」の構築と普及（静岡県内の事例から）」(『織豊城郭』3)。
(23) 萩原三雄「甲府城の天守に関する覚書」(『甲斐路』92、山梨郷土研究会、一九九八年)。
(24) 拙稿「岡崎城」(『天守再現』、新人物往来社、一九九七年）では井戸櫓から横矢が掛かると述べたが、訂正する。
(25) 鳥羽正雄『日本城郭事典』(東京堂出版、一九七一年)。
(26) 内藤昌『ビジュアル版城の日本史』(角川書店、一九九五年)。
(27) 松岡利郎「江戸時代大坂城天守の建築構成」(岡本良一編『大坂城の諸研究』、名著出版、一九八〇年)。なお、北川央氏のご教示によれば、大坂城では二階廊下が滅失後、天守台上の同じ位置に「御成門」と呼ばれる門が設けられたという。この点は、その前身にあたる二階廊下の機能を考える上でも極めて示唆的である。
(28) 内藤昌編『名城集成　名古屋城』(小学館、一九九五年)。
(29) 『新編岡崎市史』3近世。
(30) 『岡崎城―城と城主の歴史』。
(31) 将軍家宿泊所としての機能を考える上では、池田光雄「御殿遺跡について」(中世城郭研究『中世城郭研究』12、一九九八年)、亀山隆『伊勢亀山城跡発掘調査報告書Ⅲ』(亀山市教育委員会、一九九九年）等、また、東海道筋の近世城郭の成立に関しては加藤理文「静岡県における家紋瓦の成立」『静岡県考古学研究』25（静岡県考古学会、一九九三年）が参考になる。
(32) 加藤理文「豊臣政権下の城郭瓦」(『織豊城郭』創刊号、一九九四年)。
(33) 拙稿「江戸期における天守―その機能・使用方法・管理体制等を中心として―」(『中世城郭研究』12、一九九八年）では、岩瀬文庫蔵『御留守岡崎年中行事』にみえる廊下橋を天守に伴うものとしたが、これは二の丸側の廊下橋であった可能性も考えられるので、とりあえずその判断は保留する。

Ⅵ 岡崎城の縄張りについて――丸馬出を中心として

石川浩治

はじめに

岡崎城の絵図を見ると、その縄張りのあまりの複雑さに驚かされる。岡崎城を解説した城郭関係の書籍を見ても、ほとんど異口同音に、「縄張りは複雑」と表現するのみである。しかし、近世城郭としての岡崎城については、縄張りからの本格的な考察は十分行われていないのが現状である。

本稿では、岡崎城に二つあった丸馬出を通して、近世城郭としての岡崎城の縄張りを考察してみたい。

近世城郭における丸馬出

丸馬出は、戦国期の武田氏の代表的な築城術の一つと言われているが、実際には近世城郭にも使用されることが多い(1)。図1は、近世城郭における馬出の分布図である。一見して明らかなように、その分布は東国に多く見られる。とくに愛知県、岐阜県以東では、その分布はより顕著である。本図には示していないが、西国で馬出が確認できるのは広島城と篠山城のみである。それも丸馬出ではなく、角馬出である。広島城、篠山城や名古屋城等に角馬出が採用されているのは、すでに髙田徹氏が指摘しているように(2)、西国の城が土塁造りではなく、石垣造りによる直線的な曲輪ラインが用いられているためと思われる。

丸馬出は『甲陽軍鑑』が記すように、武田流の縄張りの一つとしてして有名であるが、徳川氏も採用していること

図1　近世城郭における馬出分布図

が最近明らかになってきている(3)。中世城郭では、徳川氏の本拠である三河や遠江、駿河をはじめ信濃にも見られる。ただし、徳川氏の領地が武田氏のそれと重なる所が多いので、従来は徳川氏築造の丸馬出でありながら武田氏によるものとして評価されてきた例もある(4)。

徳川氏が丸馬出を本格的に採用するのは、天正十三年（一五八五）の小牧・長久手合戦頃からである。天正十年に武田氏が滅亡すると、徳川家康はその遺臣を積極的に家臣に組み入れている。その際に、武田氏の築城技術を熟知した技術者も採用していると思われる。

丸馬出が武田氏の技術で徳川氏がそれを継承したのか、本来、徳川氏もそれに類する技術をもっており、それに複合させて発展していったのかは議論が分かれるところである。その発展過程はさておき、本稿では徳川氏も丸馬出を採用していることを確認しておきたい。

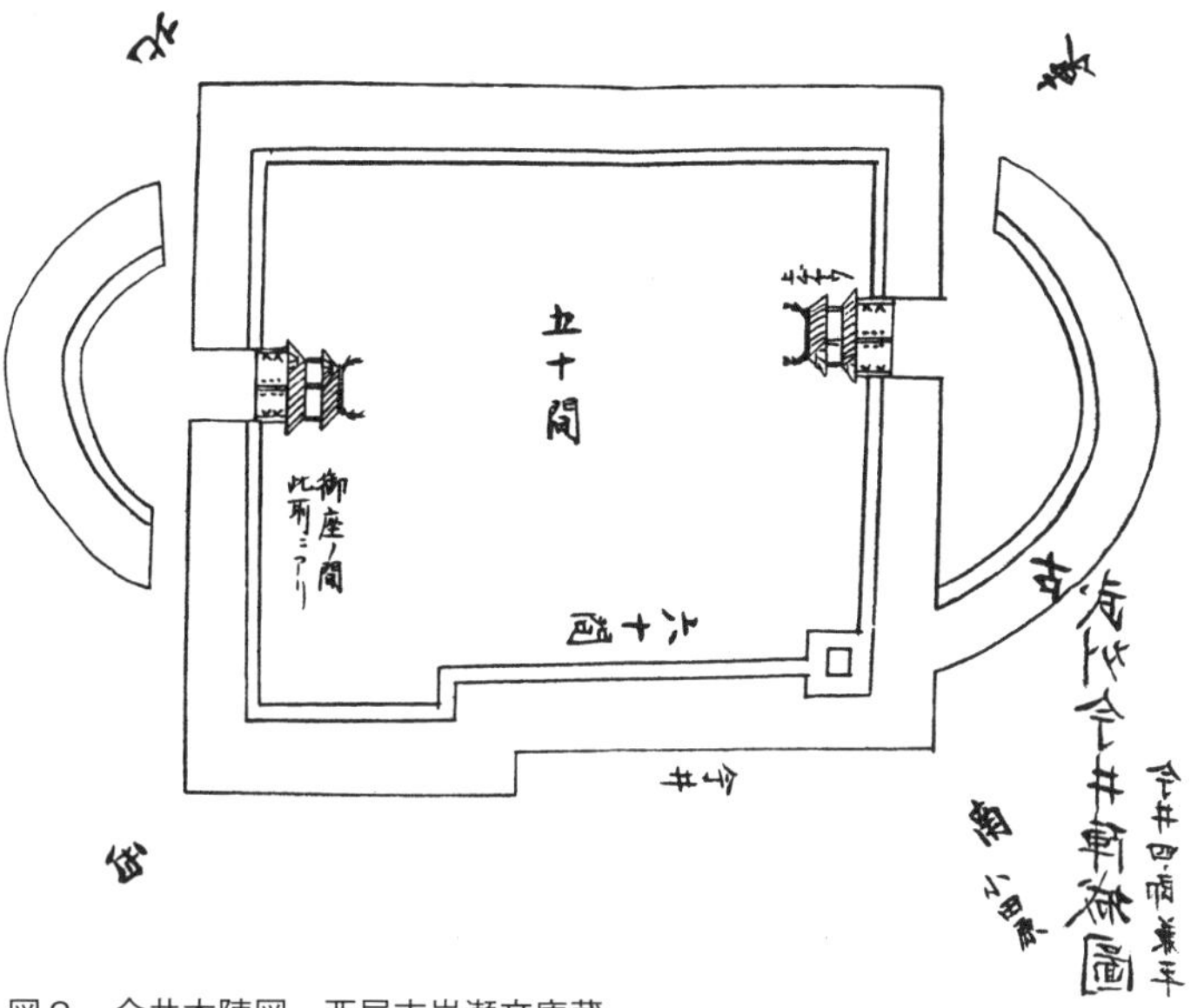

図２　今井本陣図　西尾市岩瀬文庫蔵

小牧・長久手合戦に際して徳川氏が改修した城に、丸馬出が多く見られることは、すでに千田嘉博氏が指摘している[5]が、その後も徳川氏は丸馬出を使用した城郭を築いている。天正十八年（一五九〇）の小田原合戦の時の徳川家康の本陣である今井本陣（神奈川県小田原市）にも丸馬出が見られる。図2が今井本陣の絵図であるが、これには丸馬出が二つ描かれている。この丸馬出は、地籍図にも表れており[6]、実際に存在したことは疑いがない。小田原合戦の時は豊臣氏麾下の大名が各々陣城を築いているが、丸馬出が見られるのは、現在のところ徳川家康の今井本陣のみである。このことから、徳川氏は丸馬出をひとつのシンボルとして利用していたと思われる。

しかし、徳川氏はその後の文禄・慶長の役の名護屋城周辺の陣城では、丸馬出を採用していない。これは、名護屋城周辺に築いた丘陵地帯であるという地形的な制約もあったかもしれないが、徳川氏が完全に豊臣氏の麾下に入ったという意

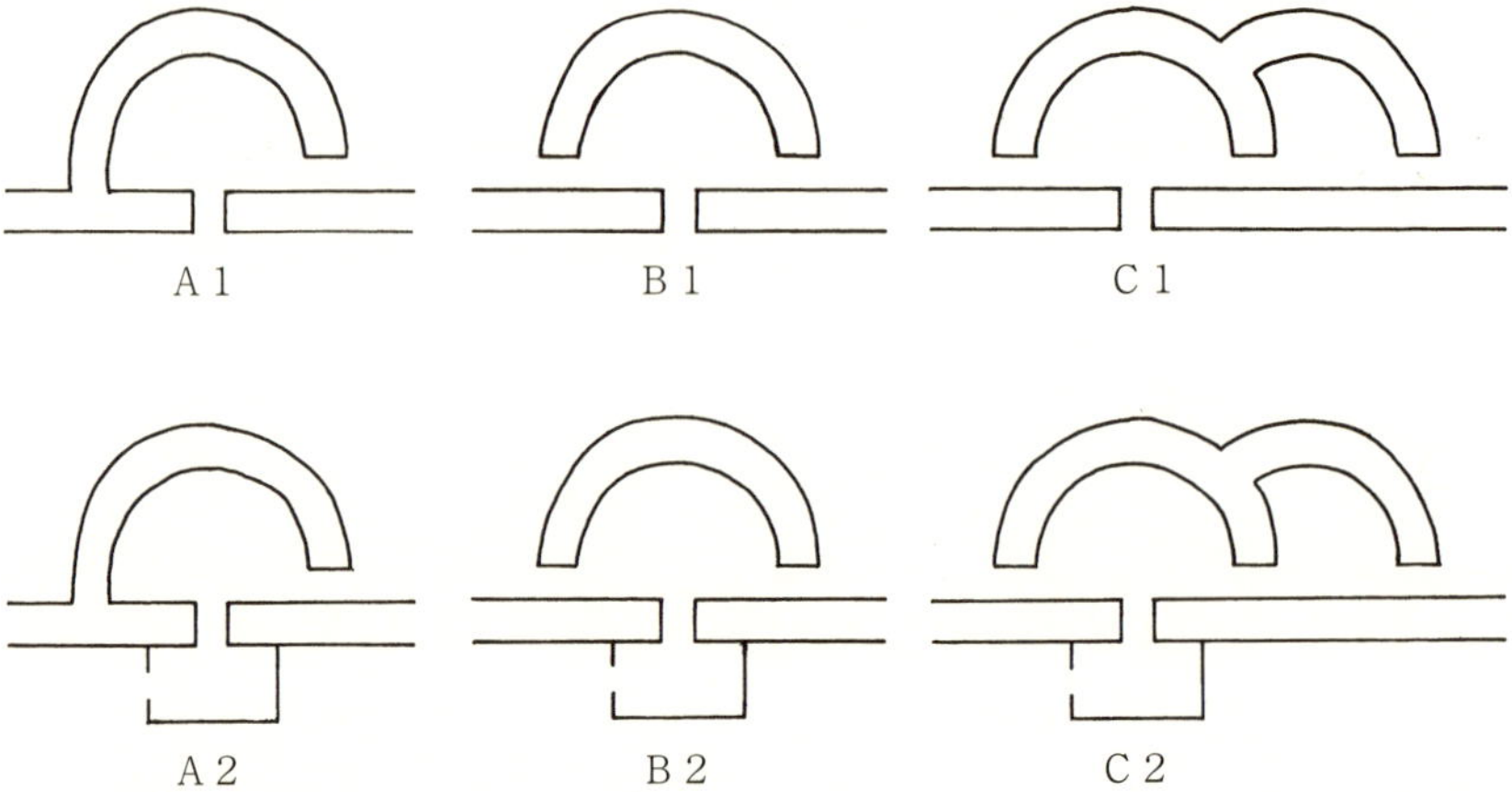

図3　丸馬出の形態による分類

思表示ではないであろうか。その後の大坂夏の陣での徳川家康の本陣である茶臼山本陣（大阪市）には、再び丸馬出が採用されていることは示唆的である。

丸馬出の分類

近世城郭においても丸馬出が多く採用されていることは、先に述べた。ここでは、岡崎城の丸馬出を考察する上で、近世城郭における丸馬出の分類を行いたい。

まず、丸馬出そのものの形態により、分類したのが図3である。馬出から外へ出る道の数から大きく三つに分類し、さらにそれぞれ馬出の背後に枡形虎口が付属するか否かで二つに分類して、その組み合わせから計六つのタイプに分類してみた。

Aタイプは、馬出から出撃する虎口が片方のみ開口するパターンである。近世城郭では、岡崎城、鶴ヶ岡城、松代城で見られる。中世城郭では、比較的多く見られるタイプであり、岩崎城（愛知県日進市）、小幡城（名古屋市守山区）、岩津城（岡崎市）、深沢城（静岡県御殿場市）で見られる。このタイプは丸馬出が単独で存在するもの（A1）が多く、背後に枡形虎口を付属するもの（A2）は少ない。

Bタイプは、馬出から出撃する虎口が両方に開口するパターンである。

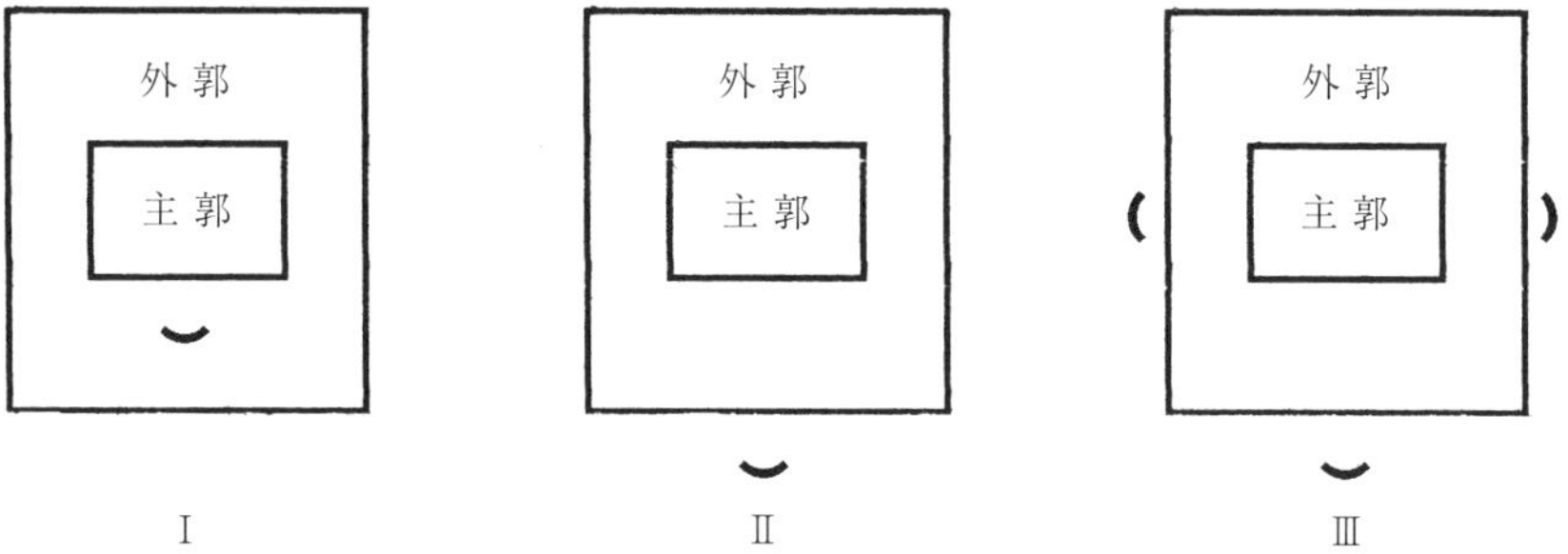

図4　丸馬出の位置からみた分類

近世城郭では、岡崎城、松本城、川越城、宇都宮城等で見られ、最も多く見られる。中世城郭でも、諏訪原城（静岡県島田市）、大島城（長野県下伊那郡松川町）、牧之島城（長野市信州新町）等多くの城で見られる。岡崎城、田中城では、丸馬出＋枡形虎口という軍学の教科書のようなタイプ（B2）が見られる。

Cタイプは、Bタイプにもう一つ馬出を重ねたもので、いわばBタイプの亜流である。軍学の机上プランに近く、実例は少なく、近世城郭では、土浦城、松本城、中世城郭では、小長井城（静岡県榛原郡川根本町）で見られるのみである。

次に、丸馬出が城郭のどの部分にあるのか、その位置によって分類したのが図4である。城郭の縄張り構造は非常に複雑であり、一般的には輪郭式、梯郭式、連郭式のように分類されるが、実際は地形面や先行城郭の影響など多種多様な形態がある。それらを無視して、巨視的な傾向を知るために、以下のように分類してみた。

Ⅰタイプは、馬出が主郭のみにあるものである。近世城郭では少なく、設計のみで完成せずに終わった挙母（桜）城（豊田市）がある。中世城郭では非常に多く、小幡城（名古屋市）、沓掛城（豊明市）、岩津城（岡崎市）等で見られる。西尾城では、本丸の虎口前から中世期の丸馬出の遺構が見つかっている。

Ⅱタイプは、馬出が外郭部に一つだけあるものである。この場合は、外郭部のうち大手口に見られるものが多い。近世城郭では、宇都宮城、壬生城で見られる。岡崎城では、坂谷曲輪の馬出は後に追加されたものである。したがって、本来は外郭の備前曲輪の一つだけであったと考えられるから、初期はこのタイプであったと言

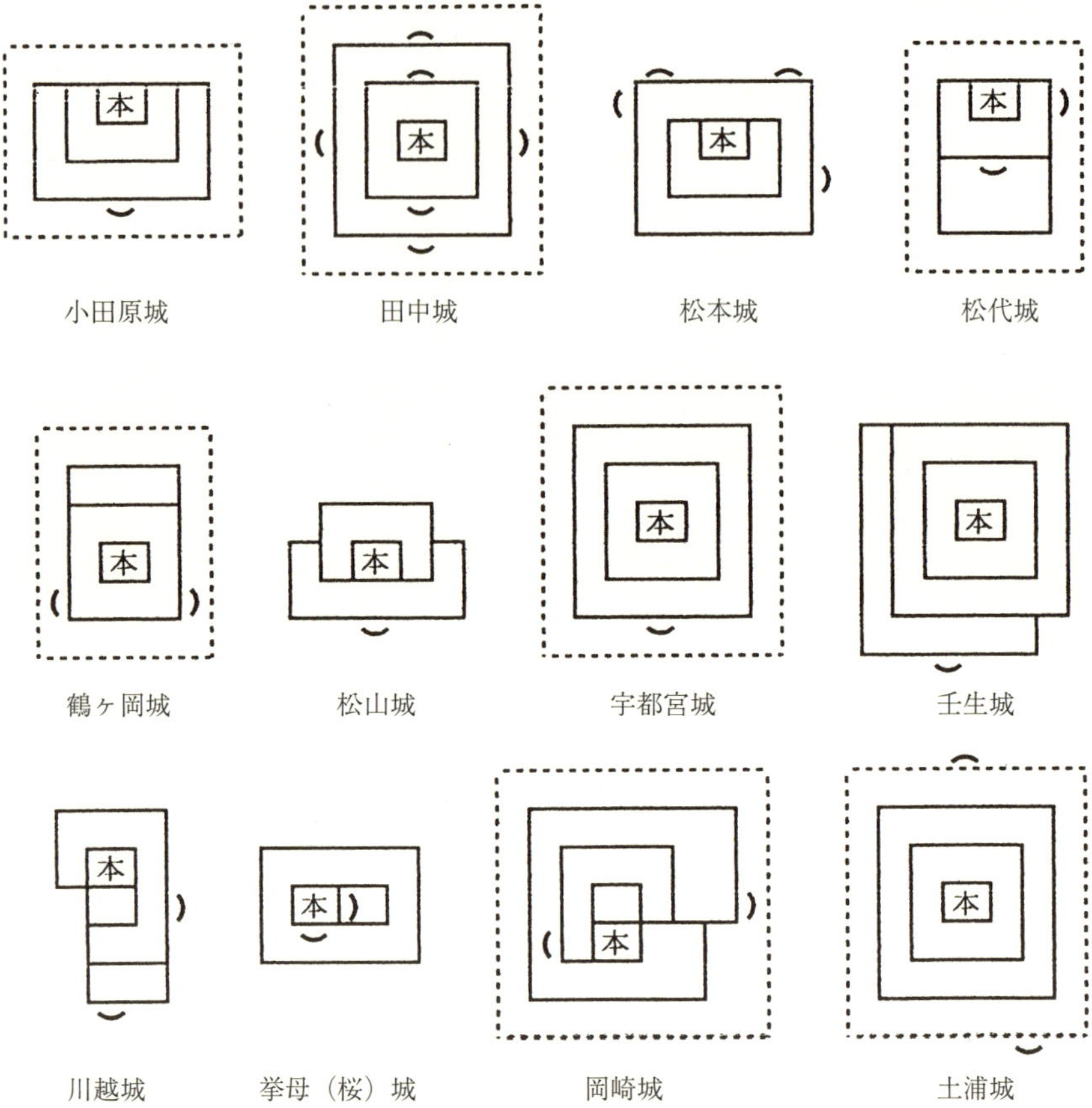

図５　各城郭馬出位置図模式図（破線は総構えを示す）

える。中世城郭では、大島城（長野県下伊那郡松川町）、東広瀬城（豊田市）等がある。

Ⅲタイプは、馬出が外郭部に複数あるものである。近世城郭では、松本城、田中城がこのタイプであり、岡崎城も坂谷門の馬出ができて以降は、このタイプとなる。中世城郭では、岡城（長野県上田市）、長沼城（長野市）、江尻城（静岡県清水市）、三枚橋城（静岡県沼津市）等で見られる。

ちなみに、とりあげた代表的な城郭を模式的に示したのが図５であり、馬出のある代表的な城とその分類を示したのが表1である。これらを一瞥すると、丸馬出を用いた城郭を築いているのは、徳川氏の譜代大名、それも酒井氏、本

城　名	築城者	馬出築造年	馬出タイプ
岩出山要害	伊達氏	天正 18 年（1590）	ⅡA1
佐沼要害	伊達氏	天正 19 年（1591）	ⅡA1
松本城	石川数正	天正 19 年（1591）以降？	ⅢB1
小田原城	大久保氏	天正 19 年（1591）以降	ⅡB1
岡崎城（東馬出）	本多康重	慶長 7 年（1602）	ⅡA1
前橋城（前期）	酒井氏	慶長 6 年（1601）以降	ⅡB1
宇都宮城	本多正純	元和 6 年（1620）	ⅡB1
鶴ヶ岡城	酒井氏	元和 8 年（1622）以降	ⅢA1
川越城	松平信綱（大河内松平）	寛永 16 年（1639）以降	ⅡB1
岡崎城（西馬出）	本多忠利	正保元年（1644）	ⅢB2
壬生城	松平信興（信綱五男）	元禄 5 年（1692）頃	ⅡB1
土浦城	松平輝貞（信綱孫）	貞享 2 年（1685）	ⅢC1
勝山城	小笠原信辰	宝永 6 年（1709）	ⅢB2
挙母（桜）城	内藤政苗	寛延 9 年（1750）	ⅠB1
松山城	酒井忠休	安永 9 年（1780）	ⅡB1
沼津城	水野忠友	安永 9 年（1780）	ⅡB1
前橋城（後期）	松平直克	文久 3 年（1863）	ⅢB1

表1　丸馬出のある主な近世城郭とその分類一覧（註1文献を参考に作成）

多氏といった三河以来の代表的な大名の居城に多いことがわかる。

浅野哲基氏は、これを評して「丸馬出は家門・譜代大名によりシンボルとして作られた」と指摘している(7)。

丸馬出は、中世城郭から発達したものであり、中には田中城のように、近世城郭であっても中世段階の丸馬出を踏襲しているものもあるので、形態や位置から編年するのは、大変難しい。近世城郭での類型化を通じて、AタイプからBタイプという流れを推定することはできるであろう。ただし、一概にAタイプが古くて、Bタイプが新しいとは言い切れない。というのは、中世城郭でも、Bタイプがすでに認められ、今井本陣では、AタイプとBタイプの両方が使用されているからである。

AタイプとBタイプのはっきりとした違いは、その規格性の有無にあると言える。というのは、BタイプはAタイプと比較して、左右対称で非常に規格性に富んでいる。軍学の教科書に出てくるような『甲陽軍鑑』の馬出そのものだからである。これと枡形虎口の組み合わせは、もう完全に軍学の教科書通りの完全な虎口と言えよう。実際の軍事面からみた場合、一つの虎口を二つにすることにどれだけ有効性があるか疑問であり、机上の空論のような感もある。

だからといって、丸馬出は特別に防御的に優れており、徳川氏がその技術を独占したとも言えない。丸馬出の採用される城は、徳川氏譜代の家臣の城には多いが、江戸城はもちろん、名古屋城はじめ徳川氏御三家の居城や大坂城、駿府城といった徳川氏の直轄の城にはまったく使用されていないからである。徳川氏譜代の城に丸馬出が使用されることが多いのは、すでに髙田徹氏が述べているように[8]、これらの城が総石垣ではなく、基本的に土造りの城であることも関係すると思われる。石垣造りの城における馬出は、篠山城や名古屋城のように角馬出となることが多いとされる[9]。

岡崎城の縄張りの変遷

まずは、岡崎城の歴史的な変遷を簡単にたどってみたい。

岡崎城は、『龍城古伝記』によると、享徳元年（一四五二）に西郷稠頼《つぐより》によって築城されたとされるが、もとより確かなものではなく、享禄三年（一五三〇）頃には、松平清康が安城城（安城市）から移り、八幡宮を城内鎮守として本丸に移したり、城を拡張したり、城下を整備したと言われる[10]。しかし、その実態はまったく不明である。その後、天文十七年（一五四八）に松平広忠が暗殺されると、三河は今川氏の支配下になり、岡崎城には今川氏の城代が入った。永禄三年（一五六〇）の桶狭間合戦後には、今川氏に代わって徳川家康が入り、その後は元亀元年（一五七〇）に浜松に居城を移すまで、徳川氏の居城となる。

この当時の岡崎城の様子を示す史料は少ないが、『龍城中岡崎中分間記』には、「永禄年中権現様御縄張之由」「二ノ郭権現様御誕生曲輪ト申」「御産湯水坂谷透門之下ニ有之井」の記事が見られる。永禄年中に徳川家康が改修を加えた可能性はあるが、現在のどこの部分に相当するのか、特定することは困難である。そもそも「権現様」という表現自体が、後世の徳川家康の神格化に伴って、岡崎城を徳川家康誕生の城として権威付ける意識があらわれていると思われる。また、「権現様御誕生曲輪」の記述から、中世期の岡崎城の縄張りを二の丸に居館、本丸に詰めの城を想定する見解もある。[11]後述するように、近世段階ではかなり縄張りが改変されている可能性が高い。近世城郭としての岡崎城が、中世期の縄張りを基本的に踏襲しているという考えには疑問も感じる。実際のところ、中世段階の岡崎城の姿を知ることは現段階では困難であろう。

文献から岡崎城の改修が確実に知られるのは、天正十三年（一五八五）である。すなわち、小牧・長久手合戦後に家康家臣の石川数正が豊臣方に出奔した後に、岡崎城は改修を受けている。『家忠日記』の天正十三年十一月十八日に、「岡崎普請ニこし候、各國衆より普請はやく仕候由にて」と記されている。この時の普請はかなり大がかりなものであったと思われるが、残念ながら、岡崎城のどの場所が普請されたかは明らかではない。

天正十八年（一五九〇）、小田原合戦後に徳川家康が関東に移封になると、岡崎城には田中吉政が入る。同じ時期、旧徳川領である三河、遠江、駿河には豊臣家子飼いの家臣が入城する。主な城をあげると、吉田城（豊橋市）には池田輝政、浜松城（浜松市）には堀尾吉晴、久野城（袋井市）には松下之綱、掛川城（掛川市）には山内一豊、駿府城（静岡市）には中村一氏が入っている。

田中吉政は、岡崎城に入ると早速、大規模な改修を実施している。田中氏をはじめとする当時東海道筋に入った豊臣系大名は、対徳川戦略として、居城の大改修を実施することを優先させた。その改修についても最新鋭の技術（石垣・瓦葺建物・天守建築）を用い、経済面や石垣・瓦等の技術集団の手配についても豊臣政権が援助をしたと考えられている。[12]『岡崎領主古記』は、この時期「岡崎城ノ西沼田ヲ埋メ、町屋ヲ成ル（中略）城外東西惣堀同矢倉門出来」と記す。総堀はその後、田中堀と呼ばれるようになった。

田中吉政による岡崎城の改修は、田中堀と呼ばれる総堀の掘削や櫓門の建設が伝えられるが、城郭の中心部の改修の程度は不明である。しかし、同時期に東海道筋に入った豊臣系大名の居城では、発掘調査により瓦の採用、石垣や天守の構築状況が確認されている。[13]吉田城では、中世期の堀をわざわざ埋めてその隣に新しい堀を掘っていることが確認されている。[14]岡崎城においても、田中氏の時代にかなり大がかりな改修が行われた可能性が高いと言えよう。岡崎城では、現段階では田中時代の瓦は出土していないが、他の状況からみて、石垣が築かれ、天守が建てられた可能性は高い。[15]『三河見聞集』には、田中吉政が徳川氏に縁のある寺社を破却したり、寺領を没収したりしたことが伝えられる。ここでも旧徳川色を消し、石垣、天守の城を築くことにより、豊臣氏の勢力を示そうとしていたことがわかる。

慶長六年（一六〇〇）の関ヶ原合戦後には、岡崎城には本多康重が五万石で入る。本多氏は康重、康紀、忠利と三代続くが、この間に、近世城郭としての体裁が整えられた。本多康重は、慶長七年に東の馬出（備前曲輪前）を築造している。また、慶長六年と同十四年に東海道の付け替えをおこなっており、[16]このころに大手門が開設されている。同じく白山曲輪も造られたという。康紀の代の元和三年（一六一七）に天守が再建されている。忠利の代には、籠崎堤の築造とともに菅生川端に石垣を築いている。正保元年（一六四四）には西馬出（坂谷門）が築かれている。正保二年に水野忠善が入り、稗田門枡形と籠田総門枡形を造っている。[17]

岡崎城の縄張りの考察

以上のように、丸馬出の全国的な分布状況と岡崎城の歴史的位置付けを踏まえた上で、近世における岡崎城の縄張りについて、とくに丸馬出を中心に考察してみたい。

岡崎城には、二つの丸馬出がある。備前曲輪と坂谷門のそれである（以下、備前曲輪の丸馬出を「東馬出」、坂谷門の丸馬出を「西馬出」と称する）。この二つの丸馬出を通じて、岡崎城の縄張りの変遷とその意義を考察したい。

まず、東馬出であるが（図6）、『龍城古伝記』によると慶長七年に本多康重により築かれた。この馬出は、馬出の虎口が片方だけにあり、背後には枡形虎口を備えておらず、先の分類のA1タイプである。しかし、馬出の両サイドに二重櫓を配しており、非常に実戦的な縄張りである。この馬出から出て東にたどっていくと、籠田総門に突き当たる

（図８）。かつては、このルートが東側から見て東海道の真正面に当たり、この丸馬出は、当初は岡崎城の大手門であったと思われる。[18]というのは、かつて東海道は菅生川の南側を通っており、慶長七年に本多康重により川の北側にルートの付け替えが行われている（図９参照）。東海道の付け替えと、丸馬出の築造がセットで行われたと考えられ、東海道の正面に丸馬出を配するという視覚的効果を狙ったものと思われる。

そうすると、備前曲輪は三の丸に相当する曲輪と言えよう。実際に、備前曲輪を三の丸と記す絵図もある。[19]この場所は、地形的にも南側の川岸に対して一段高くなっており、また、東海道と北の足助《あすけ》街道が交差する交通の要地でもあった。東方には六地蔵町が位置し、南方の菅生川端は渡河点であり、中世以来、水上交通の要地であった。[20]地形的にも、城郭全体の大手門に最もふさわしい位置である。なお、東海道のルートの付け替えに際しては、榎町や六地蔵町を移転している。[21]

丸馬出が、徳川氏のシンボルの一つとして意味を持っていたことは先に述べた。この丸馬出が、本多氏が入った直後の慶長七年に築かれたことは、大変意味深いと考える。それまで豊臣系の田中氏が入っていた城から、今度は、逆に豊臣

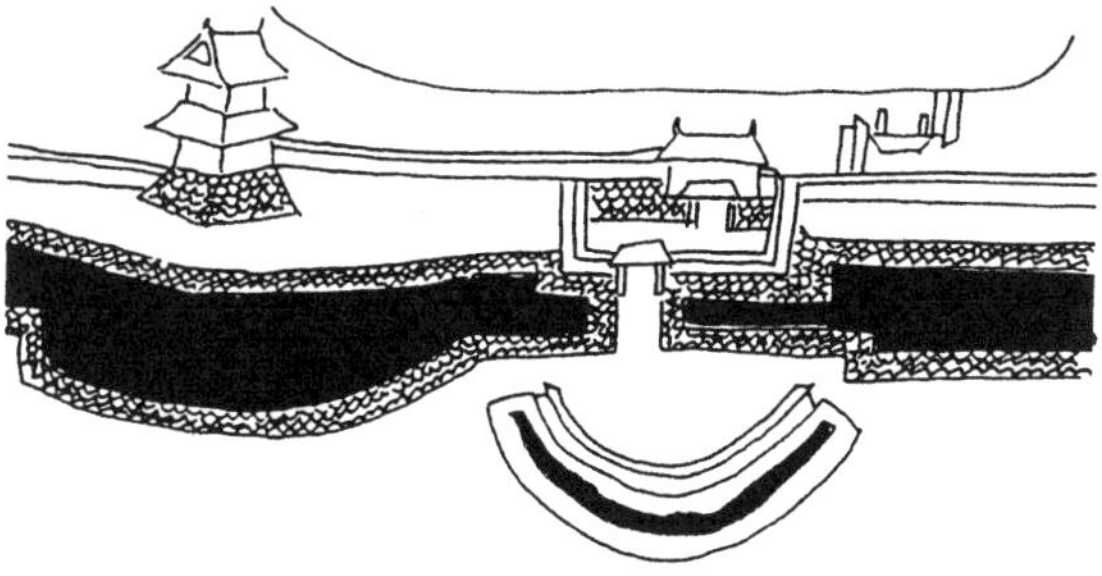

図６　岡崎城備前郭丸馬出（岡崎城絵図をトレース）

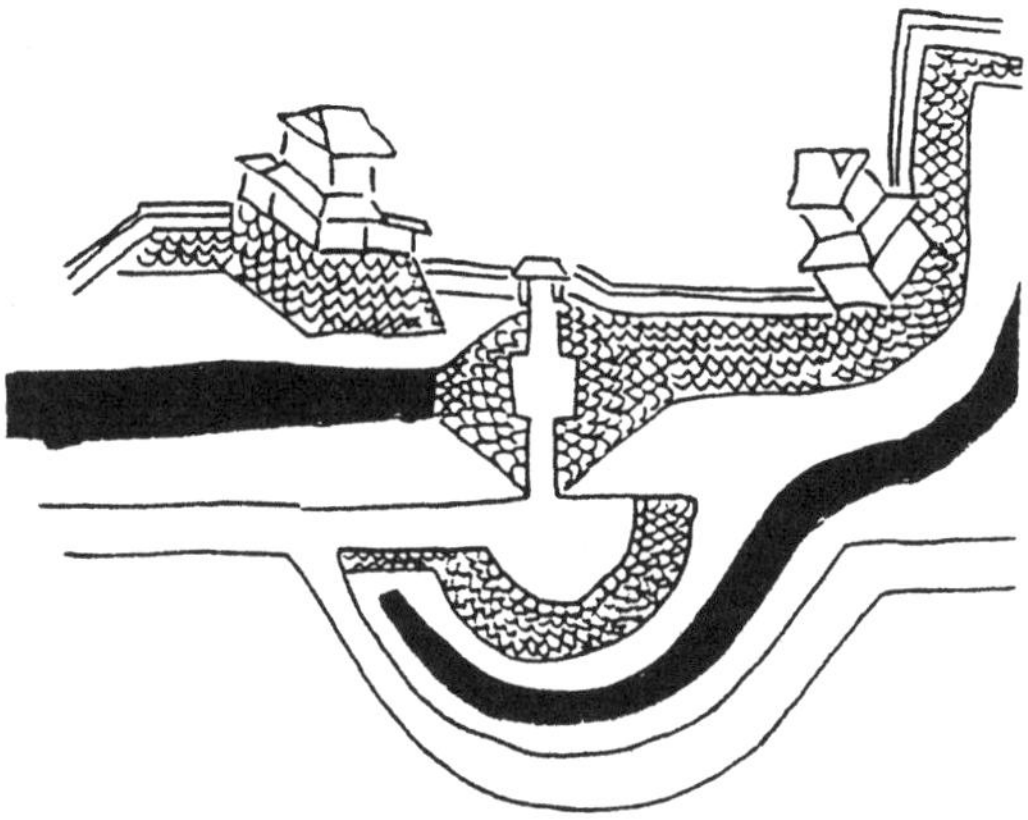

図７　岡崎城坂谷門丸馬出（岡崎城絵図をトレース）

図８　岡崎城絵図（後本多時代）に加筆（口絵、図９参照）

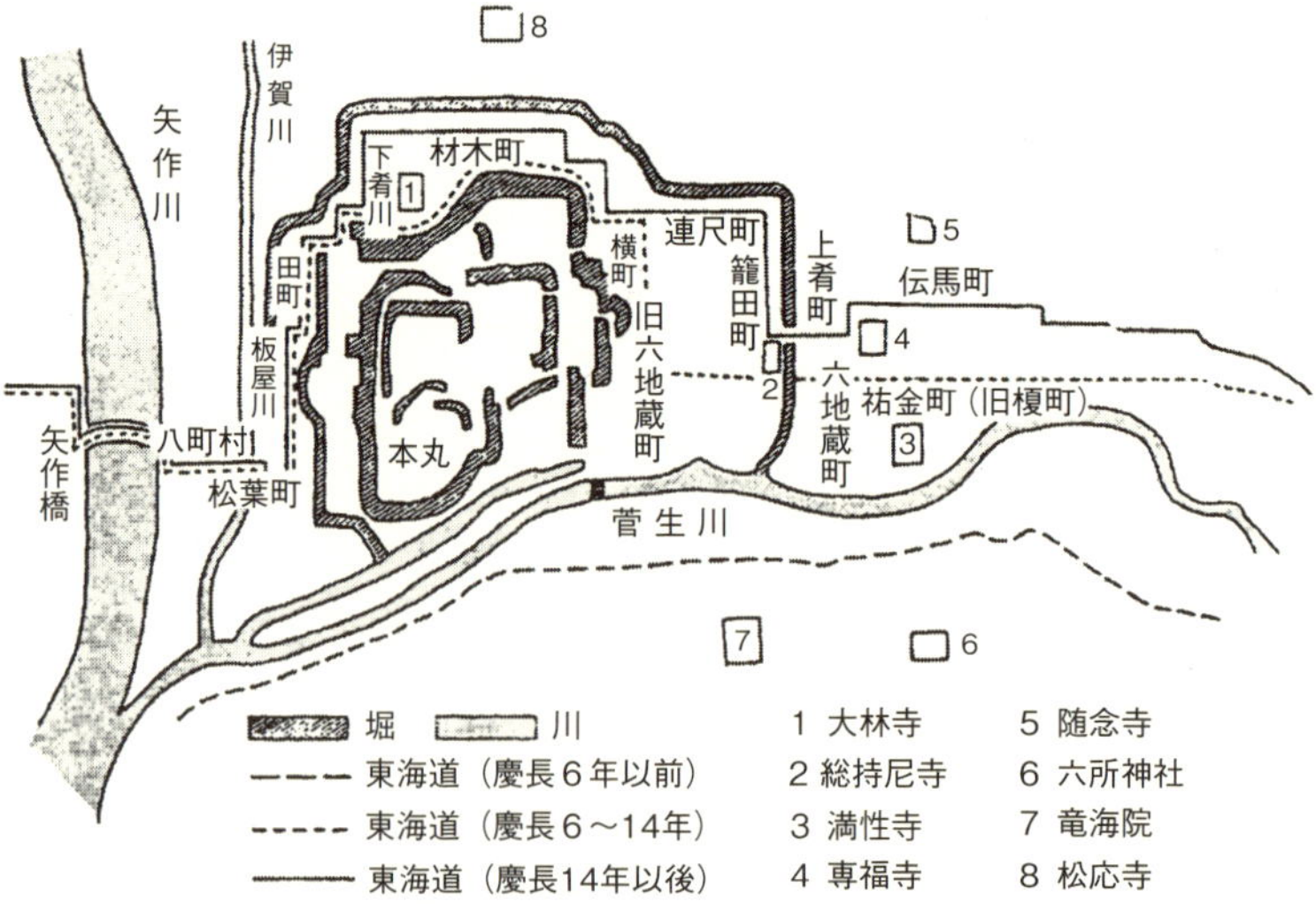

図９　東海道変遷図　『新編岡崎市史』３より転載

図10　竜城図（家康館）　岡崎市美術博物館蔵

色を消去するために、徳川氏のシンボルである丸馬出を築いたと考えられるのではないか。それも、最も目立つ大手門に対してである。江戸初期に築かれた丸馬出には、ⅡA1タイプが多く見られるのも、全国的な傾向の一つであった。

　次に、西馬出であるが（図7）、これは本多忠利により正保元年（一六四四）に築かれた。この馬出は、綺麗な半円形の丸馬出で両方に虎口を開口させ、背後に出枡形を備える。軍学の教科書に出てくるような整ったものであり、先の分類ではⅢB2タイプとなる。この丸馬出は、実戦用というよりはむしろ、視覚的な効果を狙ったものと言える。というのは、東海道を西から進んでくると、この坂谷門が真正面に見える位置にあたるのである。さらにちょうど、天守の直下にも当たっている。「竜城図（家康館）」（図10）のように、東海道を西から見ると、馬出の塀や門が、天守や本丸の塀や櫓と重層的に重なって見え、視覚的効果を発揮したと思われる。とくに、徳川幕府は西国大名を仮想敵国としており、これは、東海道筋を守る岡崎城が西に備えを厳重にしていたあらわれともみなせる。

　ⅢB2・ⅡB1タイプは、全国的な馬出の分布からみても、江戸の中～後期に多く造られており、次第に規格化されていったパターンとして読みとれる。

岡崎城の西馬出が作られたのは正保元年（一六四四）であるが、この頃は江戸幕府の城郭政策に一つの転換が見られる。それはいわゆる「正保城絵図」の作成、提出にかかわることである。「正保城絵図」は幕府から譜代、外様大名を問わずに提出を義務付けられた公式の絵図であり、全国から百六十枚余が集められた。また、その仕様も細かく幕府により規定されて、それらはほぼ同じ手法で統一的に書かれている。これらは、大名から幕府に提出された正式な絵図であり、その後の城郭修理絵図の基本図となっている。つまり、きわめて政治的色彩の濃い絵図といえる。[22]このような、幕府に対して居城の絵図を公文書として正式に届け出るに当たり、それを機に譜代大名の城では、改修を行い、居城の格式を高めようとする意識があったのではないか。丸馬出がこの時期に多く造られたのは、このことに関係するのではないか。

先に備前曲輪の丸馬出は、岡崎城の本来の大手門と先に推定した。実際には、江戸期を通じて岡崎城で「大手門」と呼ばれたのは、備前曲輪の北の浄瑠璃曲輪にあった。ここが大手門と呼ばれるようになった年代ははっきりしないが、東海道のルートが慶長十四年に備前曲輪の経路から付け替えられており、その頃に東海道のルートに合わせて設けられたと思われる。この「大手門」には、馬出は造られなかった。馬出は実戦的な防御施設であるが、虎口の前に位置するために、普段は交通の妨げとなる。実際、近世城郭に築かれた多くの馬出は、近代以降は邪魔な存在となり撤去されており、現在ではほとんど残っていない。戦乱の時期ならばともかく、江戸期においても長く太平の世が続いてくると、馬出はかえって邪魔になったのではないか。

逆に、丸馬出に代わる新たなシンボルとなったのが枡形虎口である。[23]岡崎城にも枡形虎口はいくつか見られた。しかし、枡形の前後に二つの門を持つのは、大手門と坂谷門、稗田門のみである。坂谷門は、先にみたように城全体のシンボル的な門として存在していた。稗田門は、直接東海道に面する場所にあり、岡崎城の搦手門として位置付けられていたのではないか。

大手門と搦手門として考えられる稗田門は、二つの門を備える枡形門であり、丸馬出に代わって、江戸期における大手門と搦手門として格式を示す門であった。

おわりに

以上のように、岡崎城の縄張りについて、とくに丸馬出を中心に検討してきた。丸馬出が岡崎城の縄張りを解釈する上でポイントとなり、それが徳川の城として政策的、シンボル的な存在であったことを指摘した。二つの築造時期の違う丸馬出の意味するところも、それぞれの時代背景に沿ったものであった。大手門も、枡形に二つの城門を設けることで他の枡形との差別化を図り、その格式を高めていたことを指摘した。本稿では、岡崎城の曲輪配置や天守の問題については検討対象から除外して、虎口と街道の関係から岡崎城の構造を考察した。今後は、曲輪配置を含めた検討も進めていきたい。

【註】

（1）浅野哲基「近世城郭における丸馬出について」（『愛城研報告』5、愛知中世城郭研究会、二〇〇〇年）。以下の近世城郭の丸馬出の分布については、同論文によるところが大きい。
（2）髙田徹「三河における織豊期城郭の石垣・石積み―大給城を中心として―」（『織豊城郭』三、織豊期城郭研究会、一九九六年）。
（3）拙稿「三河の武田氏城郭について」（『愛城研報告』創刊号、一九九四年）、池田誠「徳川家康築城技巧の一考察」（『中世城郭研究』10、中世城郭研究会、一九九六年）等がある。
（4）多田暢久「牧之島城」（『戦国の城・近世の城』新人物往来社、一九九五年）。
（5）千田嘉博「天正13年11月三河国の恐怖と城郭―東海地方の城館―」（中城研シンポレジュメ、一九九一年）。
（6）『小田原市史　別編城郭』（小田原市、一九九五年）。

（7）前掲註（1）論文。
（8）前掲註（2）論文。
（9）前掲註（2）論文。松岡進「戦国期・織豊期における築城技術」（『中世城郭研究』13、中世城郭研究会、一九九九年）。
（10）堀江登志実「岡崎城」（『西三河の城』郷土出版社、一九九一年）。
（11）奥田敏春「岡崎城」『愛知県中世城館跡調査報告』Ⅱ、愛知県教育委員会、一九九四年）。
（12）加藤理文「豊臣政権下の城郭瓦―中部地方を中心に」（『織豊城郭』創刊号、織豊期城郭研究会、一九九四年）。
（13）前掲註（12）論文。
（14）『吉田城址Ⅰ』（豊橋市教育委員会、一九九四年）。
（15）天守については、元和期に天守が建てられた際に「天守出来再建」と記されることや、藤岡通夫「三州岡崎城天守に就て」（『建築学会論文集』27、一九四三年）により、田中氏によって築かれた可能性が指摘されている。
（16）『新編岡崎市史』3近世（岡崎市、一九九二年）。
（17）前掲註（10）論文。
（18）その後、奥田敏春氏から、岡崎市美術博物館蔵（写真版）「中根家文書」の中に、この馬出の門を大手門と記したものが存在することを教示頂いた。
（19）岡崎市蔵「三州岡崎城絵図」（『岡崎城絵図』三河武士のやかた家康館）。
（20）前掲註（10）論文。
（21）前掲註（16）文献。
（22）神山仁「江戸時代初期の城郭絵図―正保城絵図と城郭修理願絵図の成立について」（『城郭史研究』17、日本城郭史学会、一九九七年）、白峰旬「城郭修補絵図諸元比較一覧表」（『愛城研報告』4、一九九九年）。
（23）前掲註（9）松岡進論文、千田嘉博「集大成としての江戸城」（『国立歴史民俗博物館研究報告』50、一九九三年）等。

第二部　進展した岡崎城研究

写真提供：髙田 徹

I
岡崎城の発掘調査

山口遥介

はじめに

岡崎城の発掘調査は、昭和五十五年の二の丸発掘調査以降、断続的に行われてきた。その多くは開発に伴うものであるが、平成十九年以降には史跡整備に伴う発掘調査も実施されている（表1。文献名は本稿末尾に記載）。

調査地点	調査年	調査面積（㎡）	文献
本丸	平成 7 年	16.2	文献 3
	平成 12 年	225.0	文献 4
	平成 25 年	140.0	
	平成 26 年	90.0	
二の丸	昭和 55 年	1500.0	文献 1・2
	平成 6 年	165.0	文献 2
	平成 19 年	255.6	文献 4
	平成 20 年①	47.9	
	平成 20 年②	56.0	
三の丸	平成 18 年①	45.0	文献 6
	平成 18 年②	400.0	
	平成 23 年	388.0	
菅生曲輪	平成 6 年	740.0	文献 2
	平成 12～13 年	6000.0	文献 3
	平成 14 年	150.0	
	平成 26 年		
東曲輪	平成 17 年	17.7	文献 5
	平成 18 年	—	
	平成 19 年	319.6	
	平成 20 年	750.0	
	平成 21 年	8.0	
	平成 27 年	81.9	
南切通し	平成 27 年		
白山曲輪	平成 23 年	27.0	
龍城堀	平成 9 年	5800.0	
大林寺曲輪堀	平成 16 年	277.0	文献 4
	平成 17 年	218.0	
	平成 18 年	708.0	
	平成 19 年	274.5	
	平成 20 年①	186.0	
	平成 20 年②	76.4	
菅生川端石垣	平成 27 年	25	
	平成 28 年①	20	
	平成 28 年②	334.6	

表1　岡崎城における主な発掘調査履歴

これまでの発掘調査は、本丸をはじめとする中心部から外郭部まで幅広い範囲で行われていることから、本稿では曲輪ごとの発掘調査成果の概要を紹介する。

本丸

本丸では、平成七年に天守台西面下の通路部分にて柵設置工事を行い、これに伴って調査が実施された。表土下には瓦を含む層が確認され、さらにその下には通路下の石垣天端《てんば》石と高さを揃えて、板石が敷き並べられていた。板石は厚さ一〇cmほどで、天端石の控え部分を覆うように配置されている。板石の目地には漆喰が塗り込められていたことから、石垣裏側への浸水を防ぐ目的で設置されたものと思われ、城郭中心施設としてていねいな構築方法といえる。

写真1　四半敷き遺構

平成二十五・二十六年には、本丸内に建つ神社の社務所と斎館《さいかん》の建て替えに伴う発掘調査を実施した。平成二十五年は持仏堂曲輪の馬出から土橋を経て本丸に入る虎口を抜けた西側で調査を行い、この虎口を抜けたすぐ正面西脇にて四半敷き遺構を確認した（写真1）。四半敷き遺構は、一辺四五cmの正方形の瓦を縁に対して目地が四五度になるように斜めにして床に敷いたもので、東側は攪乱により削平されているものの、南北二・五m、東西三・七mの範囲で確認された。

南北の縁石は長軸五〇cm程度の花崗岩だが、西側の縁は拳大の小礫で仕切られるのみであった。縁石付近で出土する遺物は江戸時代後期のものが多く、構築年代を示している。また、四半敷きの直上からは鉄製の鎹《かすがい》が多く出土していることから、この四半敷き遺構は建物の床面を構成していたと思われるが、当該地に建物があったことを示す絵図や史料は確認できない。しかし、四半敷き遺構の存在は本丸内に格式の高い建物が建っていたことを示唆している。

上：写真２　二の丸全景　下：写真３　二の丸石組溝

二の丸

二の丸（写真2）は、本丸・持仏堂曲輪の北に位置し、近世には城主が居住する御殿が置かれていた。平成五年に「大手門」として建設された門があるが、本来はこの門の南に、二の丸正門である「七間門」があったと推測される。

昭和五十五年の資料館（現、三河武士のやかた家康館）建設に先立って二の丸西側で発掘調査が実施され、江戸時代の遺構として井戸跡・石組列・石組溝（写真3）などが確認された。石組は調査区の南側を除く三方で確認され、一～二段組みとなっており、塀の基礎部と考えられる。出土遺物では、土師質土器の皿類が多く出土し、炭化物が付着するものも多く、灯明皿としての使用が明らかなものもある。また、焼塩壺や土鍋では魚骨なども出土し、陶磁器には青磁や白磁などの舶載品も含まれることから、当時の御殿での生活の一端が垣間見える。一方で、瓦類は水野家や後本多家時代のものが少量出土するのみで、出土地点も限定的である。このことから、持ち去りや片付け行為があったというよりは、「龍驤図」に描かれるように、御殿の主要建物は檜皮《ひわだ》や柿などの植物性の屋根であり、瓦は門や塀などに限定的に使用されたと考えられる。

二の丸については、「参州岡崎二之丸御住居図」（安永六年写）が残されており、発掘調査との比較が可能だが、昭和五十五年の調査成果や平成十九年の調査で確認された井戸跡については、絵図と正確に合致せず、今後の課題として残る。

三の丸

三の丸は、重臣が居住する武家屋敷が配置されていた曲輪にあたる。現在は国道1号線により分断され、北側は商業地区を中心とした市街地となっている。

平成二十三年の発掘調査にて、二の丸虎口である丸馬出の東側、切通しを上がった東側にあたる箇所を調査したところ、調査区全体にわたる大規模な堀（ＳＤ０３３）を検出した。堀東側では端部が確認され、西側では調査区外へ延びるため全形は不明だが、三日月状を呈する堀が確認された（写真４）。堀は地山を掘りこんだ素掘りで、幅六・六ｍ、最大深さ三・一ｍを測る。堀底はＶ字方状に尖り、堀底幅は約五〇㎝と狭い。堀の傾斜は外側が六五度、内側が三八度で立ち上がる「片薬研堀《かたやげんぼり》」の断面形状となるが、内側の法面《のりめん》中腹に幅一ｍほどのテラスが認められる。堀の堆積状況からは、一括で埋められたのではなく順次埋没したと考えられる。堀からの出土品はわずかであり、構築時期や埋没時期を確定することはできない。ただ、近世の絵図にこの堀が描かれたものがないことから、中世段階で埋没したものと想定できる。

写真４　三日月堀断面

岡崎城周辺では、西尾城（西尾市）で丸馬出が発見されており、武田氏滅亡後の天正十三年（一五八五）に大がかりな土木工事に関する記録が残ることから、家康が召し抱えた武田家臣団の技術により丸馬出が構築された可能性が指摘され

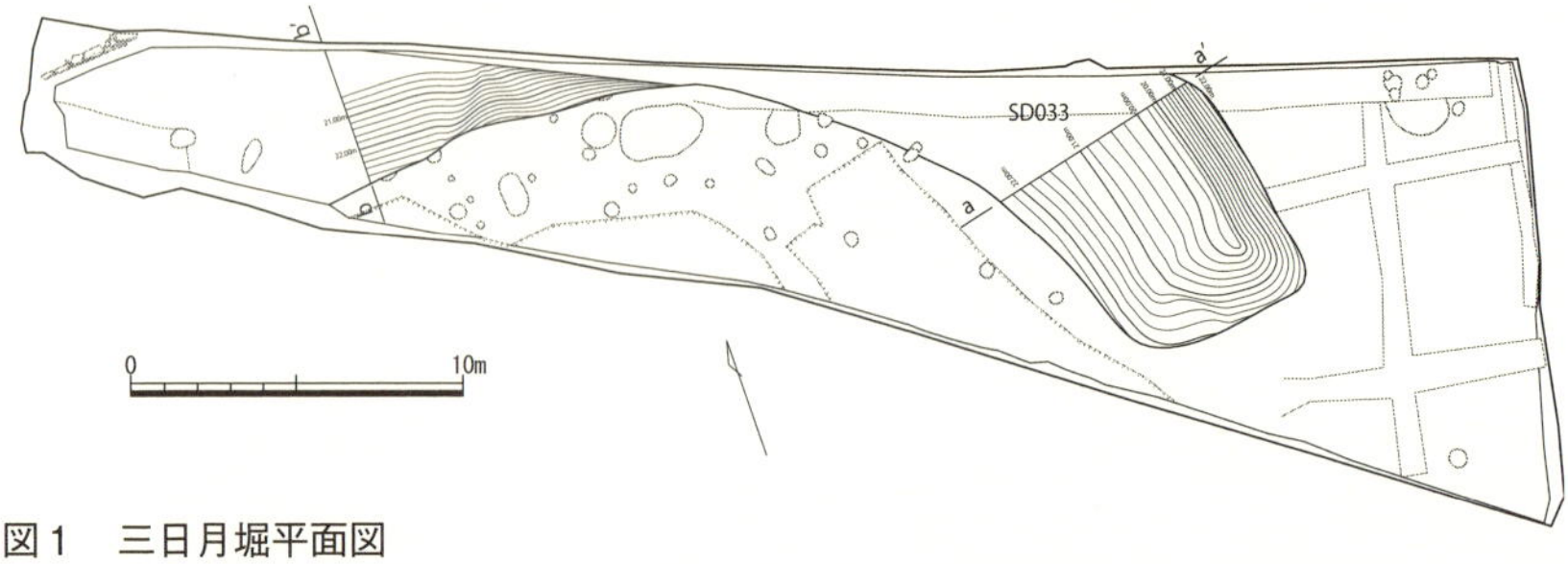

図１　三日月堀平面図

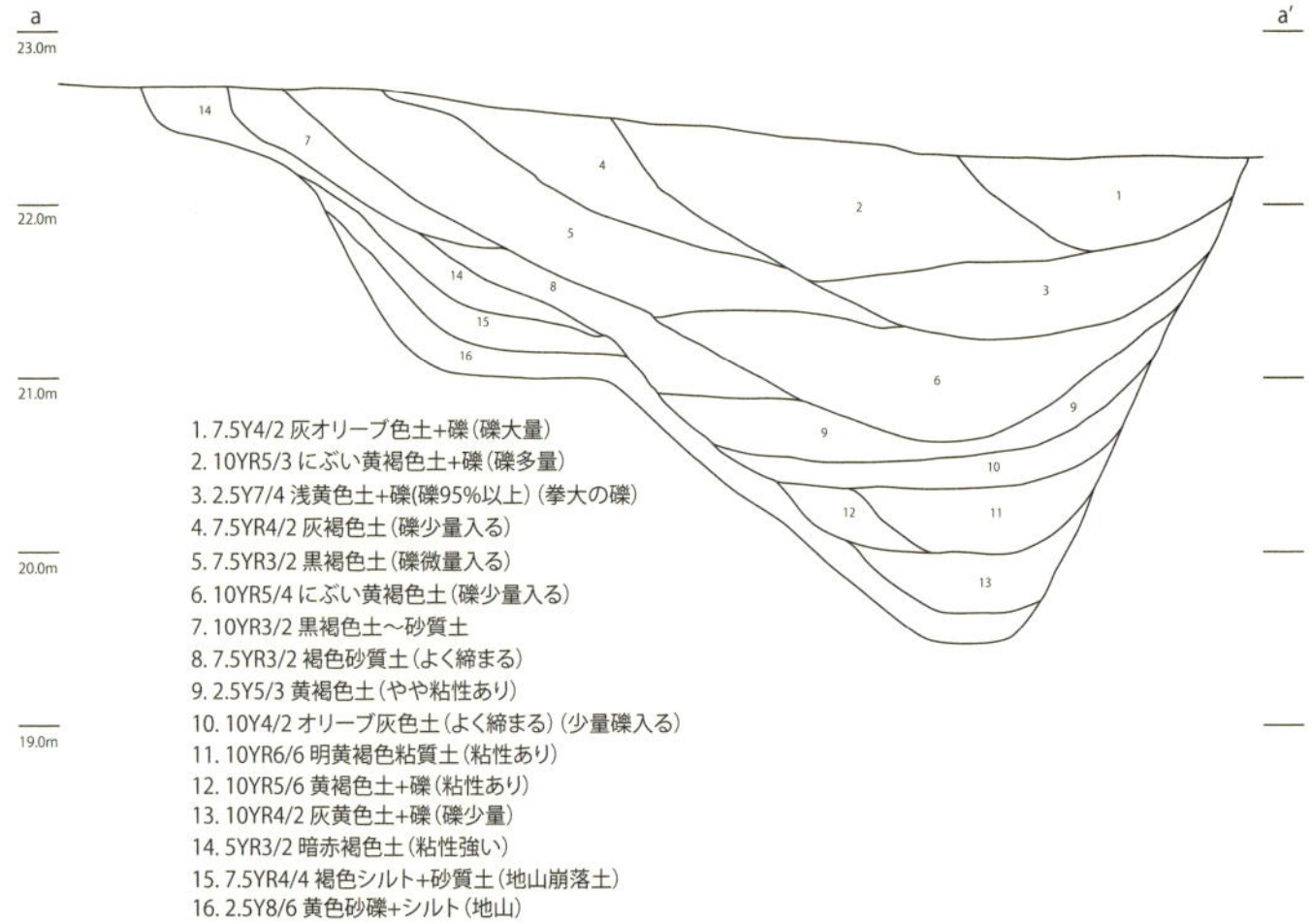

図２　三日月堀断面図　『岡崎城跡Ⅱ—東曲輪—』より転載

ている（松井直樹「第三章　まとめ」『西尾市埋蔵文化財調査報告集第十八集　西尾城跡Ⅰ—遺構—』西尾市教育委員会、二〇〇八年）。

　また、近年では天正三年の長篠の戦い後、武田氏に奪われていた城を奪還した徳川氏が武田方のもつ防衛機能を巧みにとりいれて改修を行ったという指摘もある（加藤理文「山城の再利用（補修と改修）」『静岡における戦国山城』静岡県考古学会、二〇一〇年）。これらのことから、この三日月堀を伴う丸馬出について、天正三年から天正十八年の田中氏入城までの間に徳川氏主導で構築されたと推測することも可能であろう。

東曲輪

　東曲輪の南縁辺部と法面裾部の石

垣について、史跡整備を目的に平成十七年度の試掘調査から継続的に調査を行い、平成二十三年度には東隅櫓・築地塀・石垣整備が完了している。

平成十九・二十年の調査では、曲輪法面および法面裾部の石垣の状況が明らかとなった（写真5）。裾部の石垣は菅《すご》生《う》曲輪と東曲輪を画する堀の石垣にあたり、延長約四五ｍにわたり検出され、西側では裾部の石垣の上部に土羽を挟んでさらに石垣が約一五ｍにわたり構築されていた。裾部の石垣は高さ二・〇ｍまで検出したが、湧水により最下部までは確認できていない。上部の石垣は高さ一・四ｍであるが、根石は法面に埋没している。

写真５　東曲輪の石垣

法面の構造をみてみると、東側は自然地形を削り出したままではなく、削り出したうえで版築により法面を突き固めることで強固な法面を形成していることがわかる。一方の西側では顕著な版築が確認されず、法面の石垣が土留めの役割を担ったと思われる。

石垣は粗加工《あらかこう》石材を使用し、石材法量や形状において規格性の高い石材で布積みされている。斜面の石垣は、堀石垣に比べて石材がやや小振りで一部布積みの目地が乱れるなど、積み直しが想定でき、これが東側と西側の法面強化の違いと関わるかもしれない。

菅生曲輪

菅生曲輪は三の丸南に位置し、主要部の曲輪とは段丘崖で隔てられ、上位の曲輪とは比高差が約八ｍある。菅生曲輪は田中氏から前本多段階までに築造されたというが、詳細は不明で江戸時代を通じて家臣団の屋敷地であった。発掘調査は平成十二年～十三年に地下駐車場の建設計画に伴って発掘調査が実施されたが、その後は保存されることとなった。調査区中央を東西に龍城堀の続きが現れ、この堀の南北に屋敷地が広がることが確認された。また、水堀に面して石垣が築かれ、南北の屋敷地は土橋で繋がっていた。屋敷地にて道路跡や井戸跡、廃棄土坑など当時の生活を物語る遺構が多数検出されたものの、屋敷の建物配置を復元できるほどの建物跡は明確には検出しえなかった。出土遺物の大半は瀬戸美濃産の陶磁器類であるが、わずかながら肥前系磁器である色《いろ》鍋島《なべしま》の磁器が出土するなど、当時の流通を考えるうえで重要な遺物も出土している。

また、部分的な下層面の調査では、詳細は不明だが中世の遺構・遺物も確認されたことから、菅生曲輪の造成が近世に初めて行われたわけではないことが明らかとなった。

大林寺郭堀

平成十八年に開発を伴って発掘調査が実施され、堀北側の法面に総石垣（写真6）が確認された。石垣を構成する石材は野面《のづら》石で、石材の法量や形状に統一性はない。乱積みあるいは布崩し積みで、石材の点で石垣面を形成し、石材間の空隙に間詰《まづめ》石を充填する。間詰石は円礫《えんれき》の川原石を主体とするが、花崗岩の小材も一部でみられる。また、裏込めは円礫を使用し、その幅は八〇cm程度で一mにも満たない。石垣が上下二段に分かれ、間に犬走りをもつ高石垣であることも、石垣構築技術の観点からは文禄〜慶長年間の構築に位置付けられるものと思われる。これまでは、文献史料から本多康重が家康の命により構築したと考えられてきたが、田中吉政《よしまさ》段階まで遡る可能性も含めて検討すべきである。

菅生川端石垣

岡崎城の南側にあたり、菅生川に面する石垣である（写真7）。現状では石垣が数段、場合によっては天端石が見えているのみであったが、平成二十七年の試掘調査により、石垣のほとんどが埋没しながらも良好に残存していることを初めて確認した。その後、平成二十八年から二十九年にかけて、石垣の両端部や最下部を確認する調査を実施した。部分的な調査ではあるが、埋没した石垣の残存状況がよいことから、絵図に描かれたとおり、約四〇〇mにわたり途切れることなく残存するものと思われる。最も広い調査区では、約六五mにわたって石垣を検出した。

また、石垣最下部の根石とその下に据えられた胴木および杭木も確認され、石垣の高さが五・四mに及ぶことがわかった。絵図に描かれたとおり、一連の石垣に三箇所の突出部があることもわかり、枡形あるいは櫓台と考えられる。約八〇m間隔で設置されており、当時の有効射撃距離を考えた配置であることがわかる。さらに、石垣の両端部とも確認ができ、東側では菅生門の土台となる石垣の隅角部までが確認された。

上：写真６　大林寺郭堀　下：写真７　菅生川端石垣

石垣の構築の記録（文献）によれば、岡崎藩三代藩主・本多忠利《ただとし》によって寛永年間から構築が始まり、正保元年（一六四五）までには完成していたとされる。なお、この石垣を構築するにあたり、「籠崎堤」と呼ばれる人工堤も同時に築き、菅生川の本流をより南に寄せている。岡崎城の主要部は丘陵上にのるが、菅生曲輪や白山曲輪などは低地に位置し、河川の増水時には浸水被害の出ることが容易に想像できる。こうした低地部にある曲輪の保護のため、菅生川

本流に対する人工堤と石垣堤防の二重の備えとしたことが考えられる。一方で、防衛上の視点からみれば、菅生川本流を外郭の外堀に、籠崎堤と菅生川端石垣に挟まれた小河川を中堀に、さらに内郭に龍城堀（内堀）を備えた三重の構えとみることも可能かもしれない。

発掘した石垣からは、何度も改修されたことが積み方から想定されるが、最も広い調査区のうち、西側隅角部の下から三段目までは粗割《そわり》石を使用し、左右に引く算木《さんぎ》積みで角脇石《すみわきいし》も備える。両石材ともハツリ・スダレ仕上げが施されるが、石材の規格性にやや欠けることや、介石《かいいし》による調整が行われた点などを考慮すると、寛永期よりも古相を示すと考えられる。これより上部は精加工を指向した切石となることから、時期的には寛永期に収まるものと思われる。また、築石《つきいし》部では隅角部下段に対応する部分で野面石あるいは粗割石が使用され、横長石材が布積みを指向して積まれる。築石に矢穴《やあな》痕跡を残すものがないものの、間詰石が花崗岩の小材が主体となる点などを考慮すると、隅角部の下部と同じ時期に収まるものと思われる。基底部は発掘調査区約六五m区間で確認でき、この時期の構築状況を示していると思われる。しかし、これより上部は自然石や矢穴痕跡が残る規格性のある粗加工石が布積みで積まれるなど、数時期にわたって積み直しや補修が行われたことがうかがえる。

岡崎城の石垣

岡崎城の石垣のうち、現在も地表面に現れているものは言うまでもなく重要な遺構であるが、これまでに石垣に関する研究はほとんどなされていない。唯一、天守台石垣については、天守の築造年代の検討のなかで考察されているが、石垣に主眼を置いた研究はやはり少ない。

天守に関する研究として、『岡崎市史』では本多康紀《やすのり》の時代、元和三年（一六一七）に初めて築造されたとしているが、昭和十七年（一九四二）には藤岡通夫により元和の天守は再建とする説が出されている。藤岡は、「竜城中岡崎中分間記」

に「一、元和年中岡崎殿主出来」「一、元和年中岡崎之城天守出来、再建」とあることを指摘し、天守台石垣の築き方が文禄以前の様式であるから田中吉政の築造とし、元和年中の天守を再建とみるのが正しいとした。また、天守の規模に関する記録や天守台跡の調査から天守平面を復元すると、方形平面であった元和以前の天守が改修されて長方形平面となったと推定した。そして、古写真からも天守が江戸時代以前の古い形式を一部残しているとし、元和以前にも天守があって、元和年間に一部を建て増ししながら再建したとみるのが妥当と説いている。藤岡は天守の建築年代を検討する中で石垣についても考察しており、先に挙げた天守台石垣を文禄以前の様式とし、天守および附櫓では天守台石垣の手法が古く、附櫓石垣が元和に増補されたとした点は示唆に富む。

一方、『新編岡崎市史3　近世』（一九九二年）では、藤岡の論を補強する形で、掛川城の天守が天正十八年（一五九〇）に山内一豊《やまうちかつとよ》によって築造され、慶長九年（一六〇四）の大地震での倒壊により元和七年に再建されたことを事例に挙げ、岡崎城でも同様の事情で、田中吉政による天守築造後、元和三年に再建された可能性が高いとしている（一九九二年）。この考えが現在も岡崎城天守に関する一般的な解釈となっている。

近年、千田嘉博は岡崎城の天守台石垣などが天正末期まで遡るとし、城内の石垣の一部は家康領有時代に築いた可能性があるが、石垣は全面的ではなく、限定的に用いられたと推測した（同「家康と城」〈『歴史REAL天下人の城』洋泉社、二〇一七年〉）。天守台石垣以外の石垣については明確な地点の明示はないが、石垣の一部が家康領有時代まで遡るとの指摘はこれまでなく、今後、慎重な検討が必要である。

実際に天守台石垣のうち、南面と東面の隅角部の下部には、算木積みの概念すらない巨大な自然石を重ね積みした隅角部が残るなど、石垣の導入を田中吉政の入城を契機とする考えに疑問を抱かせる石垣も存在する。また、天守台石垣東面の中段には、周辺の近世城郭では屈指の巨大な鏡石を二石配置しており、田中段階の遺構として高く評価できる部分も残る。

　こうした城内に残る石垣についても、今後、詳細な調査が必要である。平成二十六年に岡崎城内の石垣の基礎調査として、石垣の現状を把握する調査を実施し、平成二十九年にはこれを基に「石材の積み方」や「石材の加工度」、「隅角部・築石部」に段階的な変遷を追うことができるとの視点に立ち、石垣の分類やその変遷について調査を進めている。一部は本文中で触れたが、今後、城内の石垣の年代や変遷についても明らかになることを期待したい。

おわりに

　平成二十八年度に改訂策定された「岡崎城跡史跡整備基本計画―平成二十八年度改訂版―」では、城郭遺構の内容把握を目的とした発掘調査を計画的に実施していくことが方針づけられた。今後、学術的な視点での発掘調査により、さらなる城郭遺構の解明が期待される。また、石垣研究についてもまだ端緒についたばかりであり、今後の調査により、岡崎城における石垣の導入とその発展について明らかになることを期待する。

【表1　文献一覧】

文献1『岡崎城二の丸跡』（岡崎市教育委員会、一九八二年）。
文献2『岡崎市史研究』22（岡崎市教育委員会、二〇〇〇年）。
文献3『岡崎城跡菅生曲輪発掘調査概報』（岡崎市教育委員会、二〇〇三年）。
文献4『岡崎市史研究』25（岡崎市教育委員会、二〇〇四年）。
文献5『岡崎城跡Ⅰ―二の丸・大林寺郭堀―』（岡崎市教育委員会、二〇一一年）。
文献6『岡崎城跡Ⅱ―東曲輪―』（岡崎市教育委員会、二〇一二年）。
文献7『岡崎城跡Ⅲ―三の丸―』（岡崎市教育委員会、二〇一六年）。

コラム①　石垣にある門の痕跡

高田　徹

岡崎城の本丸西側には、坂谷に下りる虎口がある。現在は、ほぼ直進する通路がついている。舗装され、ぎりぎり軽自動車が通れるだけの幅を持つ。舗装されているため、現状では礎石が残っているかどうかは確認できない。

しかし、付近の石垣を注意深く観察すると、上方には方形に石を欠き込んだ状態が認められる。欠き込みは約二〇㎝四方で、深さは約五㎝ほど。向かい合う石垣に、ほぼ同じ位置、高さに一つずつ設けられている。

北側石垣の欠き込み

これは何だろうか。結論を急げば、この場所にあった門の痕跡である。欠き込み部分には、扉の上部にあった冠木を渡していた。冠木の位置がわかれば、①扉の位置・幅が判明する、②門の親柱が建っていた礎石の位置が類推できる、③嵩上げはなされているが、扉の高さ（地面から冠木までの高さ）が推定できるようになる。

江戸期に描かれた絵図によって、付近の様子を確認してみよう。絵図に描かれた門は、冠木の上部に土塀が載った埋門のようになっていた。門を入ったところで、通路は右（南）に折れて本丸に到達した。門の外側には土橋が延び、土橋の先端は石垣で狭めていた。土橋はさながら枡形のようになっていたのである。土橋の痕跡は今も残るが、先端の石垣は失われている。絵図では門の南北にそのまま土塀が延びた様子が描かれている。絵図に基づけば、④欠き込みの南北の石垣上に土塀が続いていたことも判明する。

現在の岡崎城には、当時の建築遺構は残されていない。ただし、注意深く観察すれば、ここに取り上げた門に関わる欠き込みも見られるし、他の虎口では門の礎石を残しているところもある。こうした遺構を通じて、かつて存在した建物構造の一端が明らかになるし、イメージを膨らませることもできる。他にも同様の遺構が、岡崎城跡（岡崎公園）には存在しているのではないだろうか。

Ⅱ　絵図にみる岡崎城

堀江登志実

はじめに

城絵図は、城の縄張りを論じる際に、城の構造を説明する資料として従来から使用されている。縄張りの固定した近世では、一城絵図により構造が説明される傾向があるが、近世の城絵図には、城郭地の利用面でのさまざまな情報が盛り込まれている。

また、城絵図は文献の補完資料としても利用されてきた。文書に記された情報、さらには文書では表現できない情報、文書にはない情報がビジュアルで表現されることにより、文字情報の理解を助け、補ってきたといえよう。

これらの城絵図の持つ多面的な情報を引き出す手段に、城絵図の比較がある。城絵図をできるだけ多く集めて比較することにより、相違点を見つけ、編年的検討を加えるのである。同じ図様の城絵図でも、写しが作成される過程で部分的に描き替えられたりすることがある。比較することにより、武家地と町人地の構成の違い、家中屋敷の推移など、領主の城郭支配の変遷を知ることができる。本稿は、この視点から、岡崎城絵図について時代別に分類し、比較検討を加え、その推移を文献資料と突き合わせて城の変遷を追うものである。ここでは、城絵図を主体に、その補完資料として文献資料を扱う。

伝来する岡崎城絵図は、ほとんどが近世の状況を描いたもので、城主による年代別の分類ができる。近世の岡崎城主は、慶長六年（一六〇一）に入部した本多康重に始まる本多氏四代の約四十五年間、そのあと正保二年（一六四五）

の水野忠善《ただよし》に始まる水野氏七代の約百十七年間、宝暦十二年（一七六二）に始まる松平康福《やすよし》一代の約八年間、明和六年（一七六九）の本多忠粛《ただとし》に始まる本多氏時代の約百二年間であるが、系統の違う本多氏を区分するために、岡崎では康重に始まる本多氏を前本多、忠粛に始まる本多氏を後本多と呼んでいる。また、絵図の分類のうえでは、松平氏時代は八年の短期間であり、同時代に特定できるものがないことから、本稿での絵図の時代分類は、前本多時代、水野時代、後本多時代の三分類とする。なお、前本多時代を遡る田中吉政時代や徳川家康領有時代の絵図はみられない。時代分類の絵図のなかで、比較的数が多く、流布していたとみられるのが、前本多と水野時代の図である。後本多時代の図は、相対的に数が少ない。

岡崎城絵図は、その図様から、総構の内側と外周を描くもの、総構と外周、さらには東部に展開する伝馬町・両町・投町の城下町を含めて描くもの、さらには、総構のうち内郭と呼ばれた中枢部分のみを描くもの、内郭を空白にして外郭のみを描くものなどがある。これらの絵図のうち、総構の内側と外周を描く図が、岡崎城絵図の基本となる図である。

岡崎城は、南を菅生《すごう》川、西に松葉川、北と東は総堀によって囲まれた部分が総構となる。絵図の構成要素として、菅生川と松葉川、さらにその西の矢作川をも多くの絵図が取り入れており、岡崎城の位置関係を示すうえで、重要な要素となっている。総構の内側は武家地と町人地に分けられ、町人地を東海道が通過する。総構のなかを通ることに特色があるが、城内での東海道往還は、道筋の多さから二十七曲がりとよばれている。東は籠田《かごだ》総門から西の松葉総門へと、武家地の区域をとり巻くように抜け、矢作橋へと続いている。

また、総構の外には東部に伝馬町・両町・投町があり、これらは城下町・宿場町として東海道沿いに城東域へと発展・展開を示すものであるが、これらを含めて、岡崎城絵図として描くものは、岡崎城下十九か町の全貌を伝えるものである。

近世初期の岡崎城を描く

現存する絵図のなかで最も古く、近世初期の岡崎城を描いたのが、図1の西尾市岩瀬文庫所蔵絵図である。前本多時代とみられる絵図のなかでも、時代が最も古い。

その理由として、一点目は、図2以下に描かれる白山曲輪の馬出がみられない点である。坂谷曲輪から白山曲輪への馬出は、西搦手とも呼ばれる。図1で三の丸の東に描かれる東馬出は、「龍城古伝記」によると慶長七年（一六〇二）に造られるのに対して、この西馬出は造成時期が遅れるようである。造成時期については、正保年中（一六四四～四七）とするもの（「龍城中岡崎中分間記」）、寛永元年（一六二四）とするもの（「龍城古伝記」）の二説あるが、寛永元年説が妥当と思われる。

二点目は、図1では菅生川が本丸近くまで流れ込んでいるが、本多時代の図2以下では、川からの流水は堰止められて籠堤、籠崎堤が描かれる点である。籠崎堤は、川の流水から城郭を護るもので、「龍城中岡崎中分間記」によると、「菅生門より稗田御門迄、惣土居にて土居際を水流候を、伊勢守殿代籠崎堤出来る、川も南へ寄る、菅生御門より稗田御門迄惣石垣になる」とあり、城主である本多伊勢守忠利時代に籠崎堤を築き、川筋を南方に寄せたという。

三点目は、菅生曲輪の東を南北に区分する堀が図1では描かれず、「新土居、石垣なし」と記されように、土居があるのみであることである。図2以下でこの場所に描かれる堀は、近世の岡崎城では内郭と外郭を区分する重要な堀であり、これが描かれていないことは、内郭と外郭の区分がまだ徹底していない点がうかがえる。

以上の点から、本図が最古の絵図と断定する。本図では侍屋敷、士屋敷が明示され、町方はねずみ色で示されている。図1のみならず、前本多時代の絵図に共通する点であるが、郭内通路に一部、行き止まりや屈折がみられる。これは、城郭の防御を意図したものとみられる。この城郭内の通路は水野時代の絵図では道がつなげられ、生活通路としての

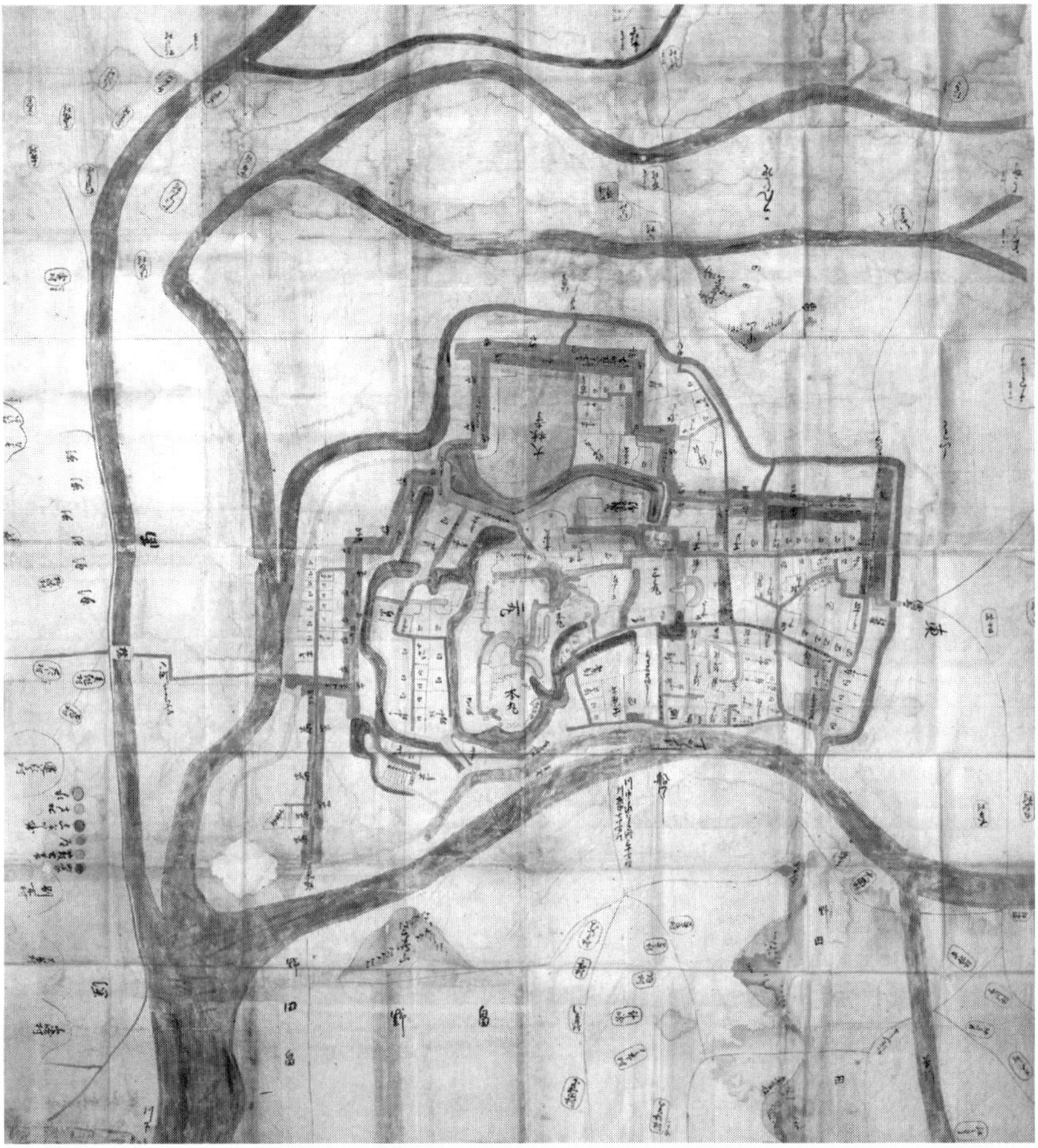

図１　前本多時代の岡崎城絵図　口絵参照（以下、同）

機能を重視したものへと推移していく（図4・5など参照）。

本図には、菅生川南に、「船わたし」、「川巾水なき時三十間程、川惣巾七十間程」とあり、渡船場の位置を知ることができる。渡船場の北岸には「厩」とあり、これは「龍城中岡崎中分間記」に「右渡船場前ニ下馬と号百疋立之厩有之、家中備馬之由」とあるように、岡崎藩用の馬屋である。

本図の郭内東南に、「念誓」と記された松平念誓の菅生屋敷がみられる。念誓の菅生屋敷とは、徳川家康が松平親宅《ちかいえ》（念誓）に与えた屋敷のことである。親宅は長沢松平家庶流の家筋の人物で、家康から上林越前と額田郡土呂《とろ》村で製茶を命じられ、土呂にも屋敷を拝領し、茶壺（銘初花）献上の功により酒造の独占権を認められたことで知られる。家康が関東に移封されたあと岡崎城主となった田中吉政の時代にも、念誓の菅生屋敷地は認められ、関ヶ原合戦後、親宅は三河目代として、さらに親宅の跡を継いだ親重（二代目念誓）も、三河代官としてこの菅生屋敷を拠点に幕府領の年貢徴収に関わった。この屋敷は親宅の孫である重忠の代まで使用されたが、岡崎城主水野忠善時代に投《なぐり》町に替え地が与えられ、郭外に出た（『新編岡崎市史』第2巻、第3巻）。図5の水野時代初期の図では、「子（ね）ンセイ屋シキ」として、まだ郭内にある。名古屋市蓬左文庫所蔵の「三州岡崎城図」も水野時代の図であるが、「祢せん屋敷」として郭内に記される。

なお、念誓屋敷の近くに善立寺がみられるが、善立寺も水野時代に郭外に出た。「龍城中岡崎中分間記」に「善立寺地替る」とあり、その年代は、同書が記す六地蔵町・祐金町・唐沢町の正保四年（一六四七）の郭外への移転と同じ頃であろう。

城普請を描く

図2も前本多時代の図であるが、侍屋敷・町屋の区別は明示されずに、街路中央に朱線を引き、その長さの間数を示す。大手門近くの堀に石垣が描かれたり、「此角石垣築、矢倉上ケ可申所」と記されるように、石垣など城郭構築の行われる寛永から正保の頃の様子を描いたものとみられる。大林寺の西には、「此堀之所ニ土居無御座候故、大水之時くるわの内迄水入申候間、堀之所ニ高サ弐間ニ土居つき、外ニ堀ほり可申所、但間数百四十間余」、また、大林寺曲輪堀南の黄色部分には「此土居間数十九間余屏かけ可申所」とあるなど、城普請工事の内容が記される。

図2では、連尺町と木町（材木町）の間に「くこ町」が記される。「くこ」は久後切の地名によるもので、田中吉政が天正十九年（一五九一）、城郭を拡大するとき、この住民を菅生川の南、久後村に移したとされる。その名残であ

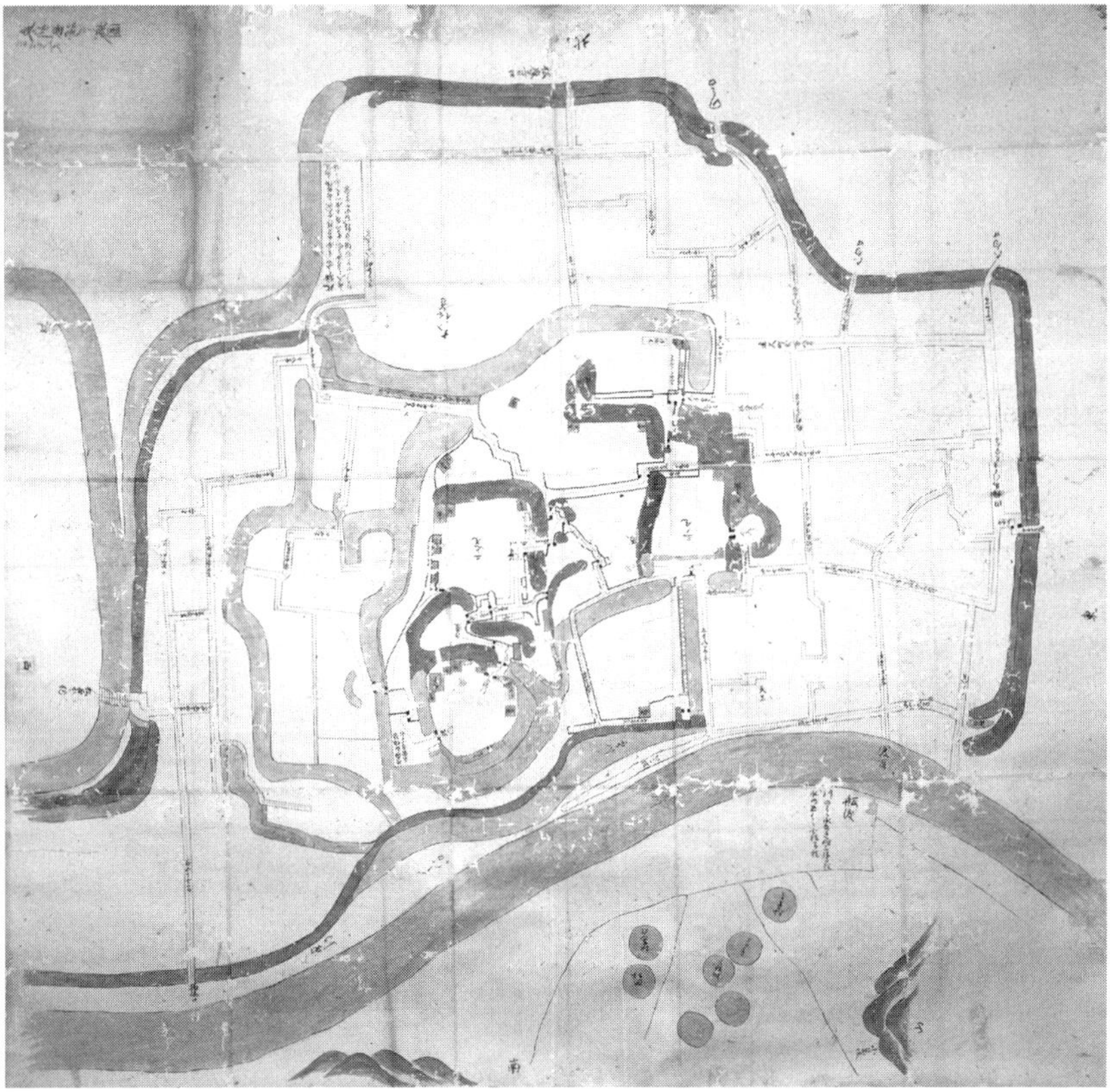

図２　前本多時代の岡崎城絵図

ろうか。「くこ町」は前本多時代の図にのみ見られるもので、水野時代には「くこ町」の東側に新道が作られ、東海道の付け替えが行われる。この新道は図６以後の図にみられ、蓬左文庫の絵図（目録、図—二四八）では「新町」と記されており、のちに連尺新町となる。

　図２の東馬出の東側の通りには、「六地蔵町」が記される。六地蔵町は、水野時代の正保四年（一六四七）に場所が変わり、総構の外の現在地に移る。「龍城中岡崎中分間記」によると、「正保四年に六地蔵町・祐金町・唐沢町地替る、先城主代六地蔵町は杉太郎右衛門屋敷通り川端迄、祐金町は中之馬場通り、唐沢町は浅井太郎右衛門迄、大久保伝平・友松弥五右衛門屋敷前通り迄」とあり、六地蔵町とともに祐金町、

唐沢町も総構の外へと移転している。これは、岡崎城主水野忠善の総構内における武士と町人の居住区域の峻別政策によるものである。なお、同書によると、六地蔵町は川端まであったと記しているが、絵図では六地蔵町の南は行き止まりとなっている。六地蔵町は菅生川で運ばれた船荷の荷揚げ運搬人足に関する特権をもっていたが、これは、同町が古くは菅生川川端まであったことによるものである。六地蔵町の南は城郭防衛のために遮断され、さらに舟運の荷揚げ場所である「桜馬場土場」の成立により、六地蔵町は郭外に出ると考えられる。

図2には、浄瑠璃曲輪に「御城米」と記されるが、これは幕府が全国の大名居城に配備した兵糧米、備蓄米の蔵を示す。城詰米とも呼ばれ、延宝四年（一六七六）には、全国五十九の城に合計二十四万石の米が蓄えられ、岡崎城には三千石が備蓄されていた。「龍城中岡崎中分間記」によると、「御城米、以前ハ浄瑠璃曲輪斗りニ有之処、慶安二丑年鳥山牛之助殿金七百両余手代ニ相添へ来り、稗田ニ弐間半梁三十間之蔵立」とあり、当初は浄瑠璃曲輪だけに城米蔵があったが、のちに慶安二年（一六四九）、幕府領三河代官の資金により、稗田曲輪に御城米蔵が建てられている。稗田曲輪の蔵は、図5、図6など水野時代以降の図にみられるようになる。

城東に点在する侍屋敷

図3は前本多から水野時代への過渡期の状況を描いた岡崎城図である。総構内が中心の図1・図2に対して総構の外、とくに城東部を取り込みながら描いている。特徴的なのが、東部に展開する侍屋敷の存在である。「龍城中岡崎中分間記」によると、町屋と入り組んでいた侍屋敷を正保年中（一六四四～四八）に総構の中に引き移し、総構の中の町屋との境に木戸を設け、能見総門内の四・五軒の侍屋敷も、段々と城内に移したという。正保年中は、前本多氏から水野氏に領主が交替する時期である。総構の中に侍屋敷を集め、侍地と町地の区域を明確に区分けする政策は水野忠善以降とみられ、本図にはまだその点が徹底しないことから前本多時代の様相を描くと考える。

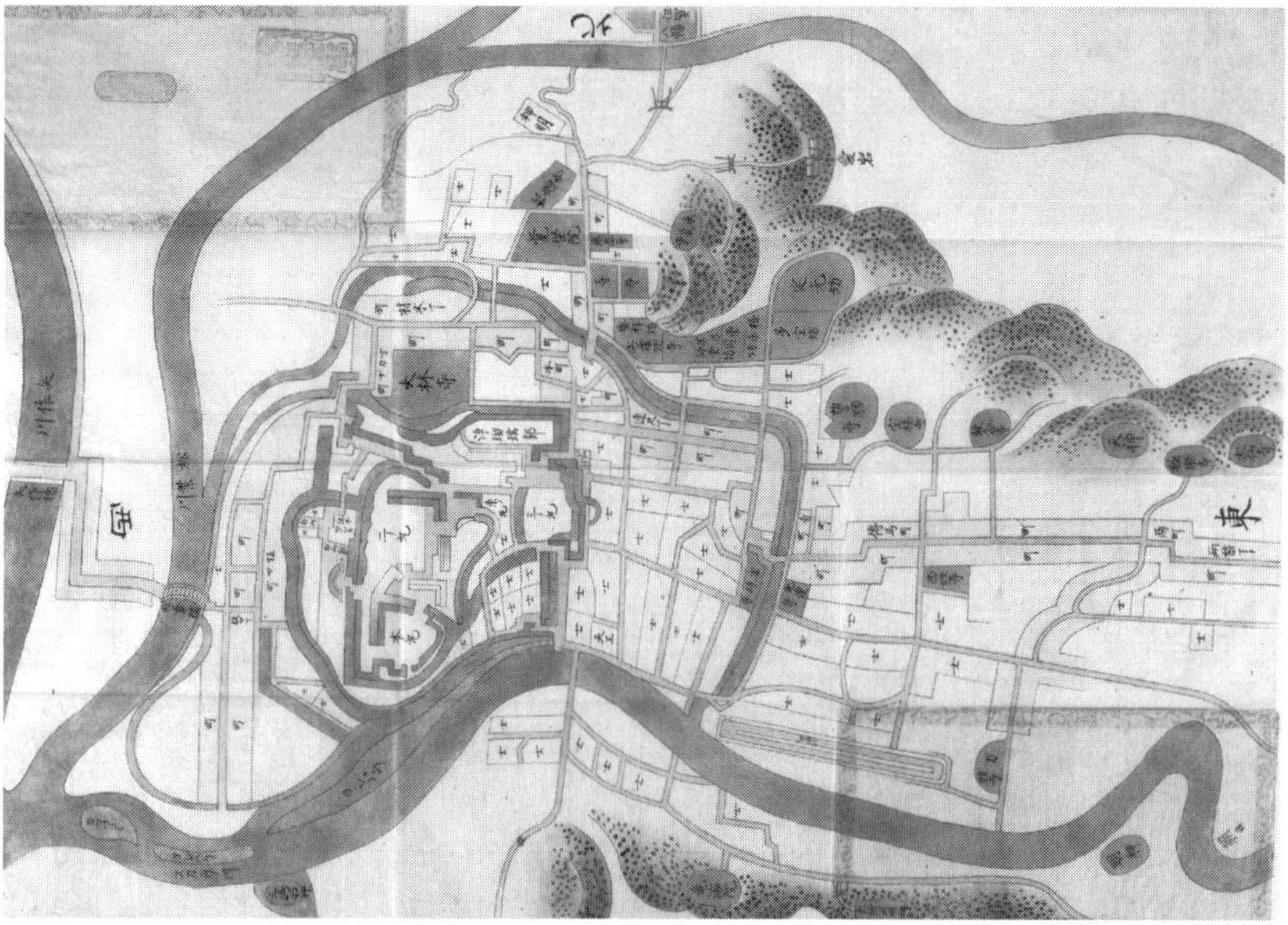

図３　前本多～水野時代の岡崎城絵図

また、本図には肴町が二ヶ所に記される。肴町が東西に分かれ、後世の上肴町、下肴町に分かれるのは正保年中という（『岡崎市史』第三巻）。正保の頃に、下肴町から六人の者が伝馬町近くに引越し、新肴町（上肴町）と称えたという。このことから、図3は正保以降ということになる。光蓮寺（興蓮寺）が亀井町に移る前の位置に描かれているので、下限は承応四年（一六五五）三月である。

以上、侍屋敷が城東に点在する点は前本多時代、肴町の記述から正保以降となり、前本多氏から水野氏に城主が交替する正保二年前後の過渡期の状況を描くと考えることができよう。拙稿「岡崎城絵図」（『岡崎市史研究』第23号）では本図を水野時代の絵図としたが、上記の理由などにより、前本多～水野時代への絵図と訂正したい。

なお、図3は浅野文庫所蔵の「諸国当城之図」の一枚であるが、このほかに松江歴史館所蔵の「極秘諸国城図」の七十四枚の中にも、本図と同様の図がある。このほか、「旧幕府時代名城図」に所収される図もある。

前本多から水野時代への異同を描きこむ

図4は、前本多時代の絵図を基本にしながら、水野時代に推移した箇所を描きこんだ絵図である。内閣文庫所蔵のもので、美濃国岩村藩において享保頃に調製された「日本分国絵図」に含まれる一つで、松平乗命により明治六年（一八七三）に政府に献納されたものという。この由来によるならば、水野時代の享保頃に、地図に訂正が加えられたものといえよう。

図4には、図1〜3でみられた外郭通路で折れて遮断された通路には、黄色の紙が貼られ繋げられている様子が示されている。これらはいずれも武家地の区域であるが、前本多から水野時代にかけての城郭整備を示すものである。

水野時代の城郭整備のなかでも特筆すべきものに、大林寺郭下の通路と侍屋敷の創設がある。大林寺南側の堀に沿って、幅三間の道および巾一〇間通しの侍屋敷が設けられるのである。図4には通路、図6・7以後の図には侍屋敷も記されている。前本多氏に代わって岡崎城主となった水野忠善の家臣団は規模が大きく、侍屋敷に不足を生じたようで、大林寺内や浄瑠璃曲輪内に侍屋敷を増設した。大林寺内の堀端には、幅三間の道と奥行一〇間の侍屋敷を正保四年（一六四七）頃までに造成したのである。大林寺は岡崎城草創者である西郷氏の菩提寺であり、城内に広大な境内地を有していた。水野忠善は寺地との境に大木を立置くのは無用として、寺内の山林を伐採し、土地をならしたほか、末寺・塔頭の配置も変え、大林寺の表門は福正庵・受福庵の前に南向きにあったのを西方へ移し、裏門は正受軒前に東向きにあったのを、末寺の外へ引き移したという。

大林寺の堀沿いに道と侍屋敷を設けるにあたっては、寺の土地を武家地としたので、水野忠善は替え地を慶安元年（一六四八）に同寺に与えている。替え地の下付にあたって、大林寺念翁が岡崎藩の松野尾外記に宛てた一書（大林寺文書「当寺始賜紫已来之記録」所収）に、大林寺南にある堀の築造について、興味深いことが記されている。それによ

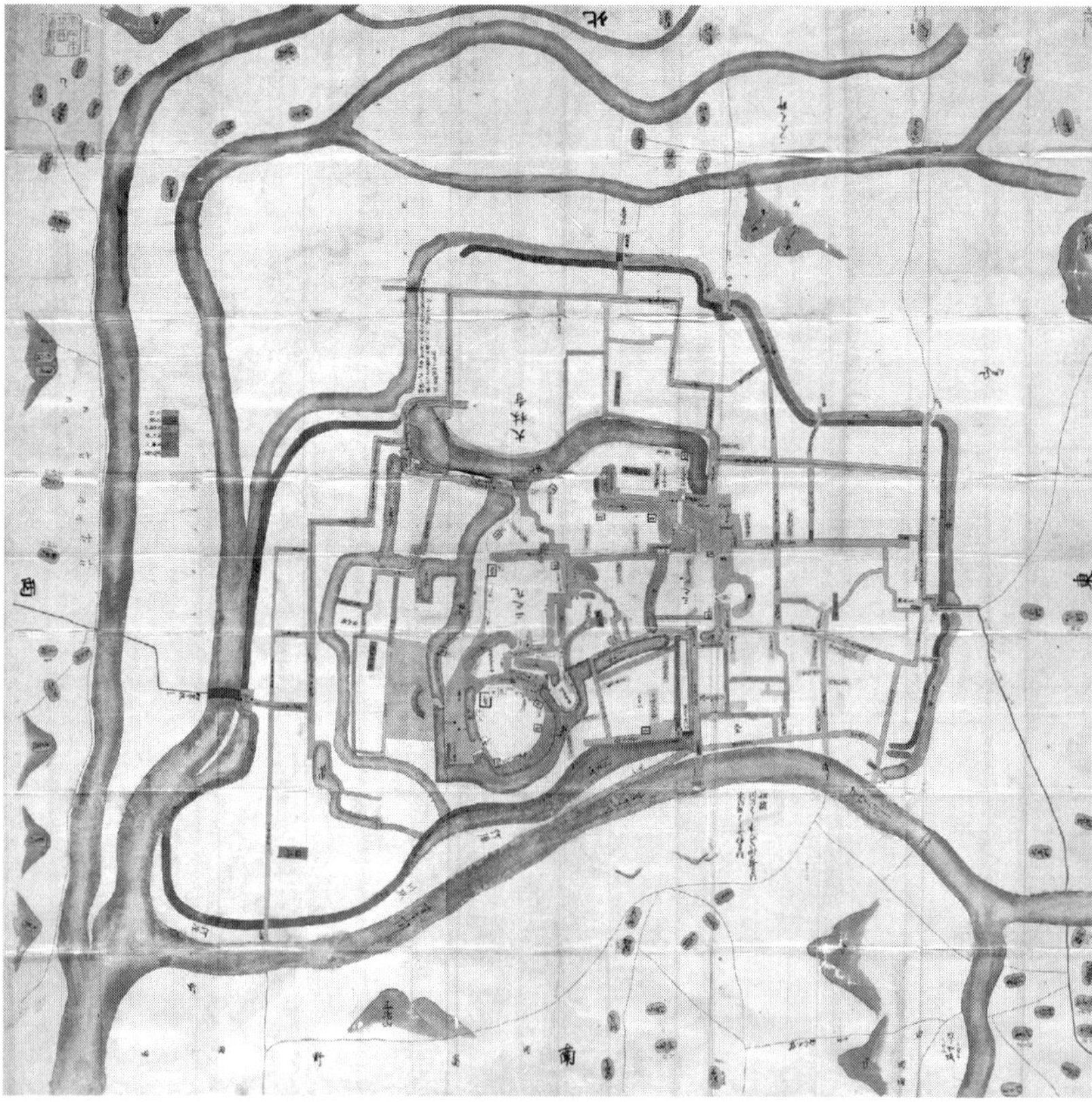

図４　水野時代の岡崎城絵図

ると、岡崎城主本多豊後守が、城と寺との境に堀を掘るように徳川家康に命じられてこの堀を築き、そのために往古からあった往還の道は堀中になったというのである。この堀は、近世岡崎城では最大の幅と長さのある堀であるが、この堀ができる前はこの場所を東海道の往還が通っていたというのである。堀が作られて、東海道は材木町に迂回したと考えられる。この大林寺郭堀が築かれる年代は、慶長末年から元和頃であろう。

なお、図４には総構の中を通る東海道往還ルートが赤線で示される。東の籠田惣門に入る前には「欠村」、「投り町」、「追羽」、「両町」、「伝馬町」と記され、郭内に入ると、道には曲折点までの距離が示され、「内伝馬、門より連尺迄八十五間」、「れんしゃく町弐百八間」、「くこ町四十八間」、「本町（木町の誤り、材木町のこと）百八拾七間」、「さかな町八十九間」、「六十壱間半田町」「板屋町百三十三間」と記される。「内伝馬」は籠田町のことで、籠田町が伝馬町とともに岡崎宿の伝馬役を担っていたことによるものである。伝馬役を十一か町で負担するようになるのは、寛文十年（一六七〇）以降になる。

石垣構築を描く

図5は、水野時代の初期の状況を描いたものとみられる。本図をはじめ、水野時代以降の絵図について、前本多時代の絵図との比較からわかることに、城の北と東を区切る総堀が水堀と化す点がある。前本多時代の図1～4では、空堀らしく茶系統の色で描かれるのが、図5以降では水色に着色され、水堀に変化したことがみてとれる。

図5で特徴的なのは、内郭部分に表現される石垣である。城主本多忠利時代の寛永年間に、菅生門より稗田門までの石垣が築造されることは先述したが、図5には、菅生門より川沿いに桜馬場土場の手前まで石垣が築造されていることがわかる。菅生川沿い一帯に石垣が築かれると、荷揚げ土場が必要となり、桜馬場土場が造成されたものとみられる。この馬場の近くには「新六地蔵町」と記され、三の丸東から移転した六地蔵町が記される。先述したように、六地蔵町は菅生川からの荷揚げ人足に関する権利を古くから有するところから、この場所に移転されたものとみられる。

岡崎城の石垣の築造年代については、部分的に検討すべきであるが、大規模な石垣普請としては本多忠利時代の寛永年間の普請が挙げられよう。菅生神社に本多忠利が奉納した石鳥居が寛永十五年（一六三八）建立であることも、その石垣普請の年代を象徴していると考える。ただ、連尺大手の整備が行われるのは水野時代であるとの奥田敏春氏の指摘（「岡崎城と二十七曲り」『東海道岡崎城下二十七曲り』）から考えられることは、前本多氏を引き継いだ水野氏時代にも石垣普請が継続し、同時代にも石垣整備が行われているともいえよう。

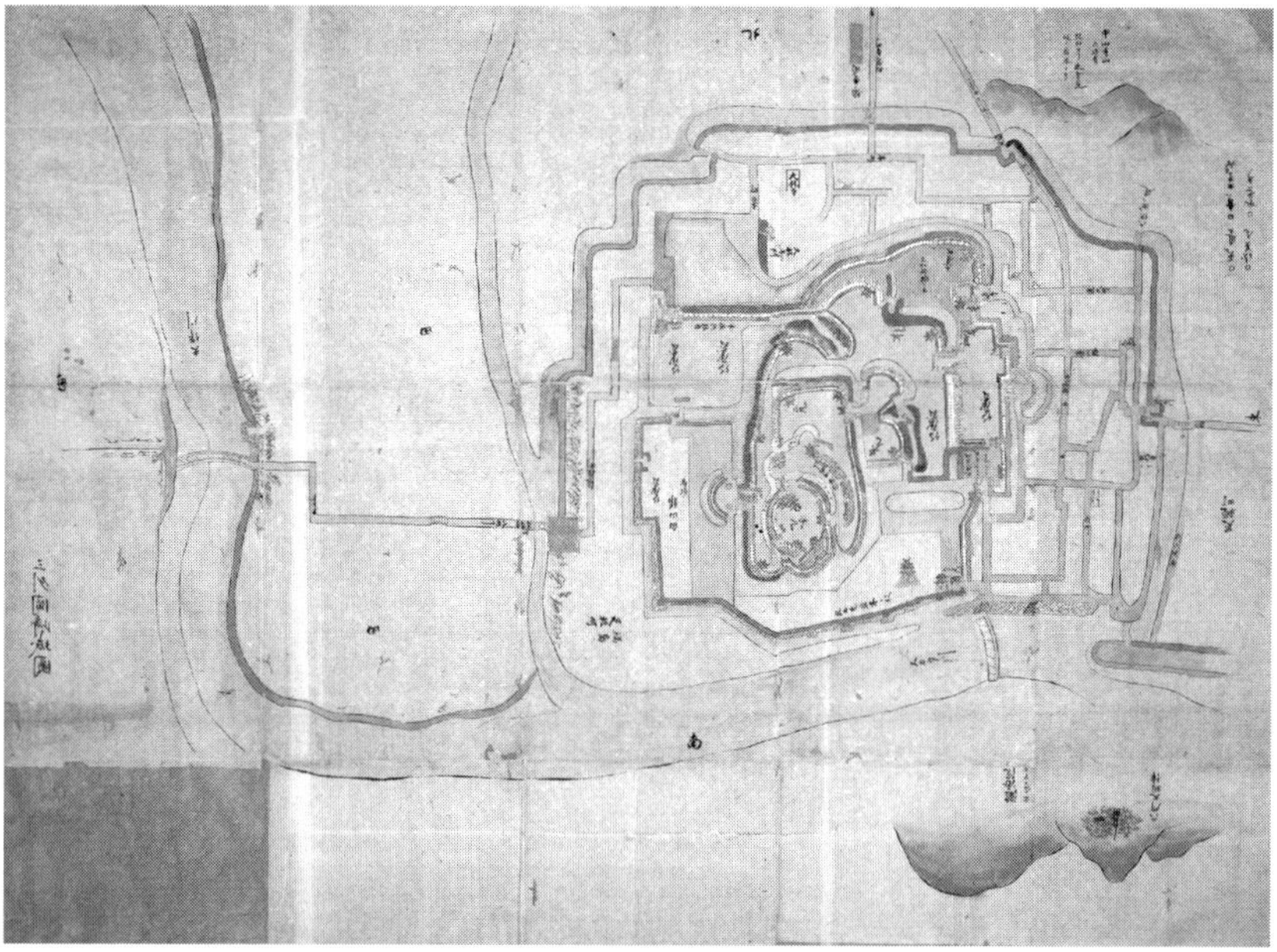

図５　水野時代の岡崎城絵図

岡崎城主水野家の記録である「丕揚録《ひようろく》」には、水野家に召し抱えられて石細工を行う「肥後組」という足軽集団の存在が記されている。以下に引用してみよう。

> 肥後組ハ寛永年中加藤肥後守（忠広）滅亡ノ後、御家へ召抱ニナリタル者也、此組計ハ古来ヨリ小頭ノミニテ者頭ナシ、荻生茂（荻生徂徠）卿ガ政談ノ書ニ云、加藤清正（主計頭）ハ石垣ノ名人トイハレシ人也、侍大将ニ飯田覚兵衛、足軽大将ニ三宅角右衛門其事ヲ司リテ、足軽石ヲ切タリ幕ヲ打テ人ニ見セズ甚秘事トスルヨシ、今、其足軽ノ子孫水野和泉守家ニ在テ石細工ヲスル也、右政談ニアルハ高隆公（水野和泉守忠之）ノ御時ヲイフ也、其頃マデハ石細工セシ者アリシニヤ、

これによると、石垣の名人と言われた加藤清正のもとで石垣普請を担当した足軽の子孫が、岡崎城主水野家に召し抱えられて「肥後組」として存在し、水野忠之の時代（元禄～享保）まで石細工の技術を持った足軽集団がいたことを伝えている。図７には、福島地区に「肥後組」の組屋敷がみられる。図５をはじめとする水野時代以降

の絵図に展開する石垣表現は、水野時代のこうした足軽集団による石垣普請の整備を反映したものであるかもしれない。

なお、図5と同様の図に、小浜酒井家の酒井家文庫所蔵（目録二一七）のほか、国会図書館の稲垣家旧蔵（日本古城絵図、東海道之部（2）四二）などがある。

川向と福島での足軽組屋敷拡大

水野時代の図6・図7で特徴的な点は、家中屋敷割を示すことである。図6では一部の侍屋敷に、図7はすべての侍屋敷に水野家中の名前が明記される。図6は、後本多家家臣の中根家に伝来した絵図である。大名の転封では家臣に身分格式相応の屋敷を与えることが必要であり、その時に参考にされるのが、前城主時代の屋敷割図である。後本多家は、松平康福に替わり明和六年（一七六九）に岡崎城主となるが、康福の岡崎在城はわずか八年ほどなので、後本多氏の岡崎入部の際に参考にされたのが、水野家時代の屋敷割図であろう。図6では三の丸に水野氏重臣の拝郷・松本・水野各氏の屋敷が示されているが、図7とは相違点があり、屋敷替えが行われていることがわかる。家中の屋敷替えはしばしば行われており、その時々の家中における役職の地位が屋敷配置に反映される。すなわち、岡崎城では三の丸、備前曲輪、浄瑠璃曲輪など、内郭に重役の屋敷が配置される。

図6・図7では、城の外周の東西南北に、足軽組屋敷である下級武士の屋敷配置をみてとることができる。すなわち、菅生川南の川向、東部の片端（亀井町）や六供、北部の能見（御旗・猿谷）、西の板屋町裏、そして福島と呼ばれた地区に足軽屋敷が配される。図6で短冊状になった屋敷割が、そのことを示している。

これらのうち、川向と呼ばれる現在の明大寺や久後崎の地である菅生川南の足軽屋敷は、水野忠善が正保二年（一六四五）の入部以降、菅生川の南側に沿って組屋敷を構え、次第に三島山まで及んだという（『岡崎市史』第三巻）。

水野忠善は、投町裏にあった祐伝寺を正保三年に両町裏に移し、その跡地を足軽屋敷とし、のちにその足軽屋敷を菅生川南岸に移したという（「菅生村遊伝寺由来記」『岡崎市史』第七巻所収）。

菅生川南岸での組屋敷の展開とともに、対岸の城内と組屋敷を結ぶ橋が造られる。水野時代以後の絵図にみられる

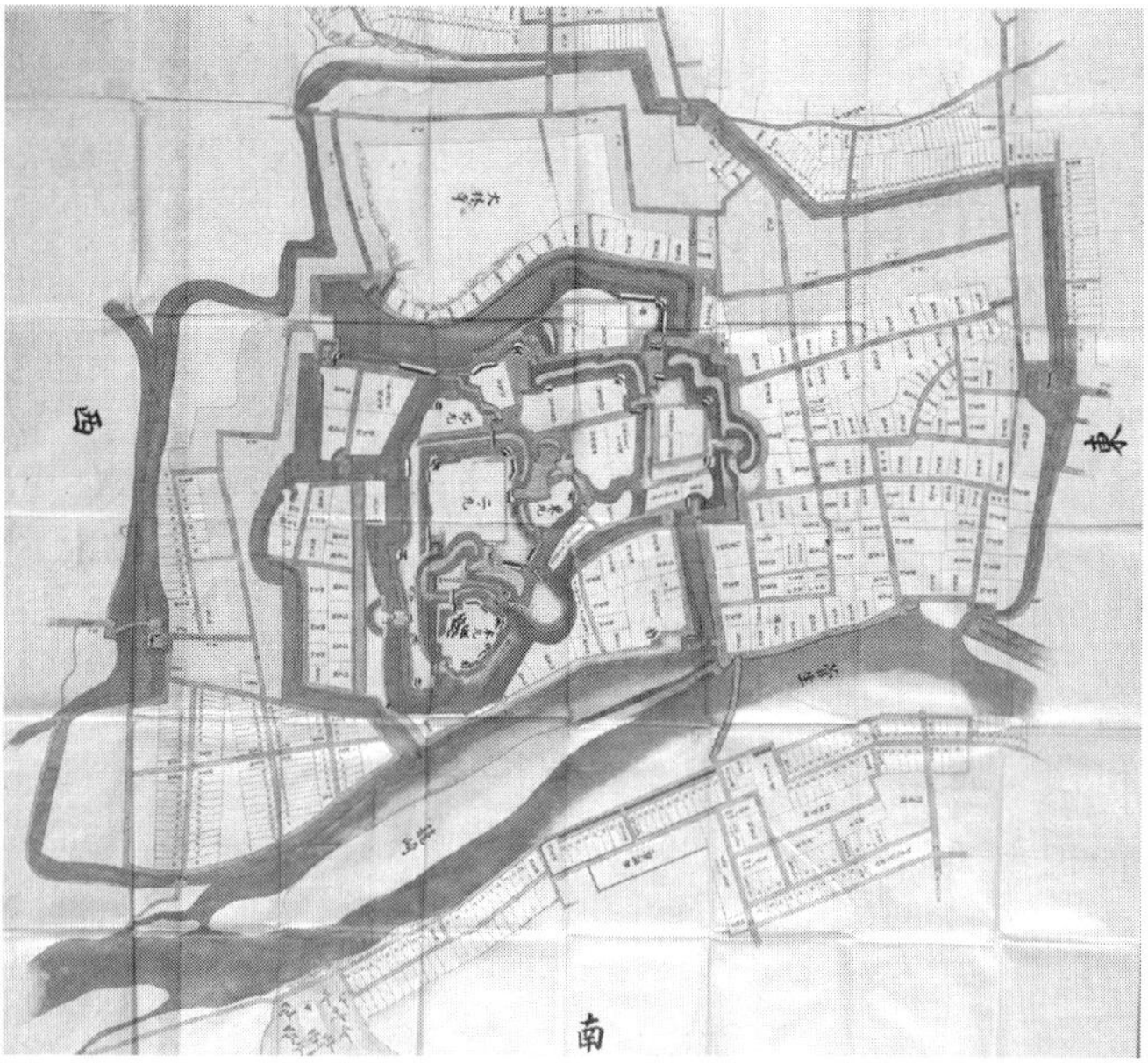

図６　水野時代の岡崎城絵図

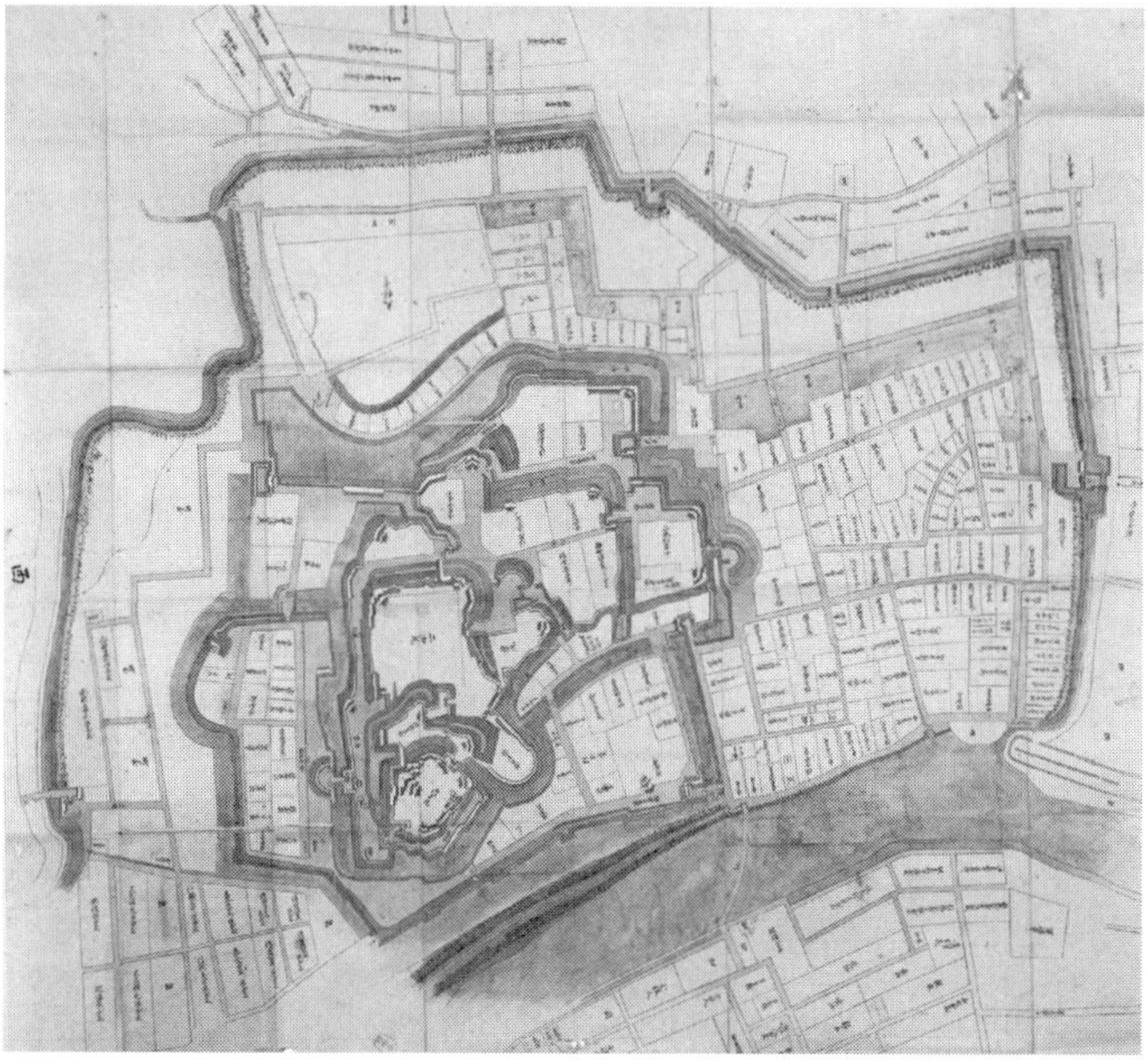
図７　水野時代の岡崎城絵図

菅生橋である。「参河聰視録」によると、橋が架けられるのは本多忠利時代の正保二年という。水野忠善の入部前に架けられたのだろう。同書によると、この橋は城主によって架けられた橋なので、俗に「殿橋」といったという。現在の殿橋より少し下流に位置した橋である。

菅生川南岸組屋敷の西に描かれる神社が、三島明神である。同社は明暦四年（一六五八）五月、岡崎城主水野忠善が武運長久のため、伊豆国三島の神を勧請して建立したといい、以来、代々の岡崎城主の崇信があったという（『岡崎市史』第七巻）。現在、明暦四年五月の水野忠善による建立棟札をはじめ、宝永三年（一七〇六）五月、享保九年（一七二四）十二月、元文四年（一七三九）十一月、宝暦三年（一七五三）六月、文化八年（一八一一）六月などに岡崎藩が修復したことを示す棟札が残る。また、この地には本尊を騎馬観世音と呼ぶ観音堂があり、城主の水野忠善が帰依して浄瑠璃山明大寺と題せる額を寄付したと「参河名勝志」に云う（『岡崎市史』第三巻）。

福島に足軽屋敷が拡大されるのは、城主水野忠春時代の天和二年（一六八二）とされる。福島の地は図1にみられるように、前本多時代は町人地であった。古くは田中吉政が城主であった時代に、福島に真宗の三河七か寺を集め、一大寺内町を作ろうとした土地で、川に面した流通・交通に便利な土地であった。図1にみられるように、前本多時代にも一部足軽屋敷があったが、水野忠春により組屋敷が拡張される。足軽屋敷の増設により、水野忠春は以前からの住民を天白の地に移し、福島新田としたという（『岡崎市史』第三巻）。

このほか、六供の地に組屋敷が構えられるのは、岡崎城主水野忠任の宝暦年中という。この地は甲山寺六供六坊の土地であったが、この時に郭地とされる。

なお、図6と原図を同じくするとみられるものに、岡崎藩主本多家家臣正村家に伝来した「参陽岡崎府内之図」がある。同図には「明和八辛卯年五月九日写之、正村氏胤」とあり、後本多家の岡崎入部まもない頃に写されたものであることがわかる。図6はこれと同図であり、水野時代末期から松平氏時代の頃、一八世紀半ばの状況を示すものと

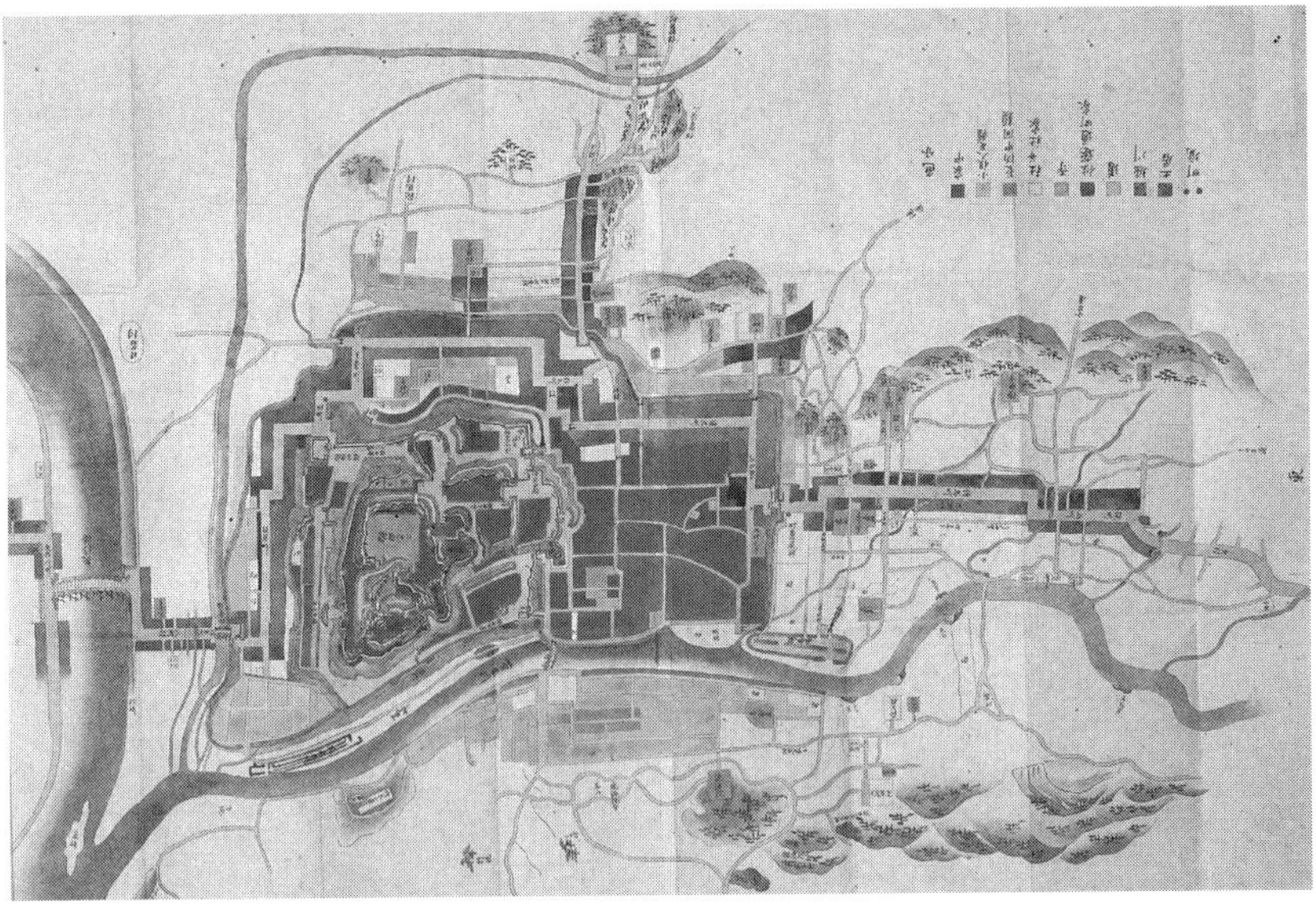

図８　水野時代の岡崎城絵図

みることができよう。

水野時代岡崎城下の全貌

水野時代の完成された岡崎城下の全容を伝える絵図に、図8がある。本図は、岡崎城主となった松平康福の菩提寺である光西寺（現在川越市）に伝わる。城東や城北へと展開、発展した岡崎の城下町を描き、東の投町から両町、伝馬町、籠田町、連尺町、材木町、下肴町、田町、板屋町、松葉町へと続く、東海道往還の町並みをたどることができる。また、先述した組屋敷は、凡例で「小役人足軽」として水色で示され、城の外周の東西南北に配されていることがわかる。

赤色は凡例で、「家中」と記されように武家地である。武家地と町方地は色分けされ、町方から家中の屋敷地への通路には、木戸が設けられていることがわかる。木戸は、水野時代以降の絵図に描かれるようになるが、「龍城中岡崎中分間記」によると、水野忠善の時代に郭外にあった侍屋敷を総構の中に引き入れ、さらに武士と町人の居住区域の区分政策とともに、往来が侍屋敷に入らないように区切りを設けたことに始まる。

図8と図様を同じくするものに、後本多氏の家老職を務めた中根家に伝来した図がある（岡崎市美術博物館蔵）。また、大正十五年（一九二六）刊行の『岡崎市史』第二巻に付された本多中務大輔（後本多）時代とする岡崎城図も、本図と図様が同じで、本図を参考に作成されたとも考えられるが、後述するように、明和四年（一七六七）の洪水で消滅する福島と板屋町裏の組屋敷がまだ描かれているので、後本多時代のものでなく水野時代のものである。

水害で変化する岡崎城下

後本多氏時代の図9は、岡崎藩主本多家家臣正村家に伝来したものである。本図には、凡例に「掛紙之下は古画図面也、当時は掛紙之通」とあり、掛紙の下は古い図で、上は当時の後本多時代の状況を描き、その異同がわかるようになっている。

掛紙による異同の主な点は、福島と板屋町西裏の組屋敷の消滅、菅生川南の組屋敷の縮小である。福島にみられた組屋敷はなくなり田畑と化し、菅生川沿いに展開していた組屋敷は龍海院門前、万徳寺門前のみとなる。この推移の原因は、水害によるものとみられる。

西三河の矢作川流域では、矢作川の天井化により、一八世紀の宝暦頃から頻繁に水害に見舞われるようになる。とくに規模の大きい水害では、宝暦七年（一七五七）、明和四年（一七六七）、寛政元年（一七八九）、文化元年（一八〇四）、文政十一年（一八二八）、嘉永三年（一八五〇）のものがある。岡崎城でも、城の西と南で被害を受けている。なかでも、岡崎城主松平康福時代の明和四年の被害は大きく、次のような記録が残されている。

・「参河聴視録」

矢作川堤切込、八町村家居流、屋敷水田に成る、松葉橋落、下肴町入角より板屋町まで町屋分水入、此内流家数多、人牛馬多く死す、稗田御門流れ、福島御組（組屋敷）水入流す、

図９　後本多時代の岡崎城絵図

・「材木町兼有記録」

松葉町不残家流、板屋町にて三十軒餘、田町にて三十軒餘、肴町にて二軒流、ふく嶋組・裏組（板屋町裏の組屋敷）不残流、（中略）、裏組地板屋町へ被下候、此時松葉より肴町裏迄三尺通御築上被成候、

・「龍海院年譜」

當所福島組屋敷曁び板屋町、松葉町、八町の町屋不残流落す、城内屋敷鋪処々流崩す（中略）、且門前組屋鋪男女不残當山に迯来る、

福島と板屋町西裏の組屋敷は、明和四年の洪水で流れ、以後、廃されるようである。正村家伝来の明和八年写しの図には「福嶋、此所組屋敷不残畑ニ成」、板屋町西裏には「此所組屋敷今無之」と記され、明和八年当時は組屋敷がなかったことからすると、組屋敷廃止の原因は明和四年の洪水にあろ

う。「材木町兼有記録」がいうように、板屋町裏の組屋敷地は板屋町に下され、板屋持ちとなる。図でも、板屋町裏組の地は町持ち分の色であるねずみ色表示になっている。

図9では、福島、板屋町裏、菅生川南の組屋敷が消滅する一方、六供・片端・能見での組屋敷は、図6と比較しても区画割が増えているので、消滅した組屋敷の下級武士たちの居宅を取り込んだ結果とみられる。たとえば、六供では、それまでの組屋敷地に東西の中通りが入れられ、南方を表六供、中通を中六供、北方を裏六供と称するようになる。水害の常襲する低地での組屋敷を廃し、高台に位置する六供・片端・能見への吸収を図ったものと考えられる。

秋葉山常夜燈から絵図年代を推定

図10-1は、岡崎城の外郭部とその周囲を描いた図で、内郭は空白となっている。一間を一分、すなわち六〇〇分の一の縮尺で、実測をもとに作成されたとみられる。裏書に「御普請奉行」とあり、藩庁で作成されたものであろう。

本図には「天保十亥五月御家中之面々当時住宅之分、屋敷替之面者張紙致置候」とあるから、天保十年（一八三九）五月の家中屋敷を表示したもので、屋敷替えにより異同があるものは、貼紙が付されている。また、図10-2のように菅生川南に大きな掛紙が置かれており、水害による家中屋敷地の異同が示されている。掛紙が置かれた下が異同前の状況を描いたもので（図10-1）、掛紙や屋敷地の貼紙の置かれていない部分は、絵図作成当初のままと考えられる。

当初の絵図の作成年代を、秋葉山常夜燈の有無から推定してみよう。岡崎城下では、火伏の神である遠州秋葉山を祀る常夜燈が、一八世紀末から建立されるようになる。建立された常夜燈は、位置に多少移動があるものの現存するものがある。刻まれた年号から制作年代を知ることができるので、これをたよりに本図の作成年代を絞りこむことができる。絵図には、寛政九年（一七九七）の板屋町（板屋稲荷神社に現存）、寛政十年の籠田町（籠田公園に現存）、寛政十年の能見町（御旗公園に現存）、寛政十二年の松応寺門前の常夜燈は描かれるが、文化三年（一八〇六）の横町（本

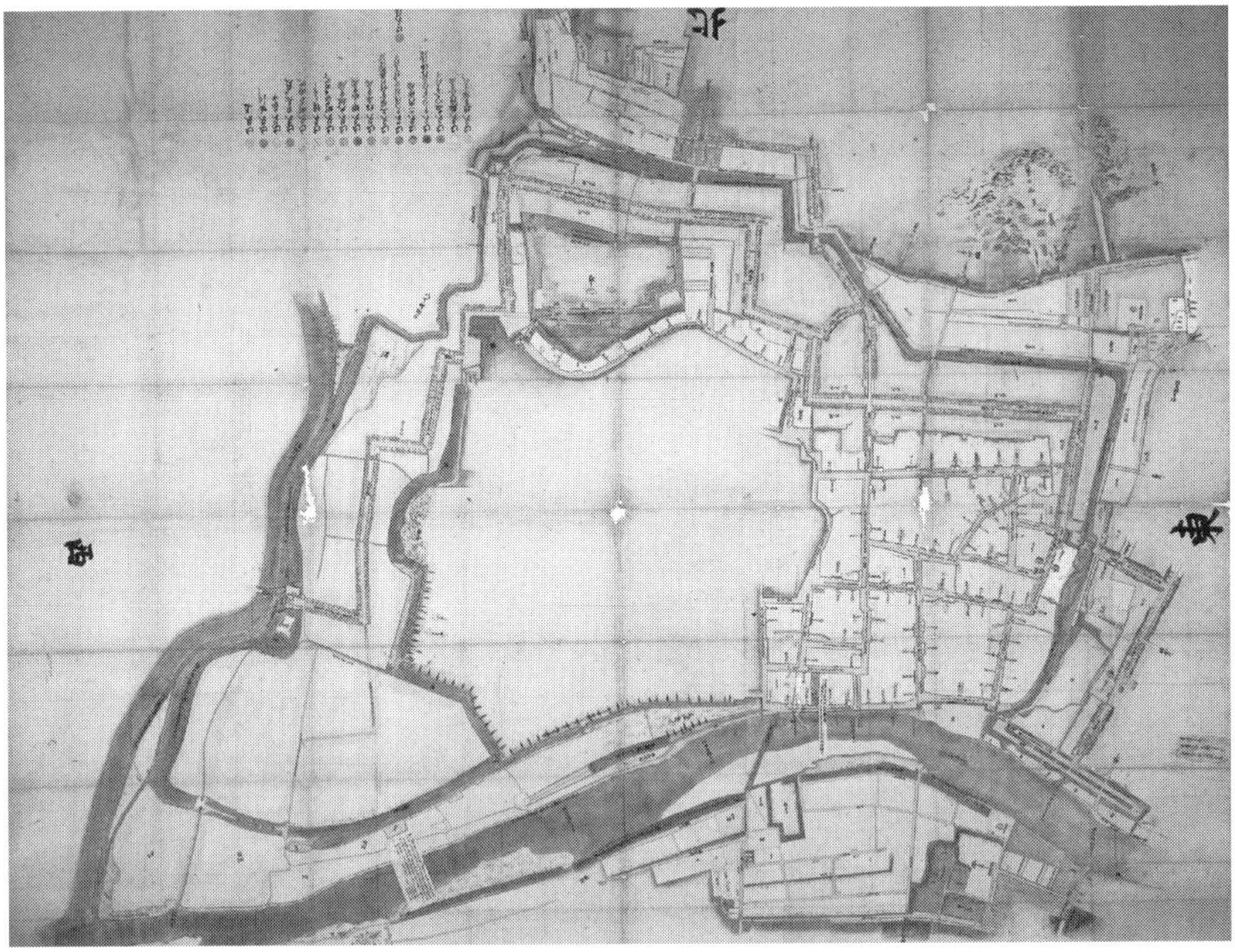

図10－1　後本多時代の岡崎城絵図

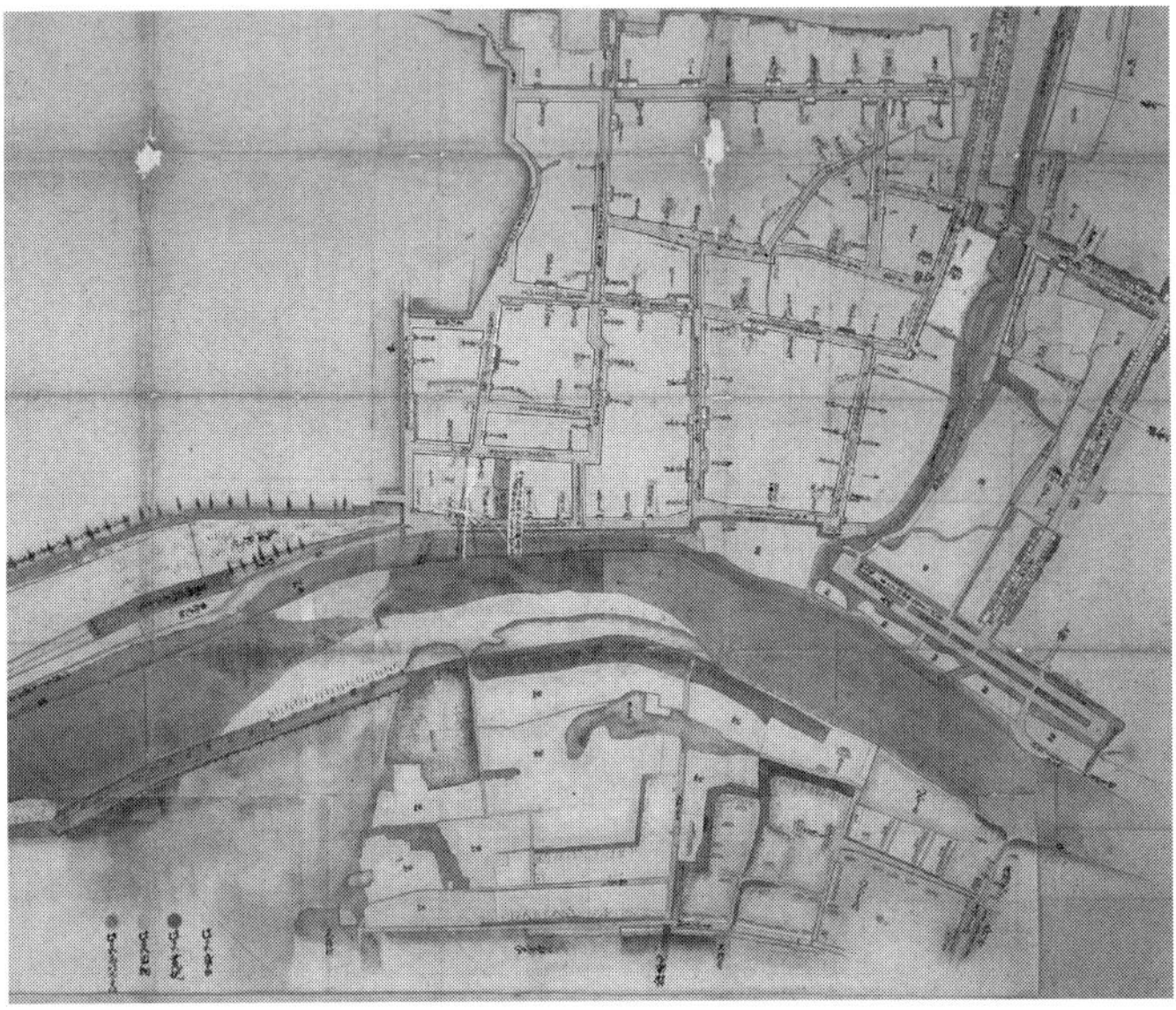

図10－2　後本多時代の岡崎城絵図（掛紙部分）

町清明社に現存）、文政五年の連尺町（稲熊町石工団地入口に現存）の常夜燈が描かれていない。このことからすると、本図は寛政十二年から文化三年の間の状況を描いたとみられる。

掛紙を付した菅生川南岸の異同部分を描いた年代については、文政四年（一八二一）の明大寺村常夜燈が描かれているので、同年以降の様子を描くものと思われる。掛紙を置くことになった異同の原因に、水害があることは確かである。後世に、三島切れと呼ばれる久後崎の地で堤が決壊した痕跡がみられる。下級武士の屋敷地は畑地となり、荒れ地が見られ、川に沿っては、蛇籠《じゃかご》のようなものが描かれる。明大寺村にあった観音堂の跡は、畑地となっている。この観音堂について、「参河聴視録」には「観音堂古跡、今畑ト成ル、殿橋ノ南、行路ノ側也、中古マデ観音堂アリシニ、数度ノ水難ニ依テ文化二丑年隣村久後村ニ遷セリ」とあり、観音堂の移転は数度の水難によると伝えている。

役職の地位を反映する侍屋敷の位置と広さ

図11は、城郭の内郭部分のみの図である。後本多家の家臣であった和田家に伝来した図で、同図が入った袋書によると、天明元年（一七八一）作成とわかる。本図作成の意図は家中屋敷配置の図示にあるとみられる。

家中屋敷のうち、三の丸は筆頭家老の都筑惣左衛門のほか河面大蔵、河合富五郎が屋敷を構えているように、城内では最高クラスの屋敷地であり、その次にランクされるのが備前曲輪の屋敷地で、本図では「兵部様」とある。兵部様は岡崎藩主本多家の一族である本多兵部忠寛のことで、安永七年（一七七八）に藩主本多忠典の名代格として岡崎に赴き、備前曲輪に屋敷を持ち藩政に関与、また、俳諧をも楽しみ、三秀亭李喬の号でも知られる人物である。

兵部は寛政十一（一七九九）から十二年頃に江戸に帰住するが、その跡の備前曲輪の屋敷に入るのが、家老の中根忠容《ただかた》である。中根家の屋敷地について記した「岡崎ニ而居屋敷覚」（大分市中根家文書）によると、中根家は、明和九年の江戸大火で本多家の江戸屋敷類焼後に岡崎に移住し、安永元年九月より同二年四月まで中之馬場、安永二年四月より天明二年三月まで籠田口、天明二年三月より同七年十一月まで上之馬場、天明七年十一月より寛政十一年六月ま

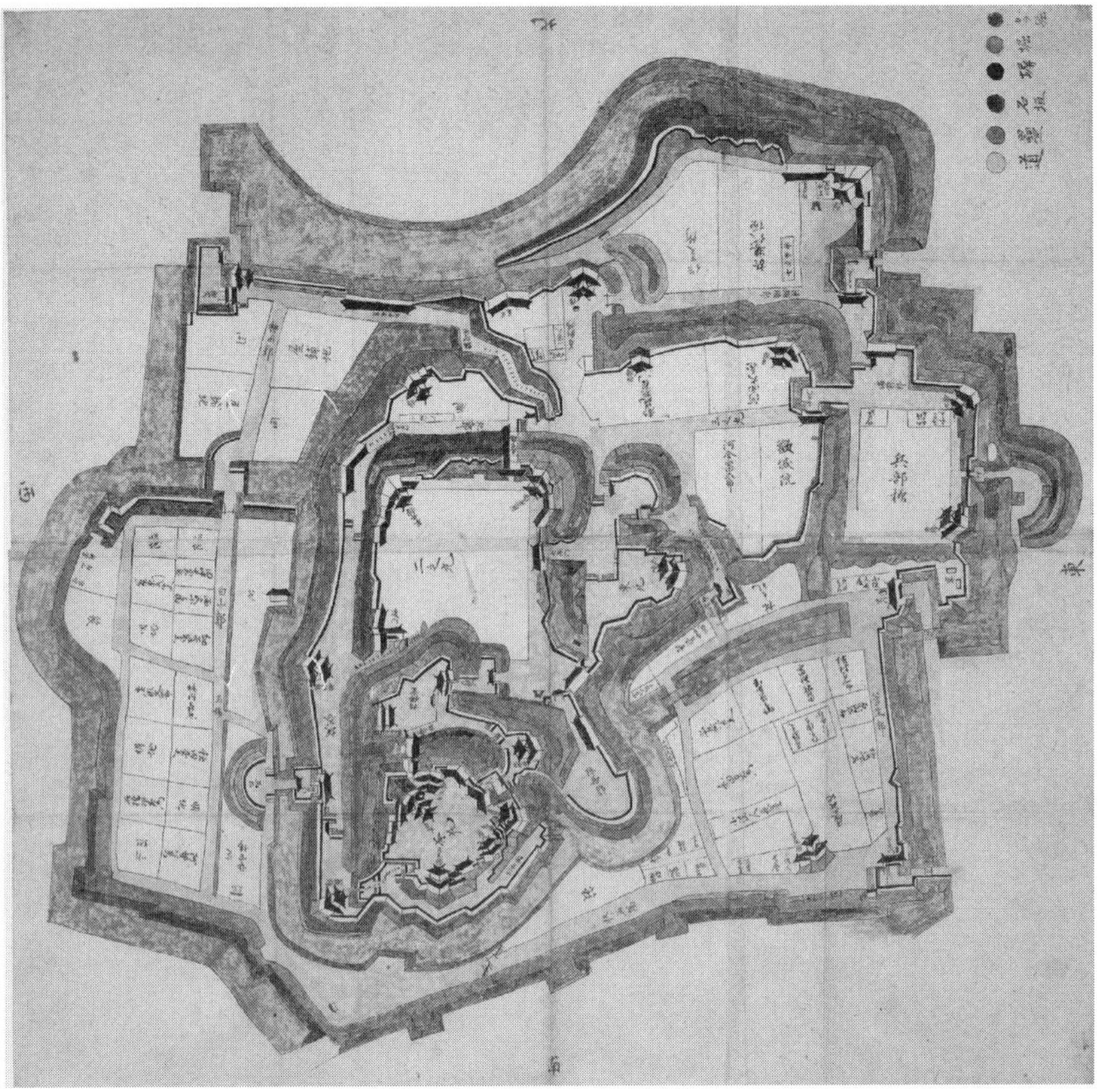

図 11　後本多時代の岡崎城絵図

で三の丸と屋敷が替わる。

その間、中根忠容は安永七年に大番頭、天明元年に家老、天明七年十一月勝手方担当の家老となり、寛政期の藩財政改革を進める。中根忠容の役職昇進とともに、屋敷も内郭の三の丸へと移転していることがわかる。

備前曲輪への屋敷替えは、寛政十一年の改革頓挫と同十二年五月の忠容隠居によるものと考えられる。家中の屋敷替えはしばしば行われており、家中における役職の地位が、屋敷配置に反映される。屋敷替えは、領主による家中の統制・支配の一環であり、屋敷地の位置と広さは、家臣の権力の度合いを示すものでもある。

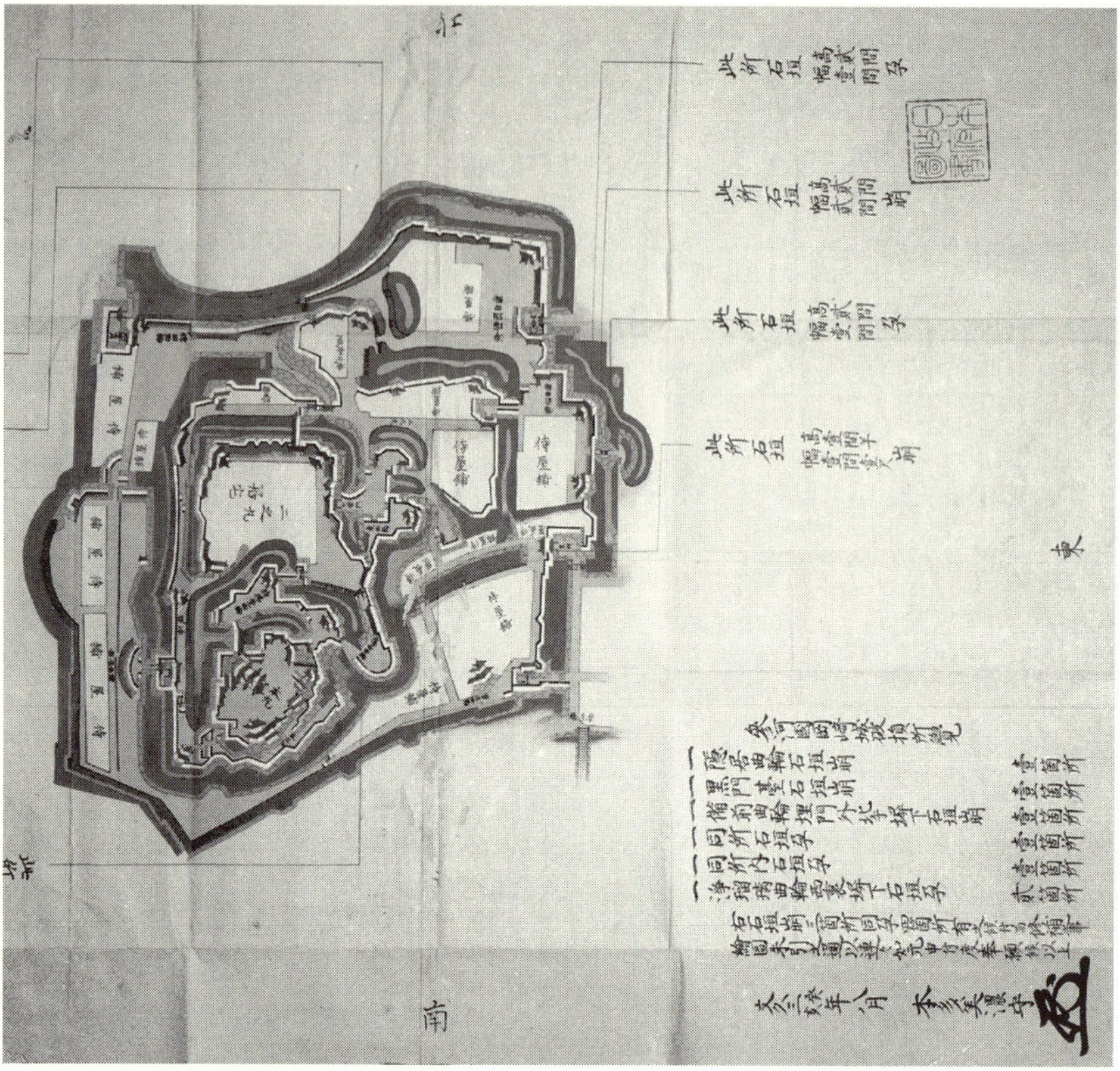

図12　後本多時代の岡崎城絵図

城郭修復伺絵図

図12は、岡崎藩が幕府に石垣修理の許可を願い出たときに作成した図である。文久三年（一八六三）八月に岡崎藩主本多忠民《ただもと》が願い出た時のもので、内閣文庫に残されている。慶応二年（一八六六）十二月に願い出たものも残されており、ともに内郭のみの図である。徳川林政史研究所に、天保八年（一八三七）七月に届け出たものの控絵図があるが、同様に内郭部分のみの絵図となっており、修理届出の対象が内郭部分だけであることがわかる。

城郭修復伺絵図は、修復箇所を絵図に朱引きで示すが、作成にあたっては、①原図からの写しの絵図を作成する、②石垣や土居の崩壊箇所について、高さ・幅を記載し、東西南北の方位を明示するなどの規格がある。[1]この願書絵図に対して、幕府より老中奉書により許可がおりる。老中奉書の例を示すと、天明三年（一七八三）十一月三日付で、二の丸外東曲輪石垣一ヶ所、三の丸外切通し石垣一ヶ所の孕みの修復について老中田沼意次ら三名が連署して城主本多忠典に許可を出している。同書には、「築直之事、絵図朱引之趣得其意候」とあるように、朱引きの絵図願書に対する許可であることが文面に示される。

【註】

（1）白峰旬「城郭修補申請方式の変遷について」（『城郭研究室年報』九、姫路市立城郭研究室、一九九九年）。

Ⅲ

地籍図からみた岡崎城と岡崎城下町

高田　徹

はじめに

愛知県公文書館には、明治十七年に作成された愛知県下の地籍図がほぼ一括して保存されている。これらの地籍図は、これまでも城郭の調査・研究上大いに利用されてきた(1)。ただし、岡崎城・城下町に関わる地籍図は、従来ほとんど利用される機会がなかった(2)。

本稿では、本地籍図のうち岡崎城・城下町に関わる部分をトレースして、その土地利用状況を記号化し、資料化することを第一の目的とする。本地籍図は一部に誤差やゆがみも存在するが、概して精度が高い。このような精度の高く、廃城時期からさほど時期を隔てない地籍図を利用することで、江戸期の絵図に描かれた岡崎城・城下町、および現在の土地区画との比較検討が可能になる。たとえば、江戸期に作成された岡崎城・城下町に関わる絵図は数種類伝来しているが、それらは必ずしも精度の高いものばかりではない。また、絵図によっては描写目的等に沿って強調・省略等がなされる場合もある。一方、近代以降の岡崎城跡は戦災後の都市復興により、街区をはじめとする景観が大きく変貌している。したがって、現状のみではかつての城郭や城下町の広がりを把握することは困難となっている。近代の地籍図は、現在と江戸期の中間の時期に作成され、相互の比較検討を進める上で、その資料化は必要不可欠な作業と考えられる(3)。

また、このような作業を進めることで、地下に埋没している岡崎城の範囲を予測し(4)、将来の再開発に備えることができる。さらに、発掘調査が及んで遺構が検出された場合には、それがどのような部分であるのか等、少なくとも周辺域での平面的な位置づけを可能にするであろう。(5)

今回使用する地籍図の原図は、一二〇〇分の一の大縮尺図である。本稿では紙数の関係もあるので、その全体図を図4に示し、これを八分割した部分図を図5～図12としてそれぞれ文末に示す。また、この地籍図が作成された明治十七年は、廃藩置県後に岡崎城が解体されてから十年ほど経った時期である。城郭が破却された後、その跡地と旧城下町がどのように変貌していったのか、本図を元に振り返っておくことも無意味ではあるまい。(6)併せて地籍図のトレース作業を通じて、筆者の気のついた問題に関して若干コメントを加えることにしたい。

内郭部分について

まず、今回検討の対象とする地籍図の正式な名称は、「三河国額田郡岡崎市街」である。この範囲に記されるのは、投町・両町・伝馬町・籠田町・連尺町・横町・材木町・魚町（旧下肴町）・上肴町・田町・板屋町・久右衛門町・裏町・能見町・松本町・十王町・祐金町・六地蔵町・唐沢町の旧岡崎城下（ただし、松葉町は抜けている）に康生町を加えた部分である。

図1に示すのは、康生町のうち西側を中心とした部分である。この地は、明治四年に額田県が成立した際、第十大区内小一区岡崎旧郭内とされたが、同八年から康生町となる。康生町の名の由来は、岡崎城が徳川家康出生の地であることにちなむものであるが、その範囲はかつての岡崎城の中心的な曲輪群とその東側の侍屋敷地にあたる。そのうち、西側部分は本丸・二之丸・持仏堂曲輪・隠居曲輪・菅生曲輪・風呂谷・坂谷・白山曲輪・稗田曲輪・北曲輪・浄瑠璃曲輪・東曲輪等、個々の名称を冠し、江戸期において城郭機能を専一にしていたところである。この部分を通例に従い、以下「内郭」と呼称する。これに対して、内郭を堀と土塁で大きく囲繞する部分を「外郭」と呼称する。

内郭と外郭に関わる位置付けは、すでに江戸期から大きく区分されたものであった。たとえば文久三年に、岡崎藩

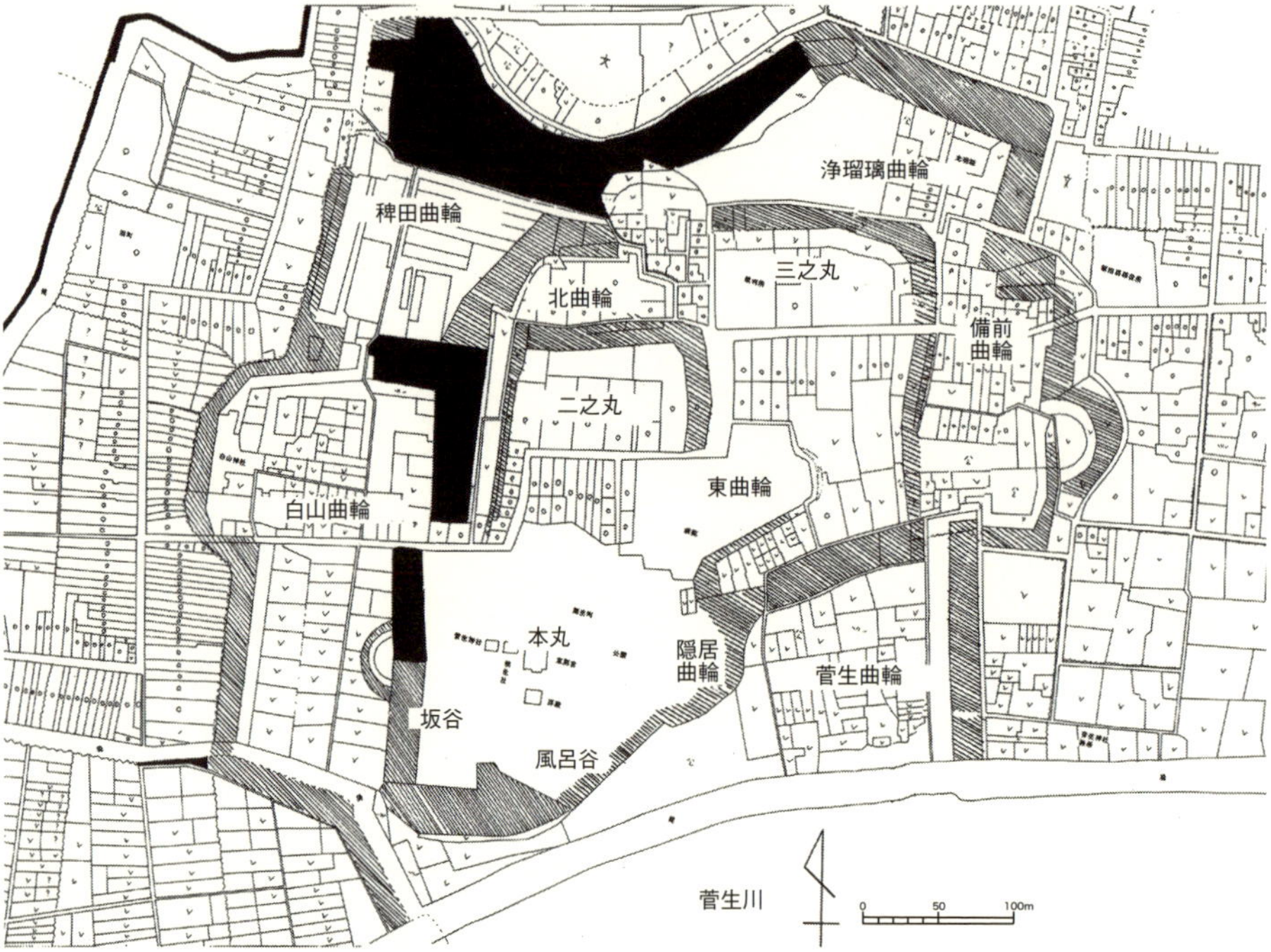

図１　康生町西側部分（斜線部は堀跡を示す）　作図：髙田 徹

が破損した城郭の石垣修理を幕府に届け出た際の内閣文庫（現、国立公文書館）蔵「岡崎城修理願書絵図」(7)には、内郭部分しか記されていない。公式的には、内郭が実質的な城郭として捉えられていたのである。江戸期を通じて、外郭には堀・土塁が存在していたにも関わらずである(8)。同じ堀・土塁に囲まれているとはいえ、内郭は藩の政庁や諸施設、および侍屋敷で満たされていたのに対し、外郭は内部に町人地を抱え、当時の幹線道である東海道を取り込み、常に様々な階層の人々の往来を許しており、明瞭に区別された存在なのであった(9)。

さて、図１中に斜線を入れているのは、江戸期の絵図類から知られる堀跡である。ただし、地籍図の地割に痕跡が明瞭に表れていない部分は書き加えていない。

まず、明治十七年当時、内郭は主要な堀跡を地割りという形で良好に残していたことがわかる。その後、明治四十年には白山曲輪を貫通するように伊賀川が開削されて、城域は東西に二分される。

さらに、昭和二十年の空襲、戦後の復興事業によって、次第に痕跡を地上から消していった。この地籍図はいわば、そうした大規模な改変が及ぶ以前の状況を伝えている。堀跡の内側にあたる随所には、ほぼ並行する帯状地割りがみられるが、これは土塁の痕跡である。土塁は地形的に高いため、開発が及びにくく、地籍図ではしばしば「草生」、「藪」となって表れることが多い。岡崎城の場合は、後述する外郭では「草生」、「藪」となる部分が多く見られ、内郭ではその大半が「田」や「畑」となっている。土塁の多くは、早くから堀を埋め立てるために崩されてしまい、かろうじて地割りに痕跡を止めていたと思われる。旧城内は、一部に公共施設が建つ他は、大半が「畑」・「田」となっており、廃藩置県後の城郭諸施設や武家屋敷の機能停止に伴い、付近の空洞化が進んでいた様子もよくわかる。[10]

地籍図では、本丸・持仏堂曲輪・隠居曲輪等は「公園」となっている。この地は明治八年以降、岡崎公園となった。地籍図からは、城郭遺構を直接うかがわせる情報は読み取れない。明治六～七年にかけて、城の建物等は新政府の命を受けて解体され、すでに存在していなかった。ただし、現在も残される天守台や本丸の堀・石垣等は当然残されていた。[11]地籍図中、本丸の東照宮は寛永年間に本丸に建てられたが、明和七年に本多忠勝を祀る映生社が建立されるにあたり、三之丸に移された。明治九年、映生社・東照宮を合祀して、龍城神社となった。同年には、龍城神社境内に菅生神社も移されている。同二十三年には菅生神社のみ旧地に移転するが、龍城神社は今も本丸中央に鎮座している。

東曲輪は、地籍図では「病院」となるが、これは明治十三年に開設された愛知病院岡崎支病院である。病院敷地は、先行する東曲輪の敷地をおおむね踏襲したようであるが、西側は二之丸との間の堀を埋めて敷地を拡張しているようである。病院敷地のすぐ東側には、湾曲する道が南北方向に伸びている。これは、現在も石垣の一部を残す切通坂にあたる。地籍図では、この部分の通路に沿って水路がみられるが、江戸期の絵図等では堀の存在を伝えておらず、詳細は不明である。

東曲輪の北側と二之丸の間には、本丸北側をかすめ、屈折しながら東西方向に伸びる道が見られる。明治八年に東海道をバイパス化するように設けられた往還道である。これによって、旧来内郭を大きく迂回していた東海道が内郭部を貫通し、短絡化された。この結果、付近の交通アクセスは大きく変貌したことが予測されるが、その代償に二之丸七間門や馬出、それに伴う複雑な導線は、地籍図上の地割りには全く痕跡を止めないまでに破壊されている。後述する外郭部の虎口においても、とくに東海道の関門となっていた松葉総門・籠田総門では同様の傾向が認められる[12]。

二之丸は、地籍図では数筆からなる「試作宅地」となっている。二之丸には廃藩置県後の明治四年、十県が合併して成立した額田県県庁が置かれた。翌五年に額田県が名古屋県と合併して愛知県になると、県庁は廃されている。なお、明治四十五年に二之丸の一画に市立図書館が設けられ、大正七年には旧藩主本多家が二之丸・菅生曲輪の一部を寄贈して、公園の敷地が拡大するが、これは地籍図作成以後のことである。二之丸の北側の北曲輪は、江戸期には内部が武家屋敷となっていた。地籍図は曲輪の輪郭が比較的表れている。北曲輪と三之丸の間には、堀底道となって稗田曲輪へ連絡する道が通じていたが、地籍図にも、屈折しながら伸びているこの道がよく表れている。

本丸の西側の白山曲輪は、江戸期は馬場や武家屋敷が設けられ、東側には坂谷門に伴う丸馬出が設けられていた。地籍図では北側はやや乱れているものの、武家屋敷地を示すブロック状地割りが顕著にみられる。建物はすでに存在しないが、土地区画にその名残を止めている。北側の稗田曲輪とを画する堀跡部分を渡る道は、前後二ヶ所で屈折を伴っている。これは、付近にあった枡形虎口による屈折する導線が、枡形解体後も踏襲されたことを示している。

白山曲輪の由来となる白山社は、永禄九年に家康が上野国新田から勧請したとされ、現在も地籍図と同位置に鎮座する。白山曲輪の東側、本丸寄りには半円形の丸馬出の痕跡が明瞭である。この丸馬出の周囲は、江戸期には馬場や広場状となり、定まった道は設けられていなかったようである。そのためか、地籍図では畑地に取り囲まれてしまい、馬出部分にアクセスする通路自体が認められなくなっている[13]。白山曲輪の北側にある稗田曲輪は、江戸期には侍屋敷があり、慶安二年から城米蔵が置かれた。地籍図では、一帯がやや区画の大きな「田」となっている。北西端の稗田門のあった部分では道が二回屈折しており、これも虎口に伴う導線の痕跡を止めていたことがわかる。

隠居曲輪の南東、菅生川沿いの菅生曲輪は江戸期には侍屋敷で占められていた。地籍図でも、やや小振りなブロック状地割りの「試作田」「畑」となり、かつての景観を伝えている。北側と東側には、堀跡の痕跡もよく表れている。とくに東側の堀跡に併走して土塁跡と考えられる地割りがみられるが、その幅は堀跡の幅にほぼ拮抗している。菅生曲輪の西側から白山曲輪の南側にかけては、帯曲輪状の曲輪があった。江戸期には藪地や通路となっており、とくに建物等はなかったようである。本丸の背後を防御する緩衝帯としての役割を負ったと思われる。地籍図では「藪」「畑」、そして「堤」となっている。ところで、この「堤」は白山曲輪の南端、外郭との間を画する堀の端部を塞いでおり、一貫して菅生川に沿って伸びている。この様子は、江戸期の絵図にも同様にみられる。この部分は、本来内郭と外郭を分化する堀であり、通路機能を設定するならいざ知らず、あえて両者を繋ぐことは、有事の際に敵の侵入を受ける足場となりかねない。にも関わらず、堤を設けたのは堀部分の開口部を介して、菅生川が増水した際、城内側に水が一気に流れ込むことを警戒した処置と言える。このような例は、河川に面して築かれた近世城郭にはしばしばみられる[14]。そこでは城郭の防御よりも、自然災害に対する警戒を第一義に考えていたのである。とくに、丘陵上にある本丸・二之丸等に比べて、低位置にある白山曲輪や菅生曲輪等は、菅生川の被害を受けやすい位置にあった。先の菅生曲輪東側の土塁跡が堀跡に拮抗する幅を有していたのも、それだけ浸水を警戒したことの現れかもしれない。

現在も菅生川沿いの堤防裾には石垣塁線が認められるが、一定間隔を空けて櫓台を思わせる突出部が三つ設けられている。ここにはもともと、櫓が築かれた形跡はない。『龍城中岡崎中分間記』[15]にも「菅生門ヨリ稗田御門迄惣土居ニ而土居際を水流候を、伊勢守殿代籠崎提出来る、川も南へ寄ル、菅生御門ヨリ稗田御門迄惣石垣ニ成る」と、石垣が築かれた点しか記していない。これは、直線的な石垣に突出部を設けることでその構造的な強化を図るとともに、水流を弱めることを狙ったと考えられる。海岸や水流の激しい河川に設けられた猿尾や将棋頭[16]に類するものであろう。いずれにしろ、岡崎城は天然の防衛ラインとなる河川に守られる反面、それに如何に対処するかも大きな問題として抱えこんでいたと考えられる。

二之丸北側の三之丸は、江戸期には侍屋敷となっていたが、地籍図ではその一角に「裁判所」が建つ。その他は、「宅地」や「畑」となっている。北側を画する堀は地籍図によく表れているが、東側の備前曲輪とを画する堀跡はやや不明瞭になっている。後者の堀については、本来やや幅の狭いものであったため、地籍図ではやや不明瞭に表れている可能性もある。

三之丸の北側、浄瑠璃曲輪は江戸期には侍屋敷、城米蔵、東側には曲輪名の由来となる光明院安西寺（浄瑠璃薬師堂）があった。地籍図でも光明院は位置を違えていないが、西側は「監獄署」となっている。この位置に監獄署が設けられたのは、南側の旧二之丸の裁判所と近接し、かつ二面を堀で囲まれており、収容された人間の逃走を妨げるのに有効な立地であったためではないかと思われる。(17)

実際、監獄署の北側の堀は、地籍図からもうかがわれるように、幅が非常に広い。他の部分の堀が耕地化されるにおいても池として残り、旧態をよく止めていたことがわかる。この大林寺との間を画する堀は、徳川家康が本多康重に命じて、もともと往還道があった部分を開削したとされる。(18)北側の大林寺がある場所は、本来本丸側に向かい合う丘陵地であったと思われる。享禄年間に建立された大林寺が、広大な敷地をそこに確保していた。この部分に広大な堀を設けるのは、内郭の防御上、至極当然の処置であった。もっとも、このような部分には、本多氏以前から堀が存在しなかったとは考えにくい。おそらく、先行して存在した堀を拡幅する普請を、本多康隆が行ったのではないか。さらに、この部分の堀は西側に行くにしたがって次第に堀幅が拡大している。堀以前に谷地形が存在しており、これを利用したのではないかと思われる。

江戸期の絵図によれば、浄瑠璃曲輪の北西から下り、この堀際で行き止まりとなる道の存在が知られる。このように途切れた道の存在は、大林寺との間に堀が拡幅される以前、そこを通過していた道への連絡道が存在した時期の名残ではあるまいか。

浄瑠璃曲輪の東側の大手門は、地籍図では堀を渡る土橋部分によってかろうじて位置を特定できるものの、枡形は消滅してしまっている。枡形部分の屈折する導線は直線化され、旧二之丸堀際で南に折れるように道の付け替えがなされている。浄瑠璃曲輪の南側、備前曲輪は慶長期に伊奈備前守忠次が居所を置いたことにちなむ名称とされる。江戸中期以降、家老屋敷となっていたが、地籍図では内部は細かく分割された地割りとなっている。その東側にある丸馬出は本多期に築かれたとされ、地籍図にはその輪郭と通過する導線が見事に表われている。丸馬出の外周にある道も、同様に円弧を描いている。ただし、丸馬出の南東、道を挟んだ位置は江戸期には広場状となっていたが、地籍図では「宅地」と化している。大手門や二之丸七間門といった往還道沿いの虎口が痕跡もなくなっているのに対し、それ以外の部分の虎口は、本来の形態や導線を多く残している点は、前者の部分に設けられた往還道が如何に新たな意識の元、機械的に設定されたものであったことを物語っている。

備前曲輪の南側裾、菅生曲輪との間にはとくに名称は知られないが、東西方向に長細い曲輪があり、内部をさらに堀で分化していた。この曲輪は丘陵上の曲輪群と、その南側に広がる裾部の曲輪群を唯一連絡していた。曲輪の前後にそれぞれ堀を入れ、丘陵上の曲輪群から裾部に対して馬出的な機能を有していたと考えられる。この曲輪の東側には、菅生川に面して内枡形状を呈する黒門があった。地籍図では、その部分で道が屈折している様子がわかり、黒門の位置をうかがうことができる。

外郭部分について

外郭の堀と土塁は、豊臣期の城主田中吉政によって築かれ、「田中堀」と呼ばれた。外郭内側の内郭寄りには武家屋敷が集中して配置され、その北側を大きく迂回するように東海道が伸びている。町屋は、この東海道に沿って外郭の縁辺に押しやられるように配置されていた。

図２に示すのは、愛知県内の主要な近世城郭の規模を模式的に記したものである。外郭の規模で言えば、岡崎城は吉田城とほぼ拮抗するが、内郭ではその規模を凌いでいる。もっとも、岡崎城の場合、外郭内部には侍屋敷と町人地が混在し、沼地や畑地等も残していた。これに対して、吉田城は外郭内部は侍屋敷地で占められ、その外側に町屋が広がっており、住み分けが明瞭になされていた。西尾城にも外郭はあったが、それ以外の城郭はほとんど明瞭な外郭を伴っていない。西尾城は文禄四年以降、岡崎城の支城となり、田中吉政家臣の宮川吉久が在番したとされる。ただし、外郭の整備は寛永十五年に太田資宗によってなされ、武家屋敷も町人地も外郭内部に包括されていた。これに対して、岡崎城では初期の状況は不明ながら、最終的には外郭外側の松葉町・両町・投町・伝馬町にも城下町が拡大していた。外郭・内郭の規模の点で言えば、岡崎城は三河において最大規模を誇っていたが、実質的な機能等については、後述するように別途検討する必要がある。[19]ただし、岡崎城と吉田城が三河において最大規模を誇り、ともに東海道沿いにあったことは、豊臣期の総構えの機能、さらには城郭や守備する城主の性格等を考える上で、一つの鍵となるであろう。

ところで、しばしば吉田城で東側の外郭が二重となっていた点[20]や、岡崎城が東方に手厚い防備を備えている点[21]等をもって、豊臣期に関東に移封された徳川家康に対抗すべく、その後に入城する池田輝政・田中吉政が整備したものと説かれることがある。この時期の城郭改修が、関東の家康を意識し、徳川色の払拭を狙っていた可能性は否定できない。[22]ただし、関東、すなわち東方に家康が転封されたからといって、それが各城郭の東方に対する脅威につながったとは考え難い。[23]

むしろ、岡崎城の場合、地形的に東側と北側に丘陵が続いている。これに対して、南側は菅生川・西側は青木川・矢作川が取り巻いている。そこで防備を厚くしようとすれば、必然的に丘陵続きの北・東方向に比重を置くことになる。

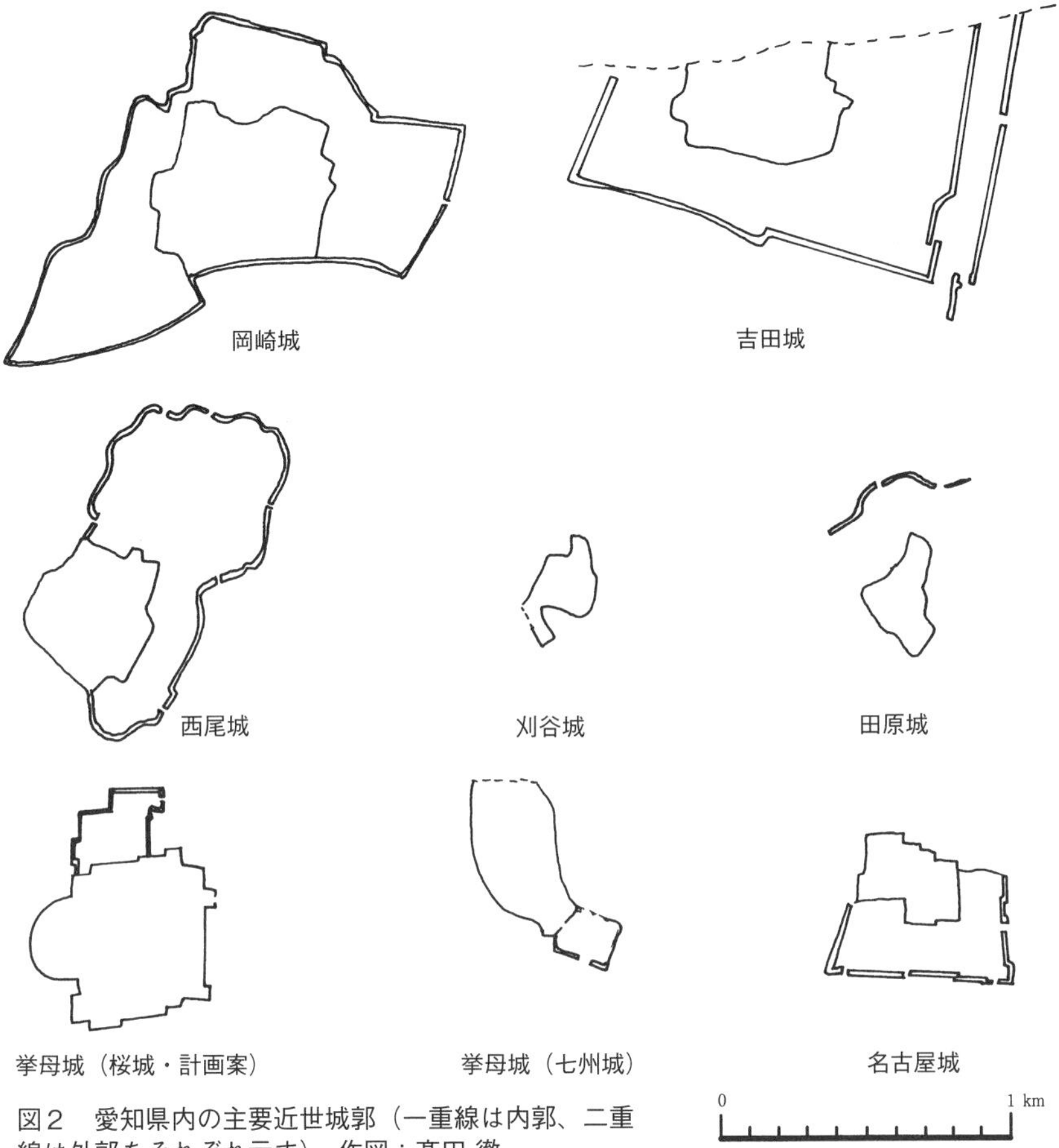

図２　愛知県内の主要近世城郭（一重線は内郭、二重線は外郭をそれぞれ示す）　作図：髙田 徹

豊臣期、あるいは江戸期の岡崎城を評価する際、それぞれの時期の戦略性（多くの場合、後世に推測されたものに過ぎないであろうが）と、実際の縄張りや選地の問題を安易に結びつけることは慎重であらねばならない。

さて、外郭は南側の菅生川に面する一部を除いた、北・西・東側を堀と土塁によって囲繞されていた。北側と東側は丘陵上に設けられ、直線的な部分が多い。これに対して、西側は低地部に位置し、緩やかに屈折している。また、西側部分は地籍図では「堤」となった土塁の幅が概して広いが、北側に行くにしたがって、次第にその幅を狭めている。外郭西側の田町・板屋町は元は沼地であったが、田中吉政が材木町付近にあった天神山を削った土で造成したと伝えられる。本来低湿地であり、その西側には松葉川や矢作川が控えていることから、とくに水害が及ぶことを警戒して土塁の幅（高さも大きかったと思われるが）が広くされたと思われる。

外郭には、合計八つの虎口がみられた。地籍図上の各虎口部分を図3に示す。このうち、松葉総門は外郭西側の東海道を抑える位置にあった。承応三年に籠田総門とともに、水野忠善によって築かれた。この虎口は幅の広い土塁の中に枡形を形成させていたが、地籍図にはかろうじて、北側の屈折を伴う塁線が「草生」となって表れている。

一方、外郭の東側にあり、同じく東海道を抑えていたのが籠田総門である。籠田総門は万治元年の焼失後、『龍城中岡崎中分間記』に「総持寺之稲荷山を切候て籠田之総門之升形略被仰付、北東之角を切」って築かれた。地籍図では、南北に伸びる堀が虎口部分で若干食い違っている状況を認めるのみである。ただし、総持寺の東側には幅が広くなった「藪」が堀に沿って伸びている。この「藪」は土塁跡で、かつて籠田総門が築かれるにあたって崩されたという稲荷山はその一部であったのであろう。籠田総門の南側、菅生川畔にも外郭虎口があった。地籍図ではその痕跡も、虎口につながる道も認められない。

外郭の北西にある魚町の虎口、北側にある材木町の虎口、籠田町の北側の虎口は、江戸期の絵図では平入状であるが、地籍図では向かい合う堀・土塁が若干食い違っている。どちらの形態が正しいのかは、今後の考古学的調査等に委ねるしかない。連尺町の北側にも虎口があったが、これは平入状となっている。また、外郭北側、横町の虎口は信濃口門と呼ばれ、内枡形状であったが、地籍図では枡形で屈折していた道が若干付け替えられている。これらの虎口は、籠田総門・松葉総門・信濃口門は内枡形状であるが、他は平入、もしくは食い違い状である。さらに、虎口に至る道に対して、側面から横矢が効くのは信濃口門のみである。上記は基本的に江戸期の状況であるが、それ以前の状況については、現段階では明らかにしえない。(24)

外郭の堀は、地籍図ではほとんどが水路となって表れている。地籍図では材木町の北側、福寿町付近では堀に沿って、谷地形が東西方向に入っている様子がうかがわれる。丘陵地に切り込むように存在した谷地形を利用して、付近

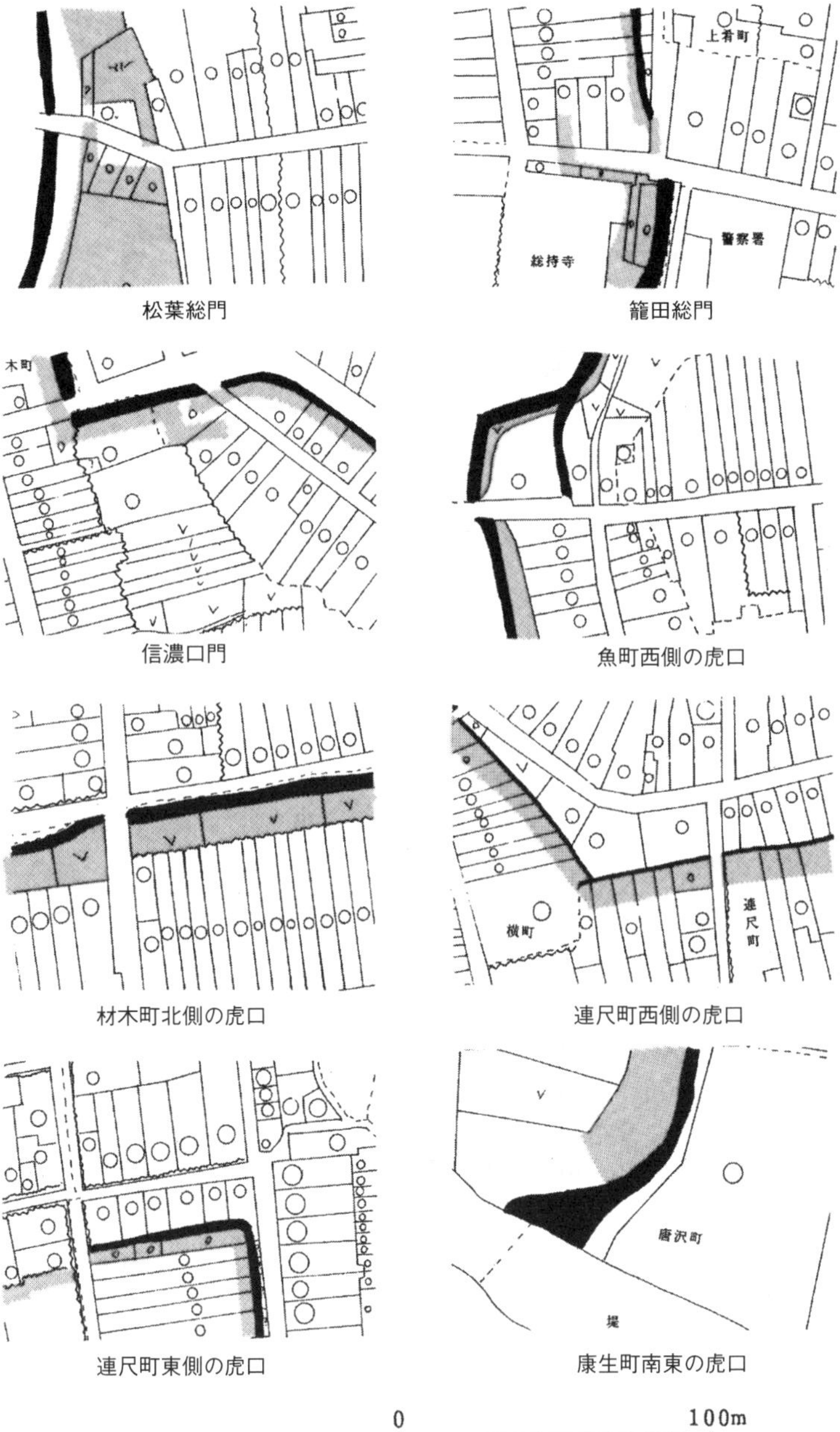

図３　岡崎城外郭の虎口（網掛け部分は想定される土塁を示す）

の外郭ラインが設定されているとみられる。他の部分でも、既存の地形・町・寺社配置等をにらみながら、防御性も意識した上で、外郭ラインが設定されたと予測される。

さて、地籍図では材木町の北側には堀跡の水路内側に沿って「畑」となった地割りが帯状に続いている。かつての外郭土塁が近代になって細分されて、開発された様子がうかがわれる。ところが、材木町の北東から横町・連尺町・籠田町部分に関しては、東海道に沿った短冊状地割りが堀跡際まで迫っており、ほとんど土塁の痕跡を認めることができない。江戸期の絵図でも、付近の土塁の規模はやや小さかったように見受けられるが、「藪」となった土塁を表記する。明治の廃城後、東海道沿いの短冊状地割りの宅地が、背後にある外郭土塁を均一的に分割獲得したものと考えられる。細長く伸びる外郭の堀・土塁は、跡地を開発しようとする場合、有効な土地利用が困難である。そのため、外郭に面した宅地に対してそれぞれ土地を払い下げる状況があったのではないか。この場合には、各宅地ごとの当時における経済力の格差も想像されよう。あるいは、このような外郭の細分化は、明治を遡る時期から外郭自体の機能がすでに喪失しており、隣接する宅地が何らかの形で外郭の堀・土塁を占有する等の既成事実を前提にしていたのかもしれない。いずれにしろ、外郭の土塁際に町人地が密集して配される段階以降、すなわち江戸初期以後では、外郭自体の防御性は格段に低下していたと言えよう。

なお、籠田町と亀井町・上肴町の間にある外郭の堀では、東側を通る道との間に細かく分けられた、土地利用不明な区画が数筆並んでいる。よく見ると、この区画は堀を隔てた籠田町側に広がる短冊状地割りの区画とほぼ対応している。このような区画が、偶然生じたとは考えられない。これは廃城後、外郭の堀が払い下げられるようになった際、籠田町の宅地がいずれも堀を越えて敷地を拡大していこうとする過程を表すのではないか。実際には、昭和八年の『岡崎市土地宝典』でも、付近の土地区画には大きな違いを認めることができず、堀の埋立ては進んでいない。ただし、先に述べた土塁についてもおそらくこれと同様の形で、分割・解体が進められていったのではないだろうか。

外郭は、内郭を囲繞しているが、一ヶ所のみ両者のラインが重なる部分がある。すなわち、内郭の菅生川端の部分である。もっとも、江戸期の絵図によれば、菅生川中には「籠崎」と記される中島があり、その東側端部は菅生門近くで陸続きとなり、外郭部と接している。従来、この「籠崎」については城郭の一部として認識された節がないが、外郭・内郭によるライン形成の点から見れば、外郭に準じた存在として評価すべきである。ただし、地籍図では、「籠崎」は河道が変更したためか記されていない。

次に、外郭内部の状況について見ていきたい。外郭のうち、南西部、菅生川と松葉川の合流点にあたる部分は「福島」と呼ばれる。ここには、田中吉政の入封後に真宗寺院の本宗寺が移され、その寺内となった。実現はしなかったが、「福島」には三河七ヶ寺と呼ばれる他の真宗寺院の移転も計画されていた。その意図は、「福島」の西側に広がる中世以来の流通の中心であった矢作東宿と、岡崎城下の一体化にあったのではないかと考えられている。[25]慶長三年に本宗寺は移転するが、町自体は一七世紀まで存続し、天和二年に水野忠善が町を移した後、そこに下級武士の組屋敷を設けた。明和四年の洪水後、この組屋敷も廃された。河川に挟まれた位置にあるだけに、水害が及びやすかったと思われる。それでも、かかる地に真宗寺院の配置がなされ、[26]次いで下級家臣が集住させられている点は興味深い。

地籍図にみられるように、当時「福島」の東側は多くが「畑」になっていたが、南北方向に伸びる三本の道に沿って短冊状地割が並んでいる。各地割りの背後は背割溝で区画され、長方形街区を形成する。これは、基本的には明和四年に廃絶する組屋敷の地割りを示すと考えられる。ただし、それ以前に形成された町割りを組屋敷が踏襲していた可能性は捨てきれない。「福島」の西側は「田」となるが、この景観は江戸期の状況とほとんど変わりなかったと思われる。なお、「福島」の北側は「堤」によって、旧東海道との間が区画されているが、この「堤」は白山曲輪の堀を塞ぎ、その土塁と連続する。この「堤」は、江戸期の絵図にはまったく描かれておらず、明治期になって低地部の旧城下町部分を守るべく、新たに設けられたと思われる。

板屋町の北側からは東海道が北上するが、それにそって短冊状地割りとなった宅地が凝集している。俗に「二七曲がり」と呼ばれるように、東海道は外郭内で屈折を繰り返し伸びていた。このように街道を曲げた理由について、矢守一彦氏は「多くの町屋を街道にそわせるための工夫」であったと指摘している。(27) いずれにしろ、江戸期を通じて東海道は外郭の縁辺に押しやられた形であったが、それ以前の豊臣期における外郭内部の道や屋敷割は相当異なっていたとみられる。

板屋町・田町は、田中期に低地部を埋め立てて造成された。地籍図でも、「堤」の東側に「田」となった部分をいくらか残している。江戸期の絵図によれば、田町の北西部には沼地もあったようである。

田町の北、魚町は明治十一年に下肴町と玉崎町が合併して成立した。玉崎町は、明治五年に下肴町から大林寺門前町が分かれて成立したものである。名称通り、下肴町には魚鳥類を売る商家が多く見られた。

魚町のほぼ中央に位置するのが大林寺である。江戸期には広大な境内を有したが、地籍図作成時には南側の境内地が「学校」となっている。現在では、さらに境内地が削られ、かつての面影はすっかり薄れている。小学校の南側には、堀に沿って一条の道が見られ、その北側にブロック状の地割りが一列に並ぶ。これは、正保四年頃に大林寺境内を削って堀際に幅三間の道が造られ、その道に沿って奥行十間の武家屋敷が設けられた部分である。ただし、この道は『龍城中岡崎中分間記』には「大林寺下木戸并万年柵正保年中出来」とあり、柵を設けて一般の通行を禁じていたようである。この道の構築理由については、大林寺北側を迂回する東海道の煩雑さから、それ以前の往還道の復旧を意図していたのではないかと考えられている。(28) その可能性も否定しないが、このような道と武家屋敷の設置は、大林寺のある丘陵部分の斜面を掘削することで可能になった点を考慮すべきである。その場合、道とセットになった武家屋敷地の拡幅で、内郭の浄瑠璃曲輪側と大林寺側の丘陵部との平面的な広がりを大きくさせ、結果として城郭の軍事機能を高めている点にも注意すべきであろう。いずれにしろ、ここに「万年柵」があって一般の通行が禁止されたこと、さらにそれに沿って設けられたのが民家ではなく、武家屋敷ばかりであったことは、この道が有事において軍事的な使用を前提としていたことを物語る。なお、大林寺北西にみられるやや小振りな地割りは、境内地を割いて設けられた門前町であり、かつての玉崎町にあたる。

大林寺の北側は材木町で、かつては天神山と呼ばれる山があったが、田中吉政の時に均されて、町が形成された。材木町には鍛冶・武具等の職人が多く集住していた。材木町の東が連尺町で、岡崎城下の中心的な部分である。御用商人も多く、大店も多かったが、地籍図でも間口・奥行が広い地割りが垣間見られる。連尺町の北西にあるのが、横町である。横町の南端連尺町際は「横町口木戸」が設けられていたが、この部分は地籍図では道を挟んだ位置の水路が食い違いになっている。「郭木戸」と呼ばれる侍屋敷と町屋の境界に設けられた木戸は、岡崎城下では正保元年以降に設けられた。他に横町・龍田・連尺町・稗田・大林寺・桜馬場・川端・材木町木戸・籠田町北方六供町木戸・連尺町郡内小路の各木戸が設けられ、その傍らに番所が置かれていた。

籠田町は当初は内籠田町と呼ばれたようで、八町村や榎町からの移住者によって形成された。籠田町の西側は、康生町であるが、付近一帯は江戸期には武家屋敷となっていた。地籍図ではその多くが畑と化しているが、ブロック状の地割りや街路にその痕跡が表れている。もっともその北側、東西方向に伸びる道沿いには小振りな地割りの宅地が多く見られ、その一角には明治十一年の郡区町村編成法以後に設置された「額田郡役所」がみられる。額田郡役所の北東にある「学校」は、明治二～四年の間、岡崎藩校であった允文館の跡である。藩校が設けられる以前は、藩の施設である対面所が設けられていた。

次に、外郭外側に広がる旧城下町部分のうち、北側の福寿町・能見町南側・亀井町・八幡町には下級武士の組屋敷が置かれた。これらの部分は、地籍図ではやや小振りなブロック状地割り・もしくは短冊状地割りを表しており、組屋敷の様相を止めている。外郭内部の侍屋敷地が空洞化していたのに対し、これらの組屋敷が設けられた部分に空地はほとんどなく、大半が宅地として機能している。下級武士の多くは、廃城後も旧宅を多く踏襲していたとみられ、上級家臣の屋敷が退転したのとは対照的である。そして、これらは外郭堀の対岸に集中して設けられている傾向を見出すことができる。

籠田総門の東側にある伝馬町は慶長十四年に成立し、大名が宿泊する本陣の他、庶民が利用する旅籠が多く設けられた。地籍図では、城に近い西側の地割りは概して奥行きが広くなっている。そのさらに西端の「警察署」となっている部分は、御馳走屋敷跡である。寛文十年に上肴町からこの地に移り、朝鮮通信使等の饗応場所に当てられた。

なお、地籍図でみられる松本町は、明治五年に能見村から松応寺門前が分かれて成立した。松応寺は、永禄三年に徳川家康が亡父松平広忠の菩提のために建立したものである。

おわりに

以上、明治十七年作成の地籍図に記された状況を確認し、若干コメントを加えた。筆者が不勉強な城下町に関わる検討は不十分なものとなってしまったが、この点、識者によって一層の検討が進められることを期待したい。

ところで、岡崎城の内郭は地籍図に表れた形態からもうかがわれるように、部分的にややいびつながら、稗田曲輪・白山曲輪・菅生曲輪・備前曲輪・浄瑠璃曲輪・北曲輪がそれぞれ横方向にチェーン状に結びつき、方形区画を造り出している。これらの中央部には、北東～南西方向に舌状に伸びる丘陵部、すなわち本丸・隠居曲輪・持仏堂曲輪・二之丸・東曲輪等が取り込まれた形になっている。方形区画を呈する曲輪部分は、個々の曲輪の規模がやや大きい。塁線も直線的な部分が多く、本丸等の造りとは相違している。新行紀一氏もすでに『龍城中岡崎中分間記』の記述に拠りながら、本丸等の部分に対して稗田曲輪・白山曲輪・浄瑠璃曲輪・備前曲輪等は天正十八年以前の徳川期には存在しなかったと、両者の成立時期差を推定されている。(29) このうちの白山曲輪は、『龍城中岡崎中分間記』には本多期に造られたとある点からすれば、筆者は先の稗田曲輪や浄瑠璃曲輪等、方形区画を形成する部分の曲輪整備も本多期に想定できるのではないかと考える。

では、この時期に内郭のうちの外回りの曲輪整備がなされたとすれば、その理由は何に求めるべきなのであろうか。この点は、本多期に外郭内部に通された東海道と極めて密接に関わる問題と筆者は考える。東海道を菅生川北岸で通過させようとすれば、必然的に城郭の縄張り上、内郭の北側を通すしかない。ただし、そこは地形上本丸に続く丘陵地であり、有事の際に敵の侵入を許せば、城郭の機能上最も大きな弱点と化す部分である。実際、内郭において北・東側の丘陵続きに直接開く虎口は大手と備前曲輪前方の馬出部分のみである。虎口配置の少なさからも、如何に北・東側の地形、さらにそこを通過する東海道に対して、警戒していたかが知られるのである。内郭の外回りの整備は、すなわち城域の間近を通過することになった東海道に対して、城域の縮小化と共に、防御性の強化・再編成を狙ったものと位置づけられないか。もっとも、筆者は浄瑠璃曲輪や白山曲輪等の部分に、本多期以前に形態・規模等の異なった曲輪が存在した可能性を否定するものではない。これらの部分にも、城郭中枢部分の周縁であるという点から、何らかの諸施設や曲輪が先行してあってもおかしくない。

一方、東海道は、外郭内の外縁部に通され、それに沿った宅地は外郭の土塁際ぎりぎりの部分に配置されていた。これにより、内郭と外郭の堀・土塁が連動して機能し難くなり、相互の隔絶化が進んだと思われる。地籍図では、外郭際の宅地がかつての堀や土塁部分を分割するように蚕食している状況が認められた。それは、近代以前にその前提となるような外郭の使用・捉え方がすでに存在していたのではないかと考えた。もちろん、これは現時点では筆者によるまったくの想像に過ぎない。江戸期の絵図をみても、外郭の堀や土塁は明瞭に描かれている。ただし、仮に先のような状況があったとしても、公式的に城の状況を記した絵図において、必ずしも格好のよくない景観を包み隠さず正直に記すようなことがありえたであろうか。後考を待ちたい。

いずれにせよ、岡崎城の外郭は豊臣期に築かれ、豊臣期のみにその本質的な機能を発揮しうる状況にあったと考えられる。本多期の城郭整備は外郭部分に東海道の貫通、そして外郭の軍事機能の後退化の代償としてなされたと考えたい。本丸の天守・廊下橋の整備等も、これと並行して進められたと考えられる[30]。

なお、すでに答えは出されているのかもしれないが、江戸期において外郭の内側と外側の城下町では格差があったのかどうか等も、江戸期における外郭の存在意義を考える上での指標になるであろう。外郭、すなわち総構えについては、「防禦機能と城域区分機能の両面」[31]から検討することが必要であるが、前者についてはあまり検討されることがない。岡崎城の場合、虎口や塁線からみると外郭はやや単純な感が持たれるが、そのような側面のみで優劣を評価することはできない。一見単純な塁線こそ、内部に収容する兵員と、それに即した防御性をより有効に発揮しうるものであった可能性も十分あるからである[32]。

本多氏に続く水野氏は、大林寺との間に道や侍屋敷を設けたり、外郭堀際等に組屋敷を新たに配した。この点は、外郭内部の武家地と町人地の分別を進めた点から説かれることが多い[33]けれども、すでに形骸化していた外郭周囲を、武士屋敷の集住帯の配置により軍事的な再編成を計ったと見ることもできるのではないか。水野期の籠田・松葉総門等の虎口の整備も、この点とも併せて理解すべき問題であろう。内郭の普請や改修等については、往時武家諸法度により厳然と制限されていたことは言うまでもないが、それが及ばない外郭部や屋敷地の配置による軍事的な再編成が想定できるのなら、他藩においても同様の状況がなかったかどうか、改めて見直すべき必要もあるかもしれない。

なお、本稿では地籍図から知られる情報の長所を中心に述べてきたが、短所の存在も強く認識しなければならない[34]。当たり前ながら廃城から期間が経過した後の姿を表しており、直接城郭が機能した段階の状況を伝えるわけではない。また、遡って知られる情報も基本的には廃城に近い時期の構造であり、直接それ以前の構造を検討する上では限界性を持つ。そのような点を補うものとして、それ以後の地籍図・土地宝典、空中写真等の併用も求められ、さらには文献史料の成果や絵図類等も含む様々な史料の総合化によって、本来の岡崎城の実像を明らかにできるはずである。その意味では、本稿で行った作業は将来の岡崎城・岡崎城下町に関する総合的な調査・研究の為の一素材の提示・提供にしか過ぎない。その点を強く認識した上で、改めて本地籍図の活用が進められるべきであろう。また、廃城後の建物や敷地がどのように解体・売買されていったのかの研究も、従来十分に行われているとは言い難い[35]。今後併せて進展が期待される分野であろう。

最後になったが、本稿をなすにあたり、浅井敏、浅野哲基、石川浩治、奥田敏春氏から資料提供並びにご教示を賜った。日頃からのご厚情も含めて厚くお礼申し上げたい。

【註】

（1）たとえば、愛知県教育委員会『愛知県中世城館跡調査報告』Ⅰ～Ⅳ（一九九一～一九九八年）等が挙げられる。

（2）浅野哲基「近世城郭における丸馬出について」（『愛城研報告』五、愛知中世城郭研究会、二〇〇〇年）では、本地籍図の一部を用いて岡崎城における丸馬出の形態・成立時期を検討している。

（3）同様の作業は、東三河の事例を中心に伊藤厚史「東三河の城下町（2）―田原城下町の構造―」（『三河考古』三、三河考古刊行会、一九九〇年）、同「東三河の城下町（3）―吉田城下町の復原に向けて―」（『三河考古』四、一九九一年）等ですでに試みられている。本稿でも本来ならば、地籍図と都市計画図を重ね合わせる作業を同時に行うべきであったが、今回は果たすことができなかった。この点、今後の課題としておきたい。

（4）岡崎城のかつての堀の位置や曲輪の位置を現在の都市計画図上に比定する作業は、すでに堀江登志実他『定本西三河の城』（郷土出版社、一九九一年）、新行紀一他『新編岡崎市史』近世三（新編岡崎市史編さん委員会、一九九二年）等でもなされている。ただし、個々の地割りの対応関係までは明らかにされておらず、また、その比定作業上のプロセスも明記されていない。

（5）愛知県内では清須城下町、名古屋城下町、吉田城下町の発掘調査において、部分的な範囲で検出された遺構を位置づけるに際して、明治十七年の地籍図との対照を進め、その理解に役立てている（鈴木正貴「清須城下町の復元的研究（一九九五年覚書）」

鈴木正貴他『清洲城下町遺跡Ⅴ』〈愛知県埋蔵文化財センター、一九九五年〉、千田嘉博『城と町のデザイン戦国―江戸の考古学―』〈名古屋市立見晴台考古資料館、一九八九年〉、磯谷和明他『愛知県名古屋市・豊橋市代替無線統制室建設にともなう埋蔵文化財発掘調査報告書』〈愛知県教育委員会、一九九七年〉、等）。

（6）廃藩置県後の全国的な城下町の変容については、佐藤滋『城下町の近代都市づくり』（鹿島出版会、一九九五年）等を参照。

（7）岡崎市『岡崎城―城と城主の歴史―』（一九九六年）に所収。なお、本稿では本書所収の岡崎城・城下町絵図を主に参照している。

（8）白峰旬「城郭修補申請方式の変遷について」（『城郭研究室年報』九、姫路市立城郭研究室、一九九九年）で指摘されるように、この点、岡崎城では「どこまでを城域として扱」っていたのか、常時の外郭部の管理状況と併せて検討を進める必要がある。その場合、後述する近代以降の外郭部の土地利用も、江戸期における実質的な状況を探る上で参考にされるべきであろう。なお、西尾城では寛政四年に外郭部も含めた堀浚いがなされた際、幕府に届け出がなされている（西尾資料館蔵「参河国西尾城堀浚之覚書」『太陽コレクション城下町古地図散歩2名古屋・東海の城下町』、平凡社、一九九五年に所収）。したがって、外郭の取り扱いが岡崎城とは異なっていたと判明する。

（9）同様に、幹線道を取り込む予定であった曲輪があえて名称を付けられず、幕府への届け出に際しても、詳細が報告されていなかった例に、挙母（桜）城が挙げられる（拙稿「三河挙母城の変遷―特に桜城の構造を中心として―」『中世城郭研究』一三、中世城郭研究会、一九九九年）。

（10）宮本雅明「城なき城下町の展開」（朝日百科日本の国宝別冊『国宝と歴史の旅5城と城下町』、朝日新聞社、二〇〇〇年）。

（11）本丸付近の縄張りの変遷については、本書の拙稿「近世初頭における岡崎城縄張りの変遷―天守及び廊下橋周辺の検討から―」を参照。

（12）拙稿「若桜鬼ヶ城における「破城」の可能性について―縄張り研究の視点から―」（『若桜鬼ヶ城』、城郭談話会、二〇〇〇年）でも触れたが、三河挙母城では明治三年の破却に際して、まず通行の支障となる門を撤去して、通行止の妨げをなくし、城郭の軍事的機能の喪失が計られた。

（13）丸馬出に関しては、本書の石川浩治氏の論文に詳細を譲るが、丸馬出は外周部が円弧を描くため、それに接して直線的な通路を設定すると、馬出の両端部に空間を確保して両者の調整を計ることが必要となる。そもそも、円弧を描く丸馬出は直行するような街路と共存しにくいものであり、本来は広場や空間を有する部分で用いられたと考えられる。加えて言うのならば、円弧を描いて防御する側に死角をなくす塁線の丸馬出は、周囲に空間や広場を保持することで初めて実質的な機能を発揮しえたかと思われる。

(14) 拙稿「松城城」・「厩橋城」（前田育徳会尊経閣文庫編『尊経閣文庫蔵諸国居城図』新人物往来社、二〇〇〇年）。

(15) 新編岡崎市史編集委員会『新編岡崎市史』史料近世上七（新編岡崎市史編さん委員会、一九八三年）に所収。

(16) 畑大介「武田信玄・治水の構想」（萩原三雄編『戦国武将武田信玄』新人物往来社、一九八八年）。

(17) 宮城県仙台市の若林城では、城の堀と土塁で閉塞された部分に明治十二年に宮城集治監が設けられ、現在も宮城刑務所となっている。

(18)『新編岡崎市史』近世三。

(19) 名古屋城でも、『蓬左遷府記稿』（内藤昌編『日本名城集成名古屋城』小学館、一九八五年、に所収）元和元年八月二十四日条に南は古渡、東を矢田川、西を枇杷島（庄内）川によって囲まれた外郭が計画されたと記しているが、真偽のほどは不明である。

(20) 贄元洋「今橋・吉田城と城下町の変遷」（贄元洋他『吉田城址（Ⅰ）』、豊橋市教育委員会他、一九九四年）。

(21) 前掲註（18）に同じ。

(22) 近年、豊臣期の東海道・中山道筋の城郭瓦の検討から、関東の徳川氏に対する城郭包囲網が形成されたという見解も出されている（加藤理文「豊臣政権下の城郭瓦―中部地方を中心に―」『織豊城郭』創刊号、織豊期城郭研究会、一九九四年）。

(23) 同様の問題については、拙稿「吉田城」（『豊橋・豊川の中近世城館―愛知県豊橋市・豊川市内中近世城館跡調査報告―』愛知中世城郭研究会、一九九七年）でも述べた。

(24) 推測に過ぎないが、豊臣期にも江戸期の外郭虎口と同様の位置で、やや数的に下回る程度の虎口が設けられていたのではないかと考える。なお、『新編岡崎市史』近世三によれば、東海道は慶長三年時には外郭の東方の祐金町（旧榎町）から直進して外郭の堀を渡り、備前曲輪東側の丸馬出部分で北側に折れていたと推定されている。これにしたがうなら、想定される東海道が横断する外郭の堀・土塁部分に何らかの痕跡が残されていてもよさそうである。ただし、江戸期の絵図や地籍図においても、その痕跡らしき状況を認めることができない。筆者は、東海道の基本ルートはともかくとして、慶長三年時においても北側の龍田総門側へ周り込むルートを想定できるのではないかと考える。

(25) 前掲註（18）に同じ。
(26) 井上鋭夫『一向一揆の研究』（吉川弘文館、一九六八年）。
(27) 矢守一彦『都市図の歴史―日本編―』（講談社、一九七四年）。
(28) 前掲註（18）に同じ。
(29) 前掲註（18）に同じ。
(30) 前掲註（11）に同じ。
(31) 前川要『都市考古学の研究―中世から近世への展開―』（柏書房、一九九一年）。
(32) 拙稿「順天城の縄張りについて」（城郭談話会『倭城の研究』二、一九九八年）。
(33) 前掲註（18）に同じ。
(34) 地籍図の限界性については、拙稿「空中写真について」（『愛知県中世城館跡調査報告』Ⅳ）を参照。
(35) 廃藩置県後の各地の城郭の存廃経緯については、森山英一『名城と維新―維新とその後の城郭史―』（日本城郭資料館出版会、一九七〇年）。なお、廃城後岡崎城から移築された建物のうち、城門については近藤薫『愛知城門』（一九九八年）に集成されている。

【その他の参考文献】


竹内理三編『角川日本地名大辞典23愛知県』（角川書店、一九八九年）。

林英夫監修『愛知県の地名』（平凡社、一九八一年）。

堀江登志実「岡崎城下町」（『太陽コレクション　城下町古地図散歩2　名古屋・東海の城下町』平凡社、一九九五年）。

地籍図凡例	田	畑	宅地	水路・川	藪	草生	字境	墓地	学校	不明
		∨	○				- - - -	⊥	文	?

図４　地籍図全体図

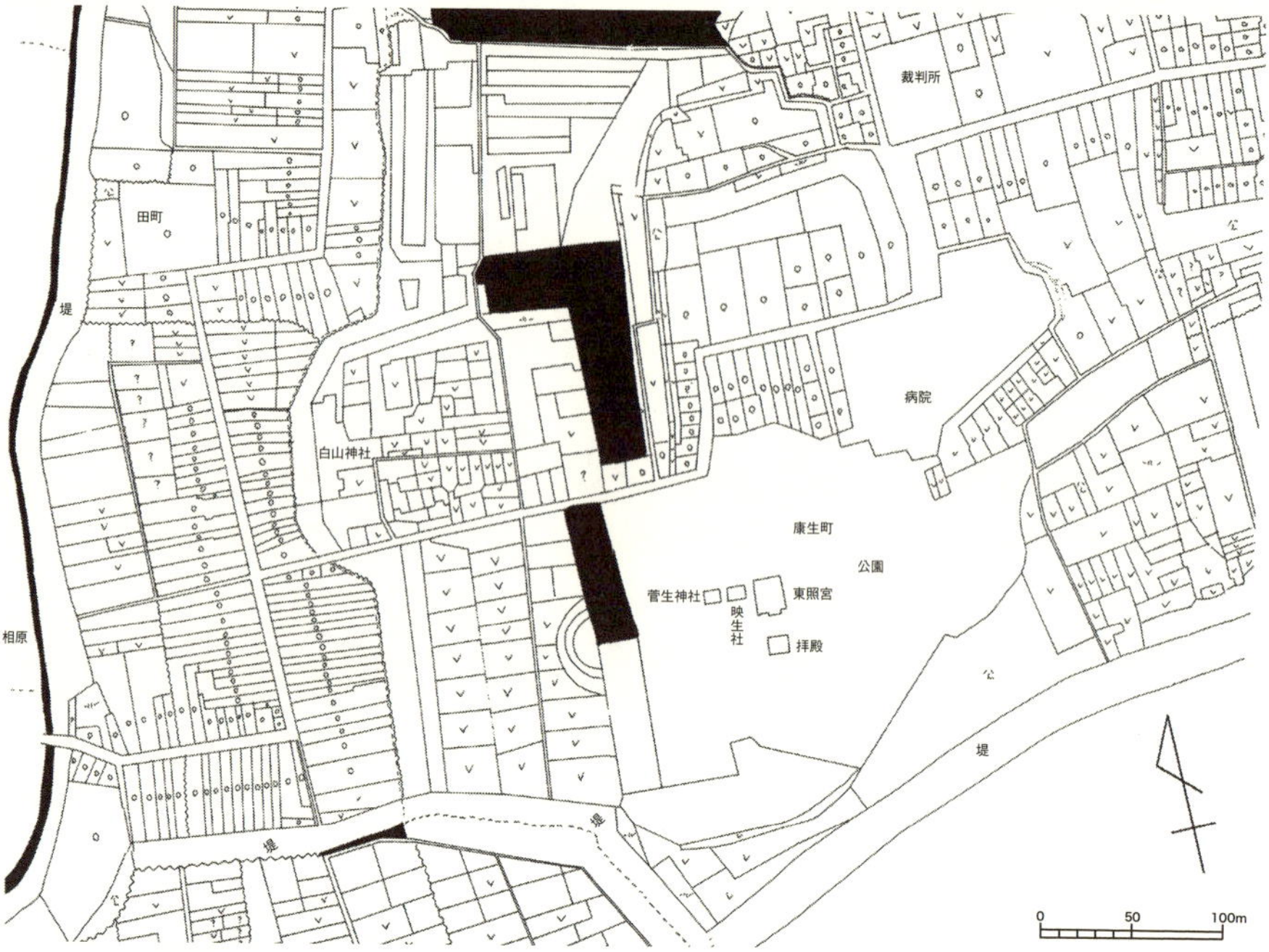

図５　部分図①

図６　部分図②

図７　部分図③

図８　部分図④

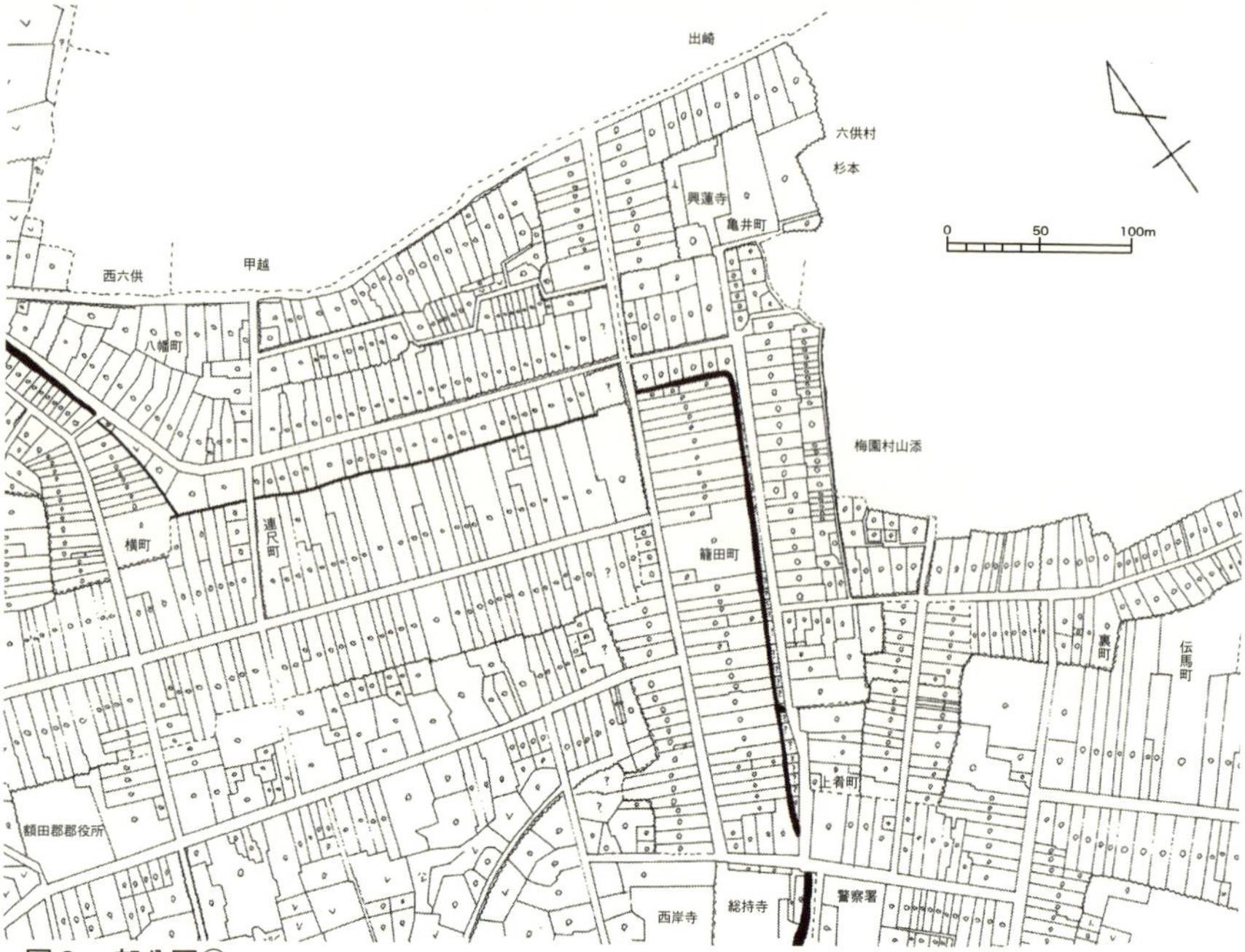

図9　部分図⑤

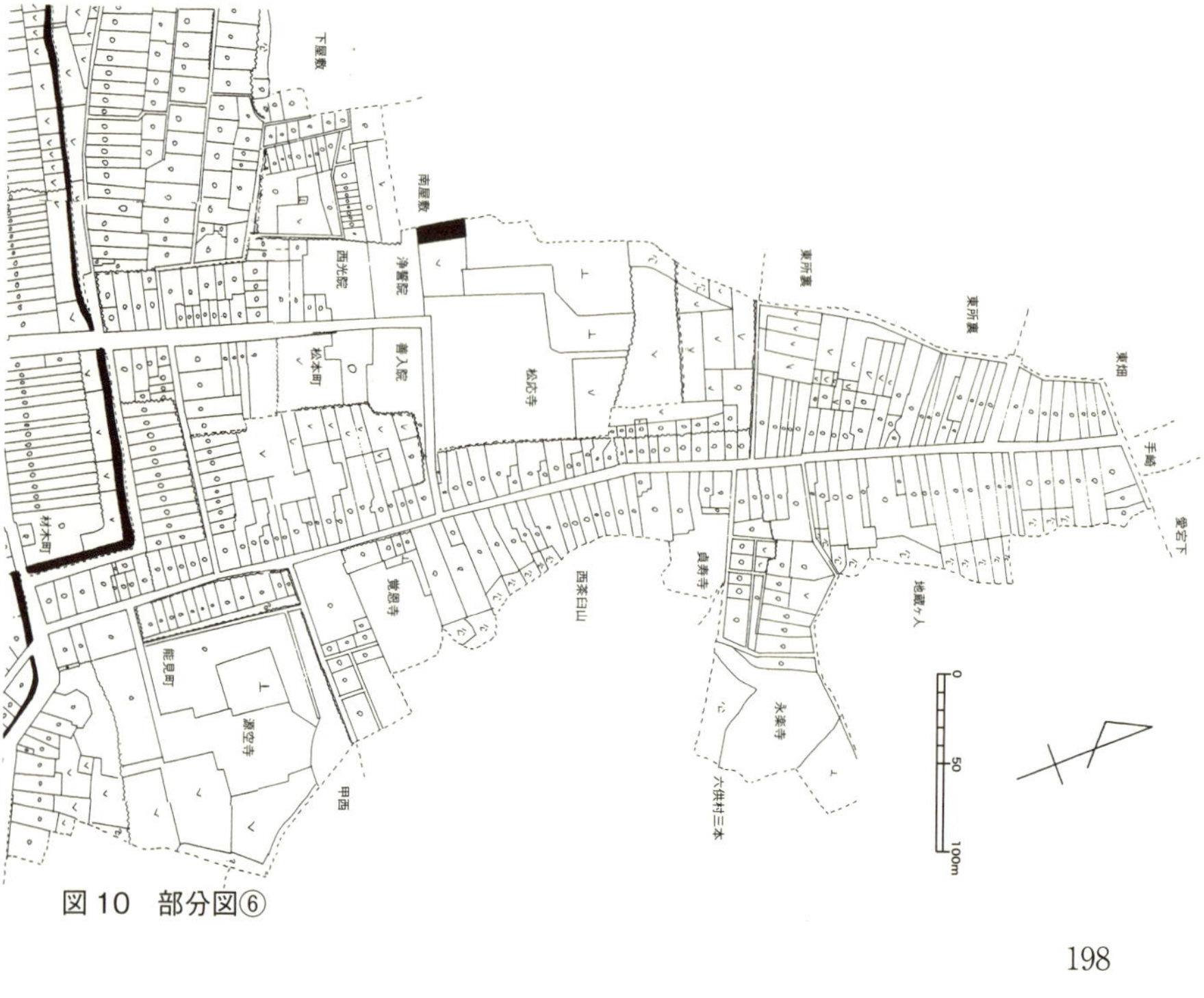

図10　部分図⑥

図 11　部分図⑦

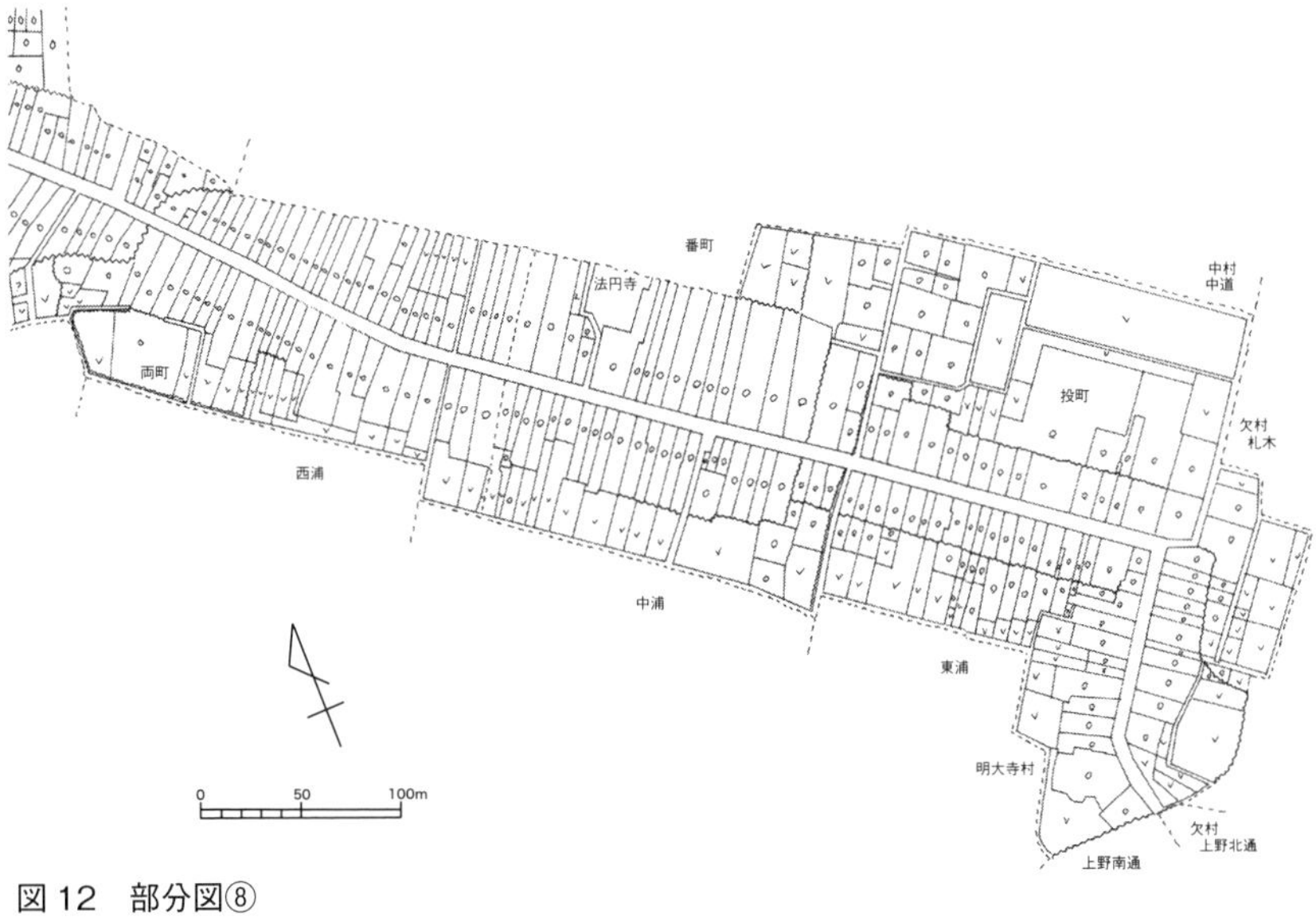

図 12　部分図⑧

Ⅳ

近世岡崎城下のくらし素描
――旧岡崎藩領の御田扇祭りを例にして

野本欽也

はじめに――御田扇祭りの履歴

御田扇《おたおうぎ》祭りは、岡崎藩の大庄屋制度のもと、藩領である手永《てなが》単位で行われた祭礼・行事である。現在、一年ごとに神輿等を巡行していく形態が伝承されているのが二地区（堤通《つつみどおり》手永・山方《やまかた》手永）、一町内のみで巡行しているのが一地区（上野《うえの》〈長瀬《ながせ》〉手永）、矢作神社・各町内の氏神で祭事が行われているのが三地区（川西《かわにし》手永・額田《ぬかた》手永・東山《ひがしやま》中《なか》手永）という状況である。

御田扇祭りは、農民にとって一番の願いである五穀豊穣を前面に押し出し、藩統治の安定化を築き上げる手段として祭礼・行事を活用した過程が読み取れ、文献・伝承の面からも実証できる事例である。すなわち、農民の側から起こったものではなく、藩とその中間管理職である大庄屋を軸にし、手永単位で行われている特異な祭礼・行事である。また、この祭礼には、藩主お抱えの伊勢御師《おんし》が廻檀配札に大きく関与し、御神体としての扇・鍬形・大麻等を各手永に配っていた事実も確認できた。このような祭礼・行事は、筆者の知る限り、岡崎藩領のみに伝承されているもので、静かな祭礼である。さらに近代に入り、現在実施されている二つの手永（堤通・山方）と氏神祭祀のみで実施されている四つの手永（川西・上野〈長瀬〉・額田・東山中）に、祭礼のための基金が後本多氏（後本多氏とは、岡崎藩主本多氏時代〈一七六九～一八七一〉を指す。本多氏藩主時代〈一六〇一～一六四五〉を前本多氏と称す）から下賜されている点も、驚きと同時に藩主の想い入れの強さを感じさせる事例である。

このように、現代まで復活伝承されている御田扇祭りは、とても不可思議な履歴を持つ。以下、この履歴を、文献と伝承により紐解いていきたい。

一、文献史料から読み取れる御田扇祭り

本節では、後本多氏時代の「順村触れ」（後述）について、堤通・額田・上野の三手永の例を中心に、御田扇祭りにおける順村ルートと大庄屋との関係について言及するとともに、岡崎藩主の後本多氏時代を遡る水野氏時代の御田扇祭りの史料を紹介し、御田扇祭りの成立と展開の糸口となる事例を提示する。また、御田扇祭りの位置付け、価値についても推論を示したい。

祭礼では、大庄屋が指示を出し、村から村へと「御田扇」が廻される。岡崎藩でこのように行われるようになったのが、宝暦六年（一七五六）の水野氏時代である。ただし、御田扇祭りに関する近世史料は乏しく、岡崎藩主後本多氏時代に、村から村へと御田扇が廻る日程について額田手永の大庄屋が触れたものが、『新編岡崎市史』（七　史料近世上）に紹介されているのみである。手永単位の村から村へ御田扇を廻村する行為は、「順村」とも記されている。「順村触れ」は大庄屋が出し、庄屋を通じて村々に伝えられ、御田扇の宿泊と休息の村を指定、さらには廻村の順番が記されている。

以下、六つの手永を堤通手永＝堤通地域型（A型）、山方手永＝山方地域型（B型）、川西手永（C型）、上野（長瀬）手永＝上野（長瀬）地域型（D型）、額田手永＝額田地域型（E型）、東山中手永＝東山中地域型（F型）として記述していく。

水野氏時代の御田扇祭り史料

御田扇祭りに関する史料で、岡崎藩主後本多氏時代を遡る水野氏時代、宝暦年間（一七五一～一七六四）の御田扇祭りの史料が確認できた。これは現在のところ、御田扇祭りに関する最古の史料と思われる。この史料は、「諸色覚書　東矢作村」(1)と題する東矢作村庄屋の記録で、宝暦六年、同八年、同十年、同十一年の四冊に記述が見える。まずは、宝暦六年の史料を示す。

宝暦六年

一、（八月）四日、田扇欠村ゟ暮方ニ請取、夫ゟ拵致シ、同五日昼過ゟ送り、筒針村へくれ（暮）方ニ相渡し、例之年通川西中拵申候、急成儀ニ而難義致し候、大籏弐本、木綿中籏四本ニカミニ木綿、又木綿籏四本、小籏十三本、ほこ壱本、ほんてん壱本、大へい弐本、笠ほこ壱本、内々いろいろ有、輿木綿とんす染水引〔　〕、下片町東ノ切・西ノ切・西川原若者ニ拵せ申候、場所ハ孫右衛門隠居家かり拵いたし候、右御田扇御礼ニ御代官様・両御奉行様・大庄屋殿へ参申候、御代官様・御奉行様へ清右衛門殿被参候、佐々木へハ西庄屋殿・私両人参申候、尤八月十二日切、川西中仕廻ニ御座候、

この史料を見る限り、御田扇祭りは宝暦六年の段階で、ムラからムラへ引き継がれていく形式が確立されていたといえる。引き継ぐモノも、籏・ほこ・ほ（ぼヵ）んてん・笠鉾・輿などを伴うことは、のちの本多氏や現代とつながると見られる。

岡崎藩の手永制度（大庄屋制度）は、正保二年（一六四五）に水野忠善が前本多氏に代わって岡崎藩主に就任すると成立したとされている。そして、水野時代は九つの手永に区分されていた。ただし、宝暦年間の八年・十年・十一年の史料中に、後本多氏や現在と明らかに異なるほかの手永から受け取っている記載が見られ、後本多氏の時代や現在

のような、手永内完結型を採っていなかったことが読みとれる。

後本多氏時代の御田扇祭り史料

ここでは、A型、D型、E型の史料の一部を紹介し、近世における御田扇祭りの実態に迫ってみたい。

［A型（堤通地域型＝堤通手永）順村史料］　堤通手永における御田扇の順村触れは、手永大庄屋であった中之郷村長嶋家の日記に書き留められた史料から知ることができる。日記は、文政十二年（一八二九）から明治二年（一八六九）までの三〇冊余が残されている。このうち、長嶋家が大庄屋を務めた天保十四年（一八四三）以降は記述も豊富で、御田扇の順村触れも、毎年五月～六月の頃に大庄屋から出されている。

内容は、ⓐ御田扇順村の泊村を指定するもの、ⓑ笠鉾を拵える村を指定するもの、ⓒ作法等を記すものに大別できる。一例を万延二年（一八六一）の「酉日記」(2)から抜き出してみよう。

御田扇、来ル十三日ゟ御出宮ニ而御廻村被遊候間、村々左様相心得可被成候、且御泊り村々左之通ニ候間、例年之通取計可被成候、

一、六月十三日御泊り　久後村
一、同　十四日御泊り　牧御堂村
一、同　十五日御泊り　上三つ木村
一、同　十六日御泊り　安藤村
一、同　十七日御泊り　新村
一、同　十八日御泊り　上合歓木村
一、同　十九日御泊り　上青野村

一、同　廿日　中之郷村へ御帰宮之事
右之通ニ候間、村々相心得可被成候、且中之郷村人申入候御出宮之儀、前日口上ニ而例年之通六ヶ所へ相届ヶ
可被成候、右申入度如此候、以上
六月八日触出ス　　大庄屋
村々庄屋衆

この史料は、堤通手永大庄屋長嶋力三郎から出された御田扇の泊村を指定する触状である。触状は、堤通手永二十五ヵ村に廻される。この触状は、長嶋家の日記では手永村々の田方植付届の記載後に記されており、御田扇祭りが、田の植付作業と深く関わっていることが読みとれる。御田扇祭りは最初、「出宮」とのみ記載され、どこの村から出発するか記されていない。弘化四年（一八四七）と同五年の史料では中之郷村より出宮と記され、中之が出発点であることがわかる場合もある。この史料では最後、中之郷村へ帰宮とあるので、大庄屋の居村である中之郷村に戻ったと見てよい。

このほか、弘化二年以降、順村初日の泊村は、久後村と高橋新田村がほぼ一年交代で務めるようになる。いわゆる、右廻りと左廻りの年に分かれる方式を採り、一年ごとに順村のルートが正反対になったと見られる時期である。

[D型〈上野〈長瀬〉地域型＝上野手永〉の順村史料]　上野手永の「御触書写帳」〈弘化三年～安政二年〉には、順村触れの記録がある年とない年が存在する。記載があっても、廻村する村をすべて記したものは、嘉永六年（一八五三）と安政元年（一八五四）しか見当たらない。いずれも中園村を出発点とするのは、当時、上野手永大庄屋の岩槻吉兵衛の居村が中園村であるからである。両年の廻村順を見ると、おおむね一年ごとに反対になっている。この点は、堤通手永と共通している。

[E型〈額田地域型＝額田手永〉の順村史料]　内田甚右衛門が大庄屋を務めた享和三年（一八〇三）三月から文政八年

（一八二五）までの順村触れは、大庄屋内田家の居村東阿知波村を出発し、一年ごとに廻村順番が正反対になる。このことは、A型・D型と同様である。

［御田扇祭りと岡崎藩］　A型・D型・E型の史料では、大庄屋の居村を出発点・終着点とし、廻り方も一年ごとに交代している。この御田扇祭りの順村ルートと領主から大庄屋を通じて村庄屋に出される一般の廻状の村継ぎルートは、少なからず共通性があることがうかがえる。そして、大庄屋により御田扇祭りの順村触れが「廻状」として管轄内の村々に出されるが、開始時期の指示を出すのは岡崎藩である。これは、次の史料からもうかがえる。

史料「永井靖家文書[3]」

以手紙後暑候、然者昨日下拙出勤仕候処、村々熟談書辻印之義ハ相済候へ共、助合村々之一件相済不申候ニ付、弐三ヶ寺之寺方中立之御掛り被成候ニ付、御奉行様御しらすの義ハ昨日も延引ニ相成候ニ付、御沙汰次第と申事ニ御座間、左様ニ思召可被下候、当年御田扇様之手永御順在之所、昨日御沙汰有之候処、先年之通村々祭礼致候様被仰渡候ニ付、御同役中御相談之上、六月七日ゟ御順在之御話しニ御座候間、其思召ニ而村々江御触出し可被成候、先ハ右之段一寸奉申上候、早々以上

六月昨日　　石原ゟ

永井様

（端裏）

「大庄屋

　永井利右衛門様　　小呂村・友右衛門ゟ急」

この史料は、F型大庄屋の永井家文書の一部である。傍線部に示されるように、小呂村の石原友右衛門から洞村の永井利右衛門に、御田扇手永の順村について、藩から先年のとおり祭礼を行うよう沙汰があったので、同役中で相談

のうえ、六月七日より順村の予定で村々に触れを出すように伝えたものである。
また、御田扇祭りには、伊勢御師が積極的に関わった史料もある。

「内田家文書」御用留[4]　文化十四年

勢州御祓可相渡間、忌服相改麻上下着用致、明後五日朝五ツ時過此方役所江被出可被申候、為其申入候、以上

二月三日　　奉行所

大庄屋　鈴木幸吉

同　孫右衛門

然ハ御田扇之内江相納候御札、御納戸ニ而相渡候間、明後五日朝五ツ時過両人へ申合、請取ニ罷出可被申候、為其申入候、以上

二月三日　　奉行所

六手永

大庄屋中

この史料は、額田手永大庄屋内田家の文化十四年（一八一七）の「御用留」に記載されているもので、藩奉行所から大庄屋鈴木幸吉と孫右衛門に「勢州御祓」、「伊勢神宮祓札」を渡すため出頭を命じ、さらに御田扇祭りの神輿の中に納める御札（B・C・E型では、扇が納められていることが確認できた。なお、C型には鍬形も納められていた）を御納戸で渡すので、大庄屋両人と申し合わせ、受け取りに出向くことを六手永大庄屋に伝えたものである。

これは、近世岡崎城下領民のくらしと伊勢信仰との関わりを示す数少ない史料である。岡崎藩では、天明元年（一七八一）の「岡崎・江戸御扶助様帳」（『中根家文書』下所収）によると、伊勢御師の山本太夫と春木太夫の両人に米四〇俵余を扶助し、家中扱いとしている。岡崎藩と伊勢御師との密接な関係性が、御田扇祭りが六つの手永に拡がっ

た背景としてとらえることができる。

近代・現代区有文書に見られる御田扇祭り

明治以降の御田扇祭りの変容と祭祀主体について述べる。

江戸時代の方式を大きく変えていったのが、明治時代に入り、手永制度は終焉を告げたが、御田扇祭りは六手永で復活・存続されていた。しかし、A型の引き継ぎ史料である明治二十四年（一八九一）の「御田扇神酒料積立簿　旧岡崎藩領分堤通」（平成二十八年まで記載）の中に見られる。それは、記録冊子の冒頭に、旧藩主本多氏（後本多）より金五円が下賜されていることである。

［六手永の実際］　この時期、御田扇祭りに対して、旧藩主本多氏から資金援助がなされていたことが、A型以外にもB・E・F型でも認めることができた。明治二十四年に書かれた文言は毎年、送る側が記載し、次の当番のマチに引き渡していく。そして、一年ごと神輿を順に送っていき、一年は受ける側に留め、明くる年に送っていく。この方式が、現行のA・B型で、A型は、順番に送っていく「順送り型」（二十年に一度、当番に当たる）、B型は、一つムラを飛ばす「飛ばし型」（十三年に一度、当番に当たる）の方式を採っている。

旧岡崎藩主は、先述の御田扇祭りの御神酒料として、手永に何がしかの金銭を下賜しており、このほかにも、支援を行っている。例を挙げれば、学区の顕彰碑等の揮毫、尋常高等小学校の児童・生徒顕彰のために「善行賞」なるものを与え、「孝子褒賞」的なことを、教育の現場で長年に渡って実施していることである。この事業は、戦前（第二次世界大戦）まで継続した。

この一連の旧藩主支援事業の中で、特に御田扇祭りに対して御神酒料を各手永に下賜しているということは、旧藩主もこの祭礼・行事に大いに注目し、藩統治のための施策として重要視していたものと評価できる。また、この行為が幕藩体制終了後、新しい体制の中でも継続・復活させようとする地域住民に力を与えたものとしても評価できる。伝承の復活・再生を示す典型的な事例として、注目に値する事例であると思われる。御田扇祭りが、岡崎藩主導の祭礼・行事であったとしても、在地にしっかりと定着した民俗文化財として復活・存続し、地域の中に生き続けている伝承力の高さを評価すべきであると考える。

C型は、第二次世界大戦の影響で昭和十六年に中止されたが、地域住民の要望で、昭和二十七年に復活した。復活させた時には江戸期の順村の形態を踏襲し、手永内を十八日ほどで順村した。江戸期の形態を、現代まで頑なに守り続けたのは、C型のみである。

D型は、第二次世界大戦前まで、阿弥陀堂（現豊田市畝部西町）から七月中旬頃、一日に一ヵ所順村し、一ヵ月ほどかけて手永内を廻った。戦後は、阿弥陀堂で一日に限って地区内を順村する形態を採っている。かつての大庄屋伊豫田家の当主が塩を撒き、沿道を清めていく重要な役を担っている。

E型の巡行形態は、大正初期には中止されているが、「田扇神」として「扇」が御神体として祀られ、地域の崇敬を受けている。これは、伊勢神宮と扇・御師の動向が、在地にしっかりと息づいている事例として評価できる。

F型の順村は、明治後期には中止された。現在は、八月の第一日曜日の午後一時より御田扇社祭りを執行し、役員や崇敬者が参列し、五穀豊穣と虫除けを祈る。F型で特筆すべき点は、御田扇社という別宮を建てて、祠を拵え、神輿とともに祀っていることである。これは、御田扇祭りの地域で果たす役割が、いかに重要であったかを示す事例として評価できる。

「御田扇御神酒料積立簿」（A型所蔵）[5]について」　明治二十四年から現在まで連綿と引き継がれる、横半の帳簿二冊（明治二十四年～平成五年、平成六年～現在）である。[6]旧岡崎藩主本多氏からの下賜金を原資として、以後、積立が行われていることがわかる（当時の当主は十七代忠敬）。

（表紙）
「明治廿四年七月
御田扇御神酒積立簿
旧岡崎領分堤通」

記

明治廿四年三月一八日
一金五円
糟海村大字赤渋、旧岡崎領分堤通手永御田扇江御神酒料トシテ、旧領主本多家ヨリ下賜相成シニ付、茲ニ記載ス
此利子
金拾六銭八厘　但、三月ヨリ六月迄四ヶ月分
是ハ帳簿及帳箱ノ代ニ引
右七月六日、当村大字中之郷江送ル

この史料は、明治二十四年から現在まで記載の変更はない。そして、後本多氏から下賜された五円の本来の使途は、明治二十四年に記されているように、「旧岡崎領分堤通手永御田扇江御神酒料」であった。しかし実際には、神宮への神饌料奉納と、それに関わる経費に使途が限定されている。特に、元金は決して支出せず、その利息をもって神饌料に充てている。

旧岡崎藩主本多氏からの下賜金は、旧岡崎藩領にくらす人々にとっては、単なる寄付金ではなく、日々のくらしと心の支えになっていたと思われる。

［「御田扇神宮品目録」（A型所蔵）[6]・「皇大神宮御田扇祭受渡　御目録」（B型所蔵）[7]について］　「御田扇神宮品目録」・「皇大神宮御田扇祭受渡　御目録」はともに、威儀物の引き継ぎ目録である。

A型の形式は、横長帳で、昭和二十六年から現在までの記載がある。平成二十三年に新帳が調えられ、現在は二冊ある。この目録をムラ境で威儀物を引き継ぐ際、受け渡す側の代表が読み上げて引き継ぎをする。以下、昭和二十六年と平成二十五年の目録を記す。

御田扇神宮品

目録

一御神輿　壱組、箱共

一御神台　二

一傘　一

一御真幣　一

一梵天　一対

一提灯　一対

一榊台　一

一大幟　一

以上

昭和廿六年七月

六ツ美村大字赤渋

当番

一．御田扇神宮品
目録
一．御神輿　壱組
一．御神台　壱
一．傘　一対
一．御神幣　壱
一．梵天　壱対
一．提灯　壱対
一．榊桶　壱
一．榊台　壱
一．小幟　弐拾本
一．大幟　壱本
平成二十五年七月二十一日
上青野町
当番

B型も、引き継ぎの際、「御目録　山方手永中」と墨書された桐の木箱に入った「皇太神宮御田扇祭受渡　御目録」も同時に引き継がれている。形態は巻子で、次のように記載されている。

皇大神宮御田扇祭受渡
御目録

一．御神輿　壱台
一．御神輿台　弐
一．御榊鉢　壱鉢
一．梵天　弐本
一．三ツ団子赤幟　弐本
一．花笠　壱本　昭和五十九年七月一日廃止
一．御幣板　壱
一．ナイロン製神輿覆　壱
一．白幟　拾参本
以上
昭和三十一年七月七日
山方手永中

A・B型ともに、威儀物の引き継ぎをムラ境で行っている。江戸期のモノと同様と見られるが、地域によって引き継ぐモノに違いがある。

二、御田扇祭りの現況

本節では、江戸期・近代初頭を経て、今日まで伝承され、現在も順村形式が行われている二地区の現況を記録する。

A型（堤通地域型＝堤通手永）の場合

A型は、天保年間（一八三〇～一八四四）の頃は、六月中旬頃より六～八日かけて各村を巡行する形態を採っていた。弘化年間（一八四四～一八四七）以降は中之郷村より出宮し、二十五ヵ村を数日かけて順村し、中之郷村へ帰宮する形式に変化した。

［御田扇祭りの現在］　現在は、二十町〈中之郷・上青野・高橋・上合歓木・下合歓木〈以上、岡崎市〉・高落・新村・西浅井・東浅井〈以上、西尾市〉・安藤・福桶・下三ツ木・上三ツ木・下青野・在家・土井・牧御堂・法性寺・宮地・赤渋〈以上、岡崎市〉〉で神輿を巡行している。受け継いだ神輿は、一年間、当番の氏神に留め、次の当番のマチに送る「順送り型」を採っている。A型では二〇年に一度、当番に当たることになる。

堤通手永御田扇巡行（中之郷→上青野）

御田扇祭りで最大の動きが見られるのが、神輿・威儀物を送っていく場面である。以下、行列の順番と人数を記す（平成二十四年、中之郷町から上青野町へ送る場面）。

先達：一人　大麻：宮司　白杖二本：二人　奴道中：子ども三五人　救護班：三人　高張提灯二基：四人　梵天二本：六人　大幟一基：七人　花傘（中之郷）一基：七人　神職：宮司　役員：六人　氏子総代：四人　大団扇二本：四人　榊樽：六人　唐櫃：四人　御幣：二人　御神輿：一〇人　大団扇二本：六人　花傘（宮地）：七人　花傘（赤渋）：八人　小幟二〇本：二二人　太鼓放送車：二人　屋台：六人　大人神輿：一一人　子ども会役員：一人　女性部役員：二人　女性部役員：二人　女性部踊り：一〇二人　一般奉賛者：五人　救護班二班：四人　記録係：五人行列支援：一二人　花火：四人　接待：八人　浦安舞：四人　合計三四〇人

以上のような大所帯で、中之郷町から上青野町まで送っていった。

このような、二十年に一度の御田扇祭りを実施するには、各地区とも全精力を傾けて、執行するための準備に取りかかる。そこで、平成二十四年七月十日の、赤渋町から中之郷町に迎える日の様子を記しておきたい。

この日を迎えるにあたり、赤渋町は送る側として、前年の迎えるときから実行委員会を組織し、運営に当たっていた。受ける側の中之郷町は、赤渋町が宮地町から迎えるときから実行委員会に参加し、平成二十四年七月二十二日の上青野町へ送るまでの三年間は、実行委員長以下、役員は原則的に三年間務めなければならなかった。

当番に当たる地区では、花傘の準備に時間が割かれる。花傘（必ず、送る側のマチが新調する習わし）は三基あり、平成二十四年度を例にして述べると、中之郷町に法性寺・宮地・赤渋の三町の花傘が送られてきた。中之郷町は翌年、上青野町へ送るときに法性寺町の花傘を新調し、中之郷・宮地・赤渋の三町の花傘が送られていき、一年間、上青野町で大切に保管し、翌年、上青野町が宮地町の花傘を新調し、上青野・中之郷・赤渋の三町の花傘が高橋町へ送られる。この際、花傘の飾りの「お猿子」の型紙が引き継がれていく。

［御田扇祭りの想い］　御田扇祭り四回の経験者から聞き取り調査ができた。この中で、特に印象に残ったことを記しておきたい。それは、威儀物の一つである「榊桶」のことである。

榊桶は、「軽くては世相が悪い」そのために、水を含ませて送ることをしたということを父親・祖父からも聞いていたことと、若い衆が重い榊桶を担ぐことが「一人前」の証であったと伝承されていることである。

B型（山方地域型＝山方手永）の場合

B型は、大庄屋斎藤家のある下六名より占部用水筋二十五ヵ村において、昭和初期まで盛大に巡行が行われていた。大庄屋斎藤家は、江戸時代から屋敷内に寺子屋を開き、明治八年には、私財を投じて第六十八番小学校を開校させ、子弟の教育に熱心であった。また、戦後の農地改革では四十六町歩の田畑を小作民に開放した。

〔御田扇祭りの現在〕　B型は、昭和十六年より第二次世界大戦のため中断していたが、昭和三十一年七月七日から復活した。昭和六十一年には十五町で行われていたが、現在は十三町で行われている。巡行の順序を示すと、中村町↓坂左右町↓野畑町↓若松町↓針崎町↓柱町↓羽根町↓井内町↓下和田町↓国正町↓正名町（以上岡崎市）↓永野（額田郡幸田町）↓定国町（岡崎市）であり、マチを一つ飛ばして神輿を引き継いでいく方式を採っている。

〔御田扇祭り運営の実際〕　平成二十二年七月四日、中村町は定国町より、占部天神社に神輿をお迎えした。そのときの中村町の役員会の組織は、総括責任者総代が兼務し、副総括責任者を副総代・会計・生産組合長、相談役として二名（総括責任者経験者）、運営委員として五名の代議員から構成されている。行列参加者は六十六人で、各組で割り当て、組長が責任をもって人選し、報告をする。以上のような細部にわたっての会議・打ち合わせを何度も重ね、当日を迎える。

山方手永御田扇巡行（野畑→針崎）

次に、平成二十四年七月一日の、坂左右町から野畑町に送ったときの巡行の実際を記す。

道中清め：二名　禰宜　先導（杖）：二名　長老　先導役員：四名（総代・副総代・生産組合長・信徒総代）　御田扇委員：三名（第三区委員長（代表）定国町、第一区委員長　若松町　第二区委員長　坂左右町）　御幣一基：一名　榊桶一基：五名　高張提灯一対：四名　赤扇（「山方手永」）一本：二名　御神輿一基（御神札・豊受大神宮）：八名　御神輿台二基：二名　日月旗（上に銀玉三個、赤幟）一対：四名　白扇（「山方手永」）一本：二名　雪洞（上に金銀の玉、「五穀豊穣」「天照皇大神宮」「天下和順」「天下泰平」「害虫駆除」「五穀豊穣」と記されている）一対：

六名　花傘一基：四名　各町幟「奉献　天照皇大神宮坂左右中」（送る年に新調）、以下、十二本（野畑・若松・針崎・柱・羽根・井内・下和田・国正・正名・永野・定国・中村の小幟が続く）：二十六名　梵天一対（上部に扇・田扇と墨書）：四名

以上、計七十五名である。

三、御田扇祭り一部存続・中止のC・D・E・F型の実際

本節では現在、中止または一部存続の形態を採っている事例の実際を記す。

C型（川西地域型＝川西手永）の場合

C型は、旧岡崎藩領西南部で、矢作川西岸沿いの旧碧海郡地域（現在の岡崎市矢作地区と安城市東部地区）である。六手永中の最多石高、最多人数であった。

［御田扇祭りの現在］　C型の御田扇祭りは、昭和三十六年を最後に中止されている。大庄屋は、下佐々木の太田家で、祭りは旧暦六月一日に行うのが原則であった。記録によれば、明治二十九年の御田扇祭りは、七月一日（旧暦六月一日）に神輿が矢作神社に納められていた関係上、矢作町から出発していた。巡行順を示すと、次のようになる。

十一日矢作→筒針（泊）、十二日渡→東牧内（泊）、十三日上佐々木→下佐々木（泊）（以上、岡崎市）、十四日村高→福地（泊）、十五日木戸→藤井（泊）、十六日寺領→小川（泊）、十七日姫小川→川嶋（泊）、十八日河野（以上、安城市）→坂戸（泊）、十九日東嶋→西嶋（泊）、二十日小望→池端→西牧内（泊）、二十一日桑子→冨永（泊）、二十二日新堀（以上、岡崎市）→上条（泊）、二十三日山崎→高木（泊）、二十四日大岡→北山崎（泊）、二十五日別郷→東別所（泊）、二十六

日西別所→宇頭茶屋（泊）、二十七日尾崎（以上、安城市）→宇頭（泊）、二十八日北本郷→矢作（以上、岡崎市）

このように、十八日間かけて手永内を一巡している。この巡行順は、矢作から筒針へ廻る「右廻り」と矢作から北本郷へ廻る「左廻り」が、一年交代で行われていた。矢作町近隣のムラでは、早く廻ってくる年と、逆廻りになって遅く廻ってくる年があり、このことを、「早廻り」「遅廻り」と言っていた。

巡行するムラは、一日平均二ヵ所。夕方到着したムラで泊、翌日午後一時頃出発する。ムラの規模が違うため、小規模のムラでは、たくさんの小幟を一人で何本も保持し、子どもも動員して運んだと伝える。多くのムラでは、法螺を吹きながら行進したともいわれている。行列は男子のみで行い、夜は「オトマリ」とか「ヨゴモリ」と呼ばれ、主に若い衆が神輿の番をするのが通例であった。

[C型で使用された威儀物]　昭和三十六年を最後に中止されているC型の御田扇祭りの道具の記録を以下に記す。

①提灯二張（径三四㎝、長さ六〇㎝、御田扇の字句）
②大幟（縦三七三㎝、横六七・二㎝、皇大神宮御田扇祭の字句）
③作り物台（縦七五㎝、横五二㎝、酒樽に菰を被せ、その上に五穀で作ったその年の干支に因む動物を鳥居の中に入れて飾る。A型では、干支に因む動物は、神輿の正面屋根部分に現在も設え、巡行している）
④日月旗二本（縦九二㎝、横三二㎝、白地に金糸と銀糸で月と星の形）
⑤真榊輿一台（縦四八㎝、横四四・八㎝、高さ四〇㎝、鉢の中に高さ九〇㎝ほどの榊が植え込まれている）
⑥鉾二本（長さ一六五㎝、赤地に本の字と立葵の紋）
⑦大幣一
⑧神輿一組（縦四一㎝、横四一㎝、高さ九五㎝、神輿の中には、御神体として鍬型、馬の絵が描かれた扇、賽銭箱）
⑨花傘一本（径一三七㎝、黒地に赤丸の扇を五本程付け、桜に模した神花と共に付ける）

⑩神輿台二脚

⑪小旗三五本（縦一八〇cm、横二八・五cm、各ムラより一本）

⑫上箱（万延元年〈一八六〇〉の墨書）

以上のモノが現在も残され、矢作神社で保管されている。矢作神社秋の大祭のときには、お参りもされている。

D型〈上野〈長瀬〉地域型＝上野〈長瀬〉手永〉の場合

D型の大庄屋は中園の岩槻家、その後、阿弥陀堂の伊豫田家が務めた。現在の岡崎・豊田の両市に跨る手永で、参加村数は三十七ヵ村であった。

［御田扇祭りの現在］　現在では一日に限定し、豊田市阿弥陀堂町の西神明社で行われている。七月上旬の御田扇祭りには、旧来の上野手永に属していた岡崎市北西部八地区と豊田市東南部の二十一地区を含む二十九地区の自治区から、それぞれ総代や区長等の役職者が、阿弥陀堂町の西神明社に招かれるしきたりが守られている。

［当日の様子］　御田扇祭りの巡行の様子は、まず宮司が祓幣を持ち、四辺祓って進み、大庄屋の当主が塩を撒いて、沿道を清めていく。また、二人の役員が、それぞれ竿の先に箱の形を取り付けた梵天と呼ばれるものを掲げていく。その四面には「御田扇祭」「五穀成就」「天下泰平」「部内安全」と墨書されている。御田扇の神輿は、宮係二人が担いで巡行する。また、別の一人が傘鉾に扇を下げたものを奉げていく。傘鉾には、十二本の白地の扇（閏月には十三本）と四本の黒地の扇が下げてある。その傘の中に入ると、病気にかからないというので、代わる代わるこれに入っていたのが印象的であった。

E型（額田地域型＝額田手永）の場合

　E型は、明治末までは行われていた。大正初期には中止となり、それ以後、毎年六月には藪田八幡宮で藪田町の氏子のみで神事が執り行われている。

［御田扇祭りの現在］　御田扇祭りは、明治二十九年に旧岡崎藩主本多氏より、御田扇祭りのために金五円を拝領し、明治四十三年まで一年おきに左廻り、右廻りとなり、三十八ヵ村を廻っていた。また、大庄屋である神尾家は、米のでき具合を御田扇祭りで検見したと伝えている。

　御田扇祭りが中止になってからは、大庄屋の居村である藪田八幡宮の「田扇神」として祭神に昇格、六月に「田扇祭」として行っている。

［田扇神、御神体の記録］　藪田八幡宮本殿左側に、田扇神の御神体が入っている祠が存在した。ここでは検分した様子を記す。

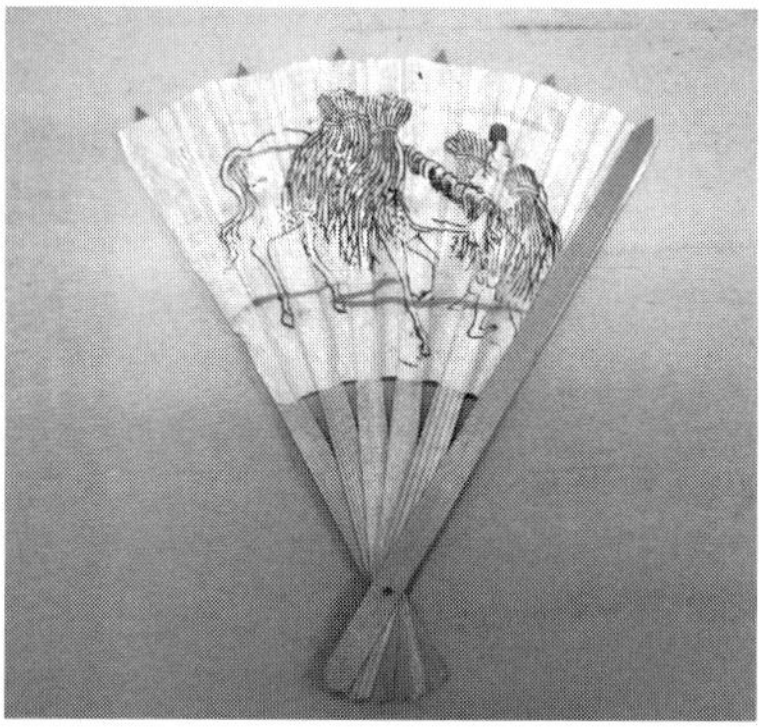

額田手永御神体扇

祠：高さ五一・五cm、幅三一cm、奥行き一五・二cm
大麻二（春木太夫の銘）
外宮大麻一
扇：十八本
　内訳
　　五本（扇骨）扇：三本
　　六本（扇骨）扇：十五本
　扇の法量：広げた最大値で計測
　五本（扇骨）扇：二一cm

六本（扇骨）扇：三〇cm

扇の絵柄

曳馬・稲：馬右向き七本（六本扇骨）

曳馬・稲：馬左向き二本（六本扇骨）

曳馬・稲：馬左向き三本（五本扇骨）

船・宝珠・米俵：六本（六本扇骨）

F型（東山中地域型＝東山中手永）の場合

六手永中最大の村数と石高を抱える手永で、岡崎市東部から旧額田町を含む地区である。大庄屋は、現在の洞町永井家である。

［御田扇祭りの現在］　F型は、明治後半には中止された。現在は、八月の第一日曜日午後一時より役員や崇敬者が参列し、祭りが行われ、五穀豊穣と虫除けを祈る。このときに、幟七本を立てる。「御田扇大神宮」と青地に白抜きの幟が六本、赤地に墨書の幟一本が、寛文七年（一六六七）に建てられた「明神型鳥居」の両サイドに立てられる。

［御田扇祭りへの想い］　御田扇祭りについて、『洞町のあゆみ』(8)に以下のような記述が見られる。「当東山中手永では、田植えが終わった後、稲を虫害から守り、豊作を祈願して神輿が管内の村々を巡回しました。行列の先達は法螺貝を吹き、笛や太鼓の鳴物入りで、提灯や大旗・錦樽が連なり、神輿の後に花傘や小旗連が続き、羽織袴の盛装者を含めて、七、八〇人に上る行列でした。大庄屋の村を始点に、管内四二ヵ村を一廻りすると、泊りがけで十数日もかかりましたが、娯楽の少ない当時としては楽しいお祭りであったようです。明治二五年に子爵本多忠敬公より、御田扇様へ金二五円を賜りました」とあり、地域の人々の御田扇祭りに対する想いは、たいへん強いものがあったようである。

このことが、別宮として御田扇社を建立する動きにつながったと思われる。

おわりに――御田扇祭りの評価

この祭礼は、大きく三つの段階を経て、今日に伝えられている。一つめは、水野氏時代の宝暦年間で、岡崎藩を九手永に分けて、御田扇を手永から手永へ引き継いでいる。二つめは、後本多氏時代で、手永ごとで完結し、およそ手永内を九～十日間で順行している。発輿は大庄屋の居村で、還御も大庄屋の居村であった。三つめは、明治期に旧藩主本多氏からの下賜金で再開された場面である。手永内完結型であることは後本多氏時代と変化はないが、神輿の引き継ぎが十日間ほどの短期間ではなく、一年留め置き、明くる年に次のムラへ送るという形に変化した。この形を現在も続けているのは、A型とB型のみである。ほかの地区は、一日とか、氏神祭祀のときに併せてお参りをするという形に変化している。

御田扇祭りが変容しながら現在まで伝承されている背景として、伊勢神宮の御師の存在を忘れてはならない。御師は、今日の神官と違って、特殊な呪力を持つ存在として畏怖されていた。御師たちの授ける御札とか扇・鍬形等は、一種の呪物であったと解釈してよいと思われる。御田扇祭りの神輿の中に入っている七本骨の扇も、絵柄を見ると蛭子大黒（山方手永で使用）は、ただ単に虫除けだけでなく、豊作をもたらす霊験あるものとして珍重されたと思われる。伊勢神宮から配られる扇・鍬形・御神札であれ、すべて最も尊い神の霊力の備わったという信仰が、在地への定着と拡がりを示した要因であると思われ、そのメッセンジャーが御師であったと規定できる。また、この御師が岡崎藩主お抱えであったことも、御田扇祭りの定着に大きく関係している。

幕藩体制が崩壊してからは、旧藩主後本多氏は御神酒料を各手永に下賜している。これは、旧藩主もこの祭礼・行事に注目をしていた証であると思われる。この行為が、新しい体制の中でも継続・復活させようとする地域住民に力を与えたものとして評価できる。岡崎藩主導のものであったとしても、御田扇祭りが在地にしっかりと定着した民俗文化財として地域の中に生き続けている伝承力を大いに評価すべきであると考える。

【註】

（1）堀江登志実「田扇祭りに関する近世文献史料について」（『研究紀要』第四号、岡崎市美術博物館、二〇一一年）。
（2）註1に同じ。
（3）註1に同じ。
（4）註1に同じ。
（5）湯谷翔悟『御田扇祭り調査報告書』（岡崎市教育委員会、二〇一四年）。
（6）註5に同じ。
（7）註5に同じ。
（8）洞町史編集委員会『洞町のあゆみ』（洞町、二〇〇二年）。

コラム②　明治初期の岡崎城

髙田　徹

近年、明治五年（一八七二）段階の各地の城郭を描いた絵図集が発刊された。『富原文庫蔵陸軍省絵図』（戎光祥出版、二〇一七年）である。明治新政府の陸軍省達により、全国の城郭の存城・廃城を決定するために作成された公的な絵図群である。極めて貴重で、資料的価値の高い絵図群であり、今後各方面でのさらなる研究・利用が期待される。

その中には、岡崎城を描いた二枚の絵図がある。二枚の絵図を比較すると、違いが見られる。違いは、城郭としての機能停止に伴う、新旧関係を示している。違いを挙げていくと、①坂谷では練兵場や「屋敷跡田畑」と道が、一面畑と化している。②稗田曲輪でも、「屋敷跡田畑」と道が、一面田畑と化している。③北曲輪では厩が失われている。④菅生曲輪では、屋敷跡畑と道がほぼ一面畑と化している。⑤二の丸東方の丸馬出が消失し、広場状になっている。⑥備前曲輪では、習兵所と長屋が一区画の屋敷となっている、等である。絵図作成後の明治六年、岡崎城の廃城が決定すると、加速度的に城内の建物は失われていった。

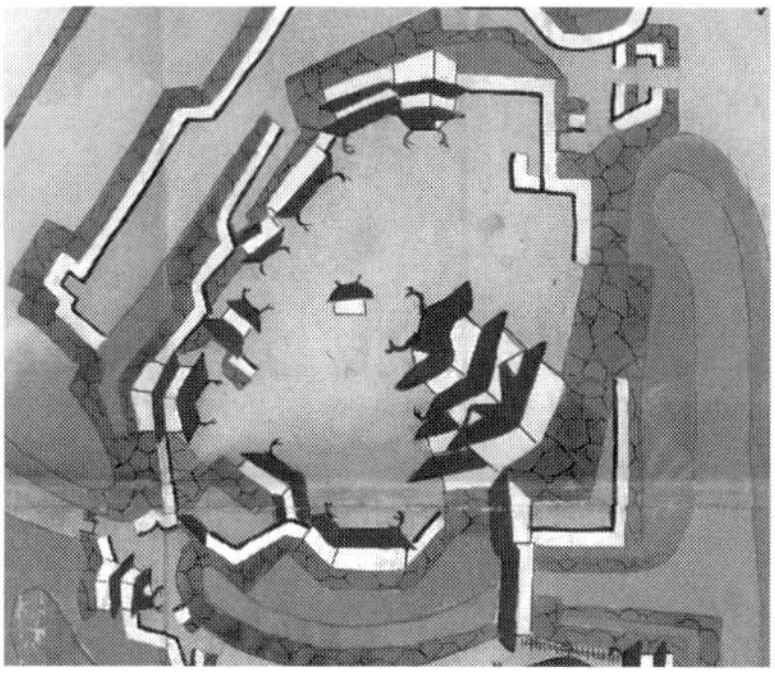

三河岡崎城絵図（天守部分）　富原文庫蔵

ところで二枚のうち、古い絵図の方を見ると、江戸期の岡崎城と変化している箇所が認められる。わかりやすいのは、二の丸の御殿が「県庁」となっている点である。ほかには北曲輪の東側の門が失われている点、菅生曲輪南東虎口の門が失われている点も指摘できる。さらに衝撃的なのは、天守南側の付櫓が描かれていない点である。これに対して天守東側の井戸櫓はしっかりと描かれている。

実は、明治初頭に写された古写真でも、付櫓はわずかに痕跡を残す状態になっていた。古写真と絵図を通じて、付櫓は明治五年以前に失われていたと判明する。付櫓は幕末維新期に老朽化し、いち早く取り壊されたのだろう。ほかにも付櫓同様、廃城前に取り壊された建物はあったと思われる。

Ⅴ　文化財としての岡崎城

中井　均

はじめに

岡崎城といえば、徳川家康が誕生した城として著名である。現在では、昭和三十四年に鉄筋コンクリートによって再建された天守閣をはじめ、本丸は龍城《たつき》神社の境内地となっているほか、持仏堂曲輪は飲食店の敷地となっている。また、二の丸には三河武士のやかた家康館や、二の丸能楽堂、大手門などが建つ。洋風庭園や花時計などもあり、市民にとっては文化財としての城跡というより、岡崎公園として親しまれている。

しかし、岡崎城跡は昭和三十七年に本丸・持仏堂曲輪・隠居曲輪・風呂谷曲輪・二の丸・東曲輪・菅生《すごう》曲輪・坂谷曲輪・白山曲輪・惣構（一部）が岡崎市史跡に指定されている（平成二十八年追加指定）。その指定調書には、「西郷弾正左衛門稠頼の築城に成り、松平清康城主のとき家康城中に生る。田中、本多、水野、松平、本多氏居城し、明治6—7年取毀となり、岡崎公園として市民に親しまれており、昭和34年3月天守閣、井戸やぐら、付やぐらの復元がなり、龍頭山上に観光文化センターとして聳えている。城郭としての内濠、えな塚、産湯の井等が保存され史跡として重要である」とある。

岡崎市では、平成十五年に「史跡岡崎城跡整備基本構想」が策定、翌年には「史跡岡崎城跡整備基本計画」も策定され、史跡としての価値を活かした城跡の整備が実施されてきた。さらに、平成二十八年度は市制施行百周年を迎え、「岡崎市歴史風致維持向上計画」の認定を受ける。こうして、岡崎城跡の歴史文化資産としての価値を高めるとともに、惣構えまでも含めて整備が再検討され、岡崎城跡整備基本計画の見直しにより、『岡崎城跡整備基本計画―平成二八年度改訂版―』が刊行された。筆者はこの基本計画検討委員会に参画し、策定にあたっての議論に参加してきた。本稿では、この基本計画をもとに文化財としての岡崎城を考えてみたい。

維新後の岡崎城跡

明治二年（一八六九）、藩主本多忠直が岡崎藩知事に任じられ、同四年には二の丸に額田県庁が置かれる。富原文庫に所蔵されている明治五年に陸軍省が作成した「城郭存廃絵図」のなかには、二枚の岡崎城絵図が収録されており、いずれも二の丸を「縣廳」と記している。ただ、一枚は備前曲輪に「習兵所」、白山曲輪に「練兵場」と記されており、明治四年の額田県設置とともに軍隊が接収したと考えられる。一方、残りの一枚の絵図では、この習兵所・練兵場は畑と屋敷になっており、二の丸東の丸馬出も埋められている。明治初年のわずかな期間で、変化が認められるのである。この一連の絵図は、明治六年の「全国城郭存廃ノ処分並兵営地等撰定方」、いわゆる「廃城令」に向けて陸軍が存廃を決定するために作成した絵図であろう。その結果、岡崎城は廃城となり、建物の取り壊しが決定した。

さて、廃城と決まった岡崎城のその後の利用法として、まず明治八年に旧藩士多門伝十郎たちによる城跡の保存運動が起こり、愛知県より跡地の公園化許可を受け、同八年には岡崎公園と呼ばれるようになる。一方で、岡崎城にあった天守をはじめとする城郭建造物は、明治六年から七年にかけて取り壊しを受けて払い下げられた。

本丸・二の丸はなんとか公園として残されたが、三の丸を東西に縦貫する往還道路が開通したことで市街化が一気に進み、城跡の痕跡は急速に失われる。

本丸は公園と呼ばれているが、現在は龍城神社の社地となっている。寛永年間（一六二四～四三）に本多忠利によって東照宮が建立されるが、明和七年（一七七〇）には三の丸へ移転し、代わって本丸には本多忠勝を祀る映世《えいせい》神社が建立された。この両社が明治九年に合祀され龍城神社となり、社殿が本丸に建立されて現在に至っている。

二の丸は額田県庁の後に図書館が建てられ、戦後は一時的に動物園も開園していた。現在は洋風庭園や花時計が造られ、その隣接地には三河武士のやかた家康館が建っている。さらに、大手門と呼ばれる櫓門が単独で建設され、公園の入り口となっているが、このように洋風と城郭建築もどきが脈絡なく建つ、雑然とした空間となってしまっている。二の丸と三の丸間に配置された東曲輪では、南東隅部で発掘調査を行った結果、東隅櫓の櫓台が検出され、平成二十二年に木造で櫓が復元されている。

ところで、維新後の城は城跡となり、さまざまな場として再利用されることとなる。まず、どこの城跡にもいったん県庁が置かれるが、福井城跡では現在も本丸に県庁や県警が所在している。また、高知城跡・松江城跡では現在でも三の丸に県庁が選地している。次に、存廃決定後の存城の多くは軍隊の駐屯地として利用されることとなる。金沢城跡には陸軍第九師団と第六旅団が置かれ、数寄屋屋敷には現在も第六旅団司令部の建物が残されている。仙台城跡には第二師団、大阪（大坂）城跡には第四師団、広島城跡には第五師団が置かれることとなる。

次に、学校が城跡に入る場合があり、鳥取城跡や彦根城跡には第一中等学校が設立されている。さらに、公園利用の事例としては高岡城跡・松江城跡などがある。この城跡公園については、本多静六が数多く指導し、大きな影響を与えた。本多は、東京帝国大学農科大学の教授として日比谷公園をはじめとする全国の多くの公園設計に携わり、公園の父と呼ばれた人物である。城跡の公園としては、鶴ケ城公園（会津若松城跡）・舞鶴城公園（甲府城跡）・懐古園（小諸城跡）・和歌山公園（和歌山城跡）・城山公園（松江城跡）などを設計している。

岡崎城跡では、大正六年（一九一七）に公園の設計を本多と、国立公園の父と呼ばれる田村剛に依頼している。たいへん興味深いのは、本多の城跡を対象とした造園のなかで、動物園を重視していることである。城山公園に関する資料のなかにも、「動物園良し」と記している。実際、岡崎城跡にも動物園が開園していたことは前述した通りだが、現在も高岡城跡公園・和歌山公園・懐古園などで開園されている。

また、城跡利用として忘れてならないのは、藩祖や藩主を神として祀る神社が建立されている点である。大和郡山城跡には柳沢吉保《よしやす》を祀る柳沢神社が建立され、篠山城跡には青山忠俊《ただとし》・青山忠裕《ただやす》を祀る青山神社が建立されている。

城跡の現状

岡崎城跡の現状として、ここでは天守閣について見ておきたい。太平洋戦争末期の昭和二十年代になると、全国が空襲による被害を受けることとなる。その空襲により、名古屋城天守・大垣城天守・和歌山城天守・岡山城天守・福山城天守・広島城天守（いずれも国宝）が焼失してしまう。昭和三十三年、広島城天守が鉄筋コンクリートで外観復元された。この復元を契機として、同年に和歌山城天守、同三十四年に大垣城天守・名古屋城天守、同四十一年に岡山城天守・福山城天守が次々と復元された。

こうした復元天守が引き金となり、昭和三十〜四十年代は日本全国で天守を復元するブームが起こった。例えば、昭和二十九年に富山城模擬天守閣・岸和田城模擬天守閣、同三十一年には岐阜城模擬天守閣、同三十三年には浜松城模擬天守閣（資料館）・津城模擬三重櫓、同三十四年には小倉城模擬天守閣、同三十五年には小田原城天守・熊本城天守、同三十七年には岩国城模擬天守閣、同三十七年には大峰城模擬天守閣・平戸城模擬天守閣、同三十九年には中津城模擬天守閣・島原城模擬天守閣、同四十年には会津若松城天守・横手城模擬天守閣・岡崎城（徳島県）模擬天守閣（鳥居龍蔵記念館）・中村城模擬天守閣（資料館）が、同四十一年には唐津城模擬天守閣、同四十二年には三戸城模擬三重櫓（三戸城温古館）・千葉城模擬天守閣（郷土資料館）、同四十三年には大野城模擬天守閣・小牧山城模擬天守閣（歴史館）、同四十五年には高島城天守・館山城模擬天守閣（安房博物館）・杵築城模擬天守閣が建てられている。実は、富山城天守閣・岸和田城天守閣は戦災で焼失した天守の復興よりも早くに建てられたことがわかる。ここに記した模擬天守閣とは、資料に天守のことが一切記されていない城に築いた、明らかに歴史的根拠のない天守のことである。それ以外は、基本的には古写真や指図などの資料が残されており、その外観だけを鉄筋コンクリートで建てたものである。ほぼ毎年のように建てられており、いかに天守を欲していたのかがよくわかる。

ところで、こうした戦災で失われた天守以外の天守再興には、何らかの記念事業で行われたものがある。例えば、熊本城天守は築城三百五十年と熊本国体を記念して造営された。しかし、岡崎城天守はそうした記念として建てられたものではない。市民からの要望と昭和三十年代の天守復興ブームに乗って、市長が議会に対して復元案を提出し、議会で承認されて建てられたにすぎない。

なお、こうした模擬天守閣の設計を担ったのが、城戸久・藤岡通夫という二人の人物である。いずれも日本を代表する建築史学者であり、城郭研究者であった。外観の復元はまだ許されるが、模擬天守閣の設計を務めた点は研究者としてのモラルが問われるものである。似ても似つかない西本願寺飛雲閣を模したという小牧山城の模擬天守閣、天守が建てられていない中津城の模擬天守閣の設計は問題と言わざるをえない。

岡崎城天守の設計も、城戸久氏によるものである。岡崎城の天守は、明治六～七年（一八七三～一八七四）に解体される前に撮影された写真が数点残されており、これを根拠に復元設計がなされたのである。そうした状況からは正しい復元であったが、本来の岡崎城天守の最上階は廻り縁ではなく、塗り込めの壁であった。復元では外に出て展望できるように廻り縁を取り付けており、外観も正しい復元とはいえない。

筆者は、戦災で焼失した天守を鉄筋コンクリートで復元したものは鉄筋コンクリートだから正しい復元ではない、という意見には反対である。コンクリートであろうが木造であろうが、復元は復元でしかなく、木造が正しいなどということはありえない。ただ、戦災で焼失した天守が戦後わずか十年余りで復元された状況に注目したい。戦災で焼失した天守は、すべて昭和四十一年までに復元されている。敗戦から立ち直った人々が、次に行ったのは焼失した郷土の城の天守復元であった。こうした復元天守は単なる復元と捉えるのではなく、日本の戦後復興の象徴と捉えるべきである。さらに、鉄筋コンクリートに拠ったのも単に安価だからではない。木造だから焼失したことをふまえ、燃えない天守にしたいという観点からコンクリート製となった可能性が高い。

現在、鉄筋コンクリートは耐用年数が迫ってきており、建て直しが各地で議論されている。その典型例が名古屋城の天守であろう。耐震構造でないという点から入館を中止し、現在のコンクリート製の天守を解体したうえで、木造の天守を再建する予定である。しかし、一方で昨年の熊本大震災で甚大な被害を蒙った熊本城では、昭和三十五年に造営された鉄筋コンクリート製の天守を補強することで復旧を目指している。昭和の人たちが熊本のシンボルとして甦らせた当時の想いに、今回の復旧を重ねることこそが熊本のシンボルとしての天守となるだろう。

また、大阪城天守閣は昭和六年に大阪市民の寄付金によって復興されたものである。徳川幕府造営の天守台に、豊臣時代の天守を想像して設計された天守閣は、まさに昭和に創造された天守閣であった。しかし、建設後八十六年が経過し、近代建築としての評価により国登録文化財となり、耐震補強も済ませ、現在では多くの人たちが訪れている。名古屋城でも現在の天守を戦後復興のシンボルとして位置づけ、補強して残すことができなかったのだろうか。悔やまれてならない。

岡崎城の天守は、戦災復興や記念事業としての復元ではなかった。その点では近代以後の城跡の歴史としては扱いがたいが、平成二十五年には岡崎市の景観重要建造物の第一号に指定されている。筆者は、昭和の復興天守のひとつの典型例として、現在のコンクリート製天守を補強して残していくべきだと考えている。

岡崎城跡に残る遺構

ところで、岡崎城跡では建物は残されていないが、それでも保存しなければならない数多くの遺構が残されている。

その代表的な遺構が石垣であり、文化財としての岡崎城跡の本質的価値と言ってもよいだろう。さらに、岡崎城跡に残されている石垣は一様ではなく、築城以来、明治に至るまでのさまざまな時代の石垣が残されており、石垣が岡崎城の歴史を語ると言っても過言ではないだろう。

石垣の構築は、大きく三つに分類することができる。まず、本丸を中心とした石垣群で、基本的には自然石もしくは粗割石を用いた野面《のづら》積みの石垣、風呂谷曲輪・持仏堂曲輪・隠居曲輪・菅生曲輪などに残された割石を用いた打込《うちこみ》接《はぎ》の石垣、本丸御門・本丸西面などに残る切石を用いた切込接《きりこみはぎ》である。特に、本丸南面・風呂谷門周辺の石垣は岡崎城跡で最も古い石垣で、天正十八年（一五九〇）に徳川氏に代わって岡崎城に入った田中吉政《よしまさ》により整備・拡張された段階の石垣である可能性が高い。近年、こうした岡崎城で最古級の石垣を徳川時代に比定する考えもあるようだが、永禄年間から元亀年間の徳川家康段階での石垣は、全国的にみてもまず考えられない。また、元亀年間から天正年間の信康《のぶやす》時代では、全国的にも石垣が成立する時代ではあるが、同年代で築城過程がよくわかる諏訪原（牧野）城でも石垣は構築されておらず、この時代に徳川氏が石工自体を掌握していた可能性は低い。ここでは、徳川家康の関東移封に対する備えとして、豊臣大名たちがそれまでの城を大改修した段階の石垣と捉えておきたい。

天守台の石垣も同様に、田中吉政時代の石垣と考えられる。北面に一石と南面に二石の巨石を鏡石として配置し、見せる意識の強い石垣である。なお、天守の位置が本丸北西隅部に位置する点も、豊臣系城郭の特徴として捉えることができる（岡崎城の場合、直接本丸隅部の塁線上に配置されるのではなく、北面と西面にはL字状の帯曲輪が付帯する）。

続く打込接の石垣では、矢穴技法による割石が用いられ、出隅《ですみ》部には算木《さんぎ》積《づ》み技法が用いられるようになる。こうした打込接の石垣は、慶長五年（一六〇〇）の関ヶ原合戦後に入城した本多康重《やすしげ》により改修された石垣と考えられるが、一時期のものではなく、何度も修理し積み直されていると考えられる。

本丸の正面となる本丸御門両側の石垣は、みごとな切石《きりいし》で築かれる切込接の石垣である。単なる方形石材を布積《ぬのづ》みするのではなく、多角形の石材や隅を欠いた石材を用いるなど意匠性に富んだ石垣で、本丸の正面を意識したものといえよう。切石積みの石垣には、このほかに谷《たに》積《づ》み（落とし積み）と呼ばれる石材を斜めに交互に積み上げていく工法で積まれている箇所もあるが、これらは幕末近くに修理された部分である。

ところで、近年になって注目された石垣として、菅生曲輪の石垣に触れておきたい。菅生曲輪は本丸の一段下に、菅生川に面して構えられた曲輪で、武家屋敷として利用されていた。前本多時代の絵図にはすでに描かれていることから、少なくともその頃には曲輪として築かれていたことがわかる。

明和八年（一七七一）写の「参陽岡崎府内之図」には、菅生曲輪南面の菅生川端石垣ではほぼ等間隔で突出部が描かれており、横矢枡形が構えられていたことがうかがえ、前本多氏から水野氏の段階に修理が施されていることがわかる。この菅生川端石垣が平成二十六年より発掘調査され、横矢枡形も検出されている。基本的には打込接技法で築いているが、その構築技法は一様ではなく、何度かの改修跡が認められる。四〇〇ｍにおよぶ長大な石垣は圧巻であり、今後の整備に大いに期待できる。

上：写真１　本丸月見櫓脇多聞櫓下の野面積みの石垣　下：写真２　本丸御門の切込接の石垣

岡崎城跡の文化財としての遺構は石垣だけではない。土塁によって築かれている場所もあり、たとえば持仏堂曲輪の北面の空堀は清海堀《せいかいぼり》と呼ばれているが、城内側の切岸面は石垣を伴っていない。こうした土で造成された部分の遺構も、忘れてはならない本質的価値をもつものである。

岡崎城の縄張りの大きな特徴として、城下を囲い込む巨大な惣構が挙げられる。惣構の堀は総堀とも呼ばれ、天正十八年（一五九〇）に入城した田中吉政によって築かれたもので、田中堀とも呼ばれている。惣構内は城下町が整備され、さらには東海道が惣構内に引き込まれる。惣構内の東海道は随所で折り曲げられ、二十七曲りと呼ばれた。残念ながら、明治以降の開発と昭和二十年の空襲、さらには戦後の戦災復旧事業などで、城下町の遺構は一切残されていない。

岡崎城跡の整備

岡崎城跡では平成二十六年度に石垣の悉皆《しっかい》調査が実施され、いわゆる石垣カルテが作成された。これは、現状の石垣について一面ずつに調査票を作成し、孕《はら》みや割れなどを目視によって観察し、危険度をランク付けしたものである。危険度はA（要検討）・B（要観察）・C（安全）の三段階で評価している。さらに、平成二十八年度には危険度Aと判定された箇所を中心に改めて確認を行った結果、A判定が七箇所、B判定ではあるが、利用状況から危険度が高いと判断された箇所が五箇所あった。実際に岡崎城跡を訪ねる人は多く、こうした危険箇所を放置しておくと、来訪者に危害を及ぼす可能性が高いのはもちろんだが、文化財としての石垣自体も失われてしまう。国史跡でない城跡でのカルテ作成は大きく評価できるが、その結果については早急に対処していかなければならない。

また、各地の城跡で最近大きな課題となっているのが、樹木の問題である。明治以後、多くの城跡は公園として管理されてきた。この公園管理の時代に多くの植物が植えられたのだが、その後はほとんど維持管理されてこなかった。つまり、明治以後の城跡では樹木が散髪されることなく、伸び放題の状態なのである。植樹の大半は、石垣の天端《てんば》に等間隔で行われてきた。こうした樹木は根を石垣裏に伸ばして石垣を孕ませ、崩壊の危機に直面する最大の原因となっている。

岡崎城跡では、岡崎公園で平成二十七年度に樹木調査が実施され、樹木の位置を分類化し、立地特性を曲輪別に集計した。その結果、本丸・持仏堂曲輪・風呂谷曲輪・二の丸では樹木の根が石垣や土塁に影響をおよぼすとともに、石垣や土塁への通景（見通し）を阻害している要因と判断された。城内からの見通しも悪いが、城下から城が望めず、森しか見えない景観は致命的といえる。城下からのビスタライン（ここでは歴史的眺望という意味）は偶然のものではなく、城下建設に伴い意識的に設定されたものである。それは、文化財としての景観と言っても過言ではなく、城への眺望が失われては文化財の価値も失われてしまう。

石垣や土塁の崩落の原因となる樹木を計画的に伐採していくことは、石垣の修復とともに最優先課題である。

上：写真３　石垣や土塁の樹木
下：写真４　樹木による石垣のズレ

現在、全国各地の城跡で樹木の伐採が進められている。国特別史跡・史跡の城跡では姫路城跡・彦根城跡・富田城跡で実施されており、天守や石垣が非常に見やすくなっている。彦根城跡ではこれまで樹木に覆われ、まったく見ることのできなかった井戸郭の高石垣も、その壮大な姿が見られるようになった。

また、史跡に指定されていない城跡でも樹木伐採は進められており、浜松城では大規模に樹木伐採がなされ、屏風折の石垣などがよく見えるようになった。岡崎城跡でも近年、清海堀内で伐採が

上：写真５　天守の景観
下：写真６　堀内における樹木の伐採

行われ、空堀の様子がよくわかるようになった。今後も計画的に樹木は伐採し、管理していくことが重要である。

ところで、大林寺郭堀の発掘調査で堀の法面《のりめん》に築かれた石垣が検出された。野面積みの石垣で、前本多氏時代のものと考えられるが、野面積みでは高さに限界があり、ここではセットバックさせて犬走りを設けた段築《だんちく》によって築かれていたことが明らかとなった。こうした開発を目的とした事前の発掘調査では新たな発見が多いが、残念ながらそれらの成果は残されることなく調査後は開発されてしまい、遺構は残らない。もちろん、民地であり、保存措置はきわめて難しいかもしれないが、公有地で復元を行うより本質的価値をもつ地下遺構が検出された場合、その土地を買い上げて保存していくことも視野に入れておかなければならない。

今後は、菅生曲輪の石垣全体が見られるように整備を進めていかなければならないが、現在も菅生川の護岸となっているため、国土交通省との協議が重要な課題であり、その進展に大いに期待したい。

おわりに

城跡などの文化財が観光地として活用されることはきわめて大切だが、歴史遺産として観光地たらしめるには、いかに本物が残されているかが重要である。近年、国は国指定史跡について「保存活用計画」の策定を求めているが、数年前まで「保存管理計画」であった。つまり、国民の共有財産である文化財を税金を使って保存整備するからには、その史跡地を国民に活用してもらうことを優先するよう求めている。この論理は一見正論だが、活用とは正しい保存と管理ができたうえで可能となる。

記憶に新しいが、天空の城として一躍有名になった但馬竹田城跡は国史跡に指定されている。数年前より、雲海に浮かぶ城跡を見ようと年間数十万人もの観光客が押し寄せた。そのとき山道が細く観光客に危険であると、山道を拡幅するため山裾を削ってしまうという事件が起こった。まさに、本末転倒な活用となってしまったのである。観光客のためによかれとして、文化財を破壊してしまってはならない。多少は観光客に不自由をかけたとしても、文化財を保存することが大事なのである。きちんと文化財を守らなければ、それを正しく後世に伝えることはできない。

岡崎城跡は近代以降、さまざまに利用されてきたが、そのなかには破壊といってもよいものも含まれる。しかし、一方で岡崎の近現代を物語る遺産であることも間違いない。今回、『岡崎城跡整備基本計画―平成二八年度改定版―』が策定されたことにより、城跡としての整備がようやく途に就いたわけである。当然のことだが、岡崎城自身が一時期の構造ではなく、さまざまな時代に改修されていることを忘れてはならない。つまり、江戸時代（もっと限定的に言えば、西暦何年という絶対年代）に戻すこと自体が不可能なのである。重層的に築かれた岡崎城と、近代以降の岡崎城跡の遺構を共存させながら残していくことこそが重要といえる。計画のなかでは復元も視野に入れているが、大切なのは、現在残されている遺構を破壊されることなく残していくことで、それが文化財としての岡崎城跡に対してもっとも求められる姿勢なのである。

最後に、『岡崎城跡整備基本計画―平成二八年度改定版―』に記された事業計画について触れておきたい。事業計画は短期と中長期に分かれているが、短期では復元整備事業として、本丸の月見櫓復元・大手門復元・籠田総門復元という建物復元が検討事項として列記されている。さらに、中長期事業計画には、天守木造化、辰巳櫓復元、二の丸御殿外観復元、七間門・二の丸二の門・坂谷門等の復元、信濃門・松葉総門の復元などの復元検討が大半を占める状況である。一方で、「史跡指定地（岡崎公園）内では、短期計画に引き続き本来岡崎城跡としてあるべき姿となるよう、史跡にふさわしくない施設については史跡指定地内からの移転や廃止を継続する」と記しているが、これらを進めていくと、史跡地内には復元された天守や櫓、門だけとなってしまう。

報告書の冒頭に、整備基本計画の目的は「史跡を未来へ確実に保存し、本質的価値を顕在化させる」・「城下町である市街地へつなげ、流れ（ストーリー）のある総構えの整備・活用をする」ことだと謳っている。本質的価値とは石垣であり、土塁である。それらは、江戸時代に何度も修復されたさまざまな構造を示しており、まさに文化財としての岡崎城跡そのものなのである。その本質的価値が、石垣調査によって崩落の危機があると診断されている。短期・中長期の事業計画にこうした危険度の高い石垣の保存修復も位置づけられているが、最優先で進めていく必要があるだろう。崩れてからでは遅いのである。確実に次世代へ守り伝えていくことが、この基本計画を策定したわれわれの責務であると考えている。

【参考文献】

『岡崎城跡整備基本計画―平成二十八年度改訂版―』（岡崎市教育委員会、二〇一七年）

Ⅵ

岡崎城に関わる移築建造物

高田　徹

はじめに

明治六年（一八七三）一月十四日の太政官達により、全国の城郭の存城・廃城が陸軍省・大蔵省に達せられた（俗に廃城令、本稿では存廃決定と呼称する）。この時に廃城とされた岡崎城を含む一四四城と一九要害・一二六陣屋は大蔵省の管轄となり、多くの城郭建物・立ち木等は入札のうえ、払い下げの対象となった。[1] これによりほとんどの城郭では、わずかに堀・石垣を残す程度になってしまった。長岡城（新潟県長岡市）や尼崎城（兵庫県尼崎市）のように、その後の都市化も手伝って、地上から目ぼしい遺構が消えてしまった城郭もある。

しばしば入札の結果、建物は二束三文で払い下げられたという声を聞く。確かに安価であった場合が多いが、さりとて誰でも買い受けられるような額ではなかったし、購買欲をそそるものであったわけでもない。購入できたのは、富裕層・地域の名家・寺社にほぼ限られる。払い下げを受けても、解体し、部材を搬出するのも落札者側の負担となった。たまたま災害のため本堂が失われていた時期に、城郭の建物の払い下げを受けたという話もよく聞く。[2] 民家に比べて太く、長い、そして良材を用いる城郭建築は、寺院の本堂等の部材として格好の対象になったのである。

旧支配者層の城郭建築を自邸に移すことで、自らの権威付けに利用する場合もあった。移築建物を保有することが権威保持につながった場合もあったが、逆に旧体制の名残りも濃厚な中、周辺地域住民から「身分不相応」との非難・中傷を受けたという話もしばしば聞かれる。あるいは、旧藩主家との特別な縁故関係から建造物を引き取ったり、寄進を受けたりする場合もあった。藩主による寄進は、江戸期以前にもゆかりの寺社等に対して行われている(3)。

本稿では、明治六年の存廃決定後、払い下げの対象となった岡崎城内の建物で、寺社・民家に移築された（伝えられる）ものを移築建造物と呼ぶ。従来、その存在は決して知られていなかったわけではない。現に各種ウェブサイトで取り上げられているものも存在する。しかし、それらの細部の検討、資料化等はほとんどなされていないのが実情である。移築されたという伝承があっても、それが真実であるとは限らないし、真実であっても改変が顕著であるため、当初の姿を復元するのが困難な場合も少なくない(4)。岡崎城からの移築建造物と断定するためには、墨書や関連史料が存在しなければ極めて難しい。それでも細部の検討を通じて、かなり多くの点は明らかにできる。

例えば、現状において意味をなさない、無用な痕跡が残されていれば、それは現状とは異なる先行建物の時代があったという話になる。加えて、伝承が存在すれば移築建造物であること、民家・寺社建築にそぐわない特徴等を有していれば、それが岡崎城から移築された蓋然性は俄然高くなるだろう(5)。しかし、それらが認められなければ判断は保留しなくてはなるまい。

岡崎城からの移築建造物

○旧額田町A家の門（岡崎市鍛埜《かじの》町）　岡崎城跡から北東へ約八km、矢作川支流の乙川上流の山間部にA家がある。A家の門は、明治の存廃決定後に岡崎城北曲輪門を移築したという。A家での教示によれば、二頭の牛の背に扉を一枚ずつ載せるような形で、この地まで運んだとのことである(6)。

屋根は南側が入母屋、北側は家屋に接するため切り詰めたようになっている。桟瓦《さんがわら》葺きで、移築後にすべて葺きなおされたと伝わる。

現状は桁から延ばされた長い腕木《うでき》によって出桁を支え、出桁《だしげた》の先に垂木・隅木が出る。このため、軒がずいぶんと

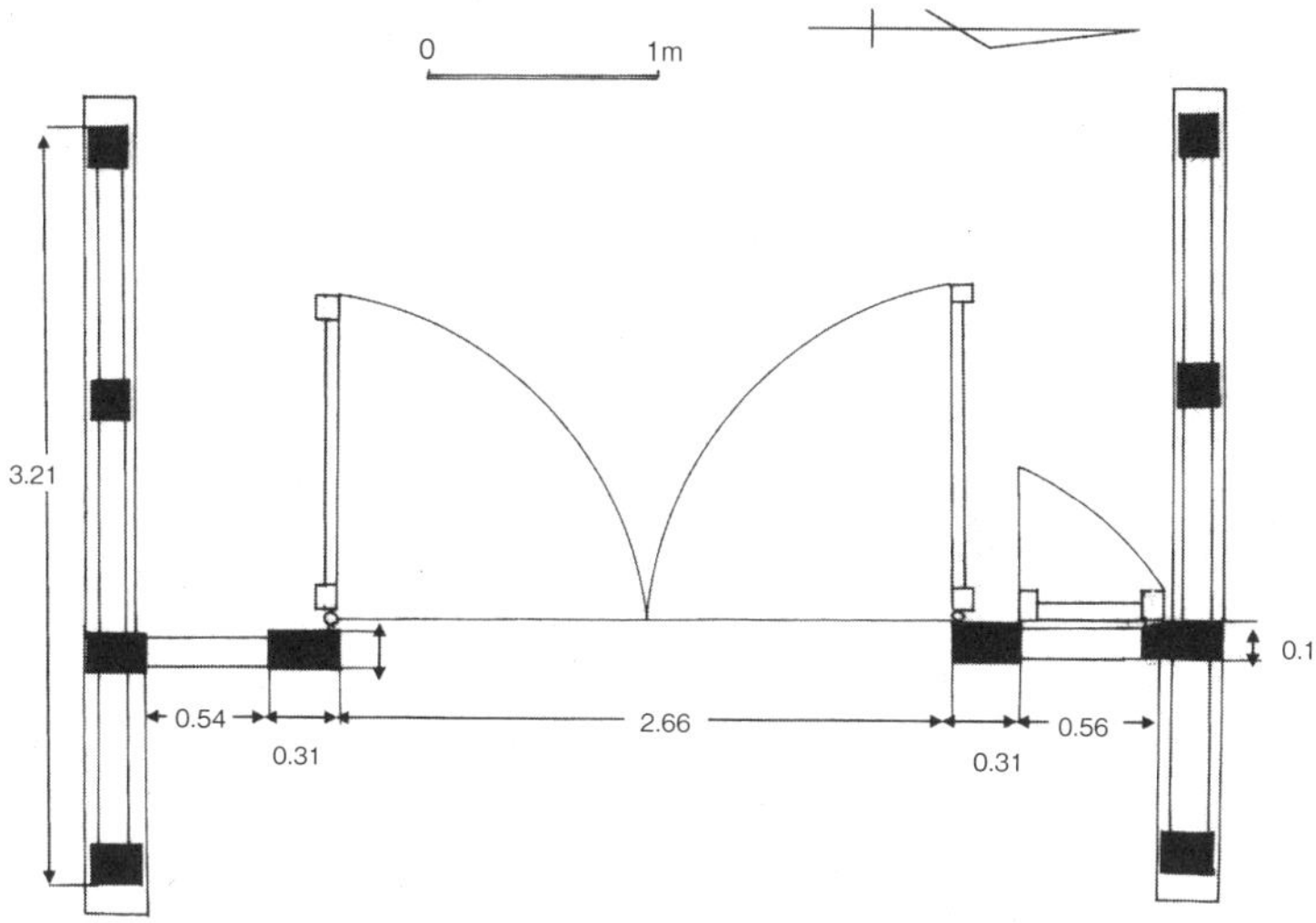

旧額田町Ａ家門平面図　作図：髙田 徹

深くなっている。腕木は隅部で斜めに渡され、出桁を支えているが、不自然さがある。移築後の改造であろう。ただし、出桁の上には板が打ち付けられ、上部は屋根裏となっている。出桁あたりの構造が当初の姿を止めるのならば、先行する時期においては上層を有する櫓門か、長屋門であったと考えられるのではないか。いずれにせよ、現状は梁行に対して桁行が短すぎる。居宅に面した部分は十分観察できないが、木舞《こまい》の表れた土壁のままとなっている。屋根裏は現在納屋として利用されており、見上げた限りでは小屋組みはそれほど古くなさそうである。

扉は肘壺《ひじつぼ》で吊っている。柱・梁・扉はベンガラ塗されているが、これ

上：Ａ家門の東面　下：Ａ家門・軒の見上げ

も移築後になされたものであろう。

この門があったという岡崎城北曲輪は、二の丸の北側にあった。半円形となった曲輪で、現在は国道一号線と重なっている部分が多い。北曲輪の東端、二の丸へつながる廊下橋入口の北あたりに門があり、絵図では棟門あるいは薬医門風に描いている。

上：宿縁寺山門南面　下：宿縁寺東側親柱の潜戸痕跡のほぞ穴

○宿縁寺《しゅくえんじ》山門（西尾市西浅井町）　岡崎城跡の南西約一〇km、矢作川の左岸に浄土真宗・宿縁寺がある。同寺の山門は、明治期に岡崎城の門を移したと伝えられるが、城内のどこの門であったかに関する伝承は残されていない。[7]

門は薬医門で、屋根は切妻、桟瓦葺である。大棟は輪違い積み、熨斗瓦積みとし、獅子口を端部に載せる。獅子口には柊《ひいらぎ》紋が見える。妻の掛瓦は、三ツ葉葵紋である。ただし、いずれも新しい。

垂木は二軒の疎《まばら》である。冠木の上に渡した梁の上には板蟇股《いたかえるまた》が見られる。板蟇股の上には斗栱《ときょう》を載せ、棟木を受けている。肘木《ひじき》や梁の木鼻《きばな》には絵様繰形《えようくりがた》が施されている。

親柱・控柱の木割は太く、肘壺で扉を吊る。親柱の下部は根継ぎされている。正面向かって右手（東側）にはほぞ穴があり、潜戸がつけられていた痕跡がある。一方、左手（西側）には蒲鉾型の穴が開いているが、性格は不明。少なくとも、壁や塀が附属していた形跡はない。

冠木より上方、つまり小屋組周りは、伝承が正しければ移築に際して寺院仕様に改修していると考えられる(8)。これに対して、親柱・控柱、腰貫・内法貫等は当初材を止める部分が多いと考えられる。

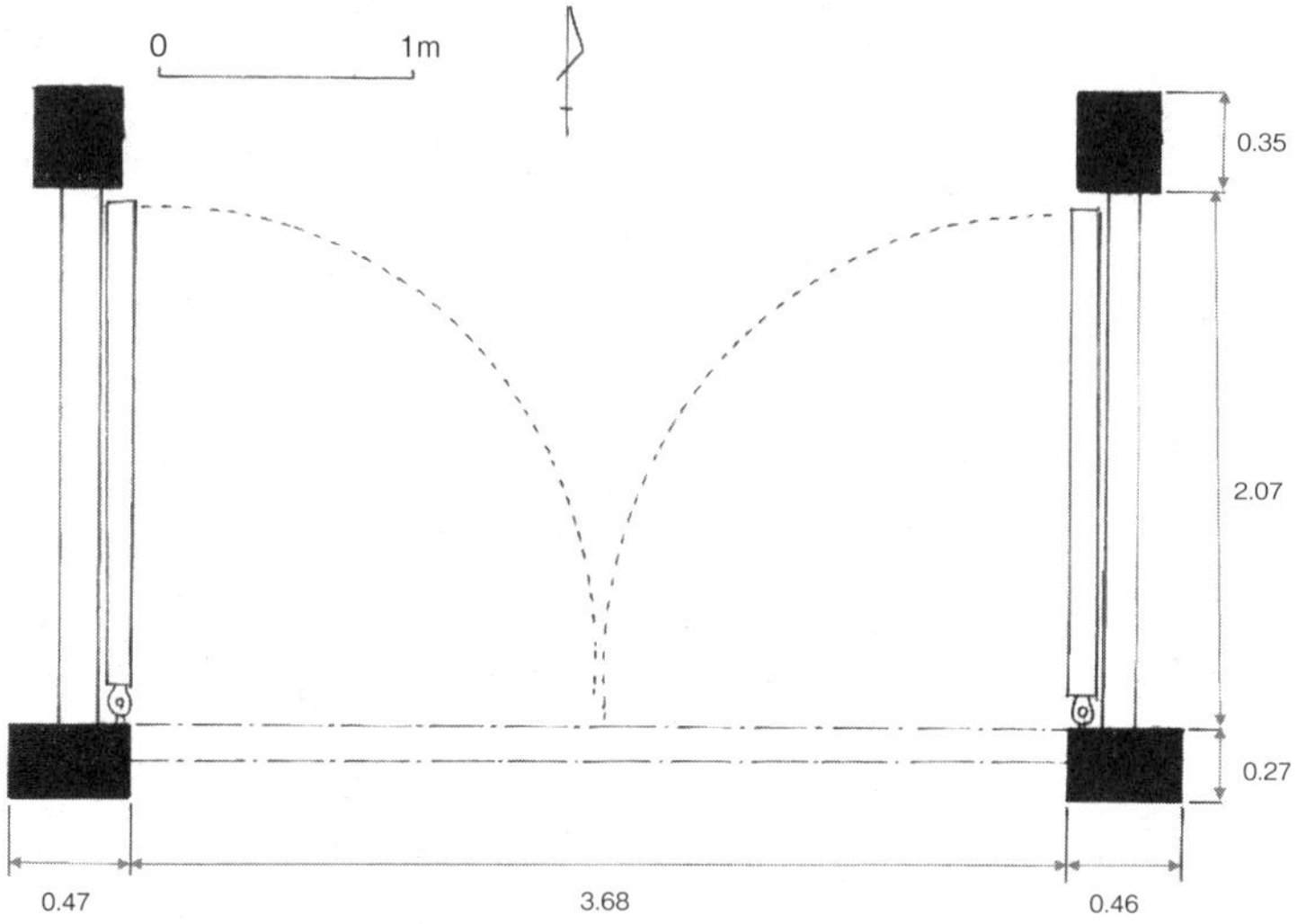

宿縁寺山門平面図　作図：髙田 徹

旧状は現状と同じく、薬医門であったと考えられるが、肘木や梁の木鼻等はもっとシンプルであったと思われる。正面向かって右手に潜戸がつくが、左手には塀等が続いていた形跡はない。城郭由来の移築門であることを前提に想像すれば、左手親柱の脇には、石垣か土塁が立ち上がるような虎口に設けられていたのではないだろうか。それゆえ、塀が続く形跡がないのと理解したい。

○謁播《あつわ》神社神門（岡崎市西阿知和町）　岡崎城跡の北方約四㎞にある延喜式内社・謁播神社は、矢作川の支流である青木川を南側に臨む位置に鎮座する。同社の神門は、明治初年に岡崎城内の念仏堂・赤門を移したと伝えられる。

門は四脚門で、屋根は切妻、垂木は疎ら、懸魚《げぎょ》は蕪《かぶら》である。親柱は円柱で、それぞれの内側に藁座《わらざ》、方立《ほうだて》の仕口《しぐち》が残る。親柱は礎盤の上に据えられるが、下方は根継ぎされている。方立の仕口は、根継ぎされた部分にも及んでいる。根継ぎは、この地への移築後になされていると思われる（根継ぎされるほど傷んだ建物を移築する状況は考えにくい）。ならば親柱の根継ぎがなされた後、方立・扉の撤去がなされていると考えられる。親柱のうち、冠木

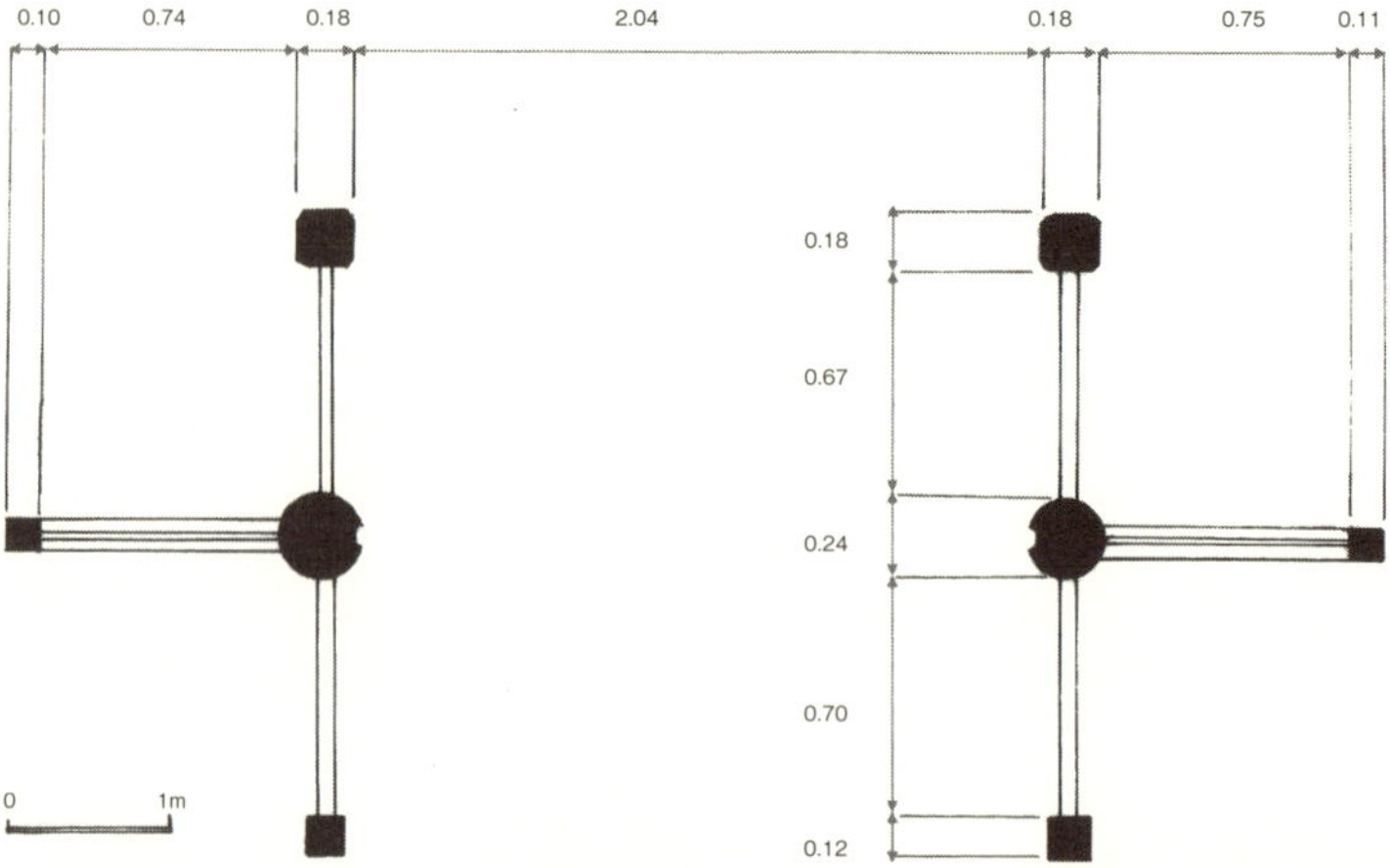

謁播神社神門・平面図　作図：髙田 徹

上：謁播神社神門南面
下：謁播神社神門東側の妻（輪違紋と九本骨扇紋）

の上にはほぞ穴がそれぞれ二つ残っている。かつて欄間に桟を二本、横方向に入れていた痕跡である。親柱の前後の女梁《めばり》・木鼻には絵様繰形を設け、四つの斗で男梁《おばり》を受けている。男梁の木鼻にも絵様繰形が見られる。男梁の上には笈形《おいがた》を据えている。

袖塀《そでべい》は滴水瓦《てきすいがわら》様の桟瓦葺きであるが、門は本瓦葺きである。鬼瓦には卍紋、鳥衾《とりぶすま》には輪違《わちがい》紋が見られる。軒丸瓦には、近年の補修とみられる無紋、巴紋に加え、輪違紋、九本骨扇紋が見られる。また、軒平瓦には中心飾りが輪違紋、扇紋、三葉文、三点珠をもつ三葉文が見られる。

このうち、輪違紋の軒丸瓦・軒平瓦、中心飾り三葉文の軒平瓦は、岡崎城内での過去の発掘調査により出土している(9)。詳しい比較は行っていないが、酷似するのは間違いない。輪違紋は本多氏の家紋であったとも言われるが、現時点では不確定である。

いずれにせよ、岡崎城と同様の瓦が見られることは、この門が岡崎城から移築されたことの傍証となる。ただし、扇紋については、現在のところ岡崎城から出土をみない。また、謁播神社の本殿・社殿、同社に接する松林寺の瓦紋とも相違している。古色を帯びることから、扇紋の瓦も岡崎城から移築された可能性は高いとみられる。

○円立寺山門（岡崎市上三ツ木《かみみつぎ》町）　岡崎城跡から南西へ約六km、上三ツ木集落内にある円立寺の旧山門は、岡崎城の門を移したと伝えられていた。しかし、破損が著しく昭和五十八年に解体された。

筆者は未見であるが、解体前に実見している近藤薫氏の所見ならびに撮影写真が残されている(10)。その成果によれば切妻の薬医門であり、桟瓦葺き、棟の端には獅子口を載せていた。獅子口には菊紋、軒瓦には「三」字が認められる。懸魚は蕪、垂木は疎らである。親柱は礎盤《そばん》の上に据えられ、冠木は幅が広く、親柱の端よりも大きく突き出していた。近藤氏が調査された昭和五十二年時には、控柱は根継ぎされ、親柱と控柱の間には筋交《すじか》いが入れられ、さらには支木も入れられ、相当傷んでいた様子である。すでに扉は取り外され、門の脇に立て掛けられていた。

○再建天守内部の部材　現在の再建天守の穴蔵内部、入城券売場の横にはかつての岡崎城建築部材が並べられたスペースがある。このうち一際大きく、ガラスケースの中に陳列されているのが、明治になって市内井内《いない》町の民家に移され、後に岡崎市に寄贈された門の扉である。井内町は、岡崎城跡の南約四kmの位置にある。

扉一対だけの状態であるが、肘金・乳金物・八双も残されている。各扉は、一枚の板を用いている。背面の状態は、現状では確認できない。近くに潜戸も陳列されているが、風蝕の程度から類推すると、本来一つの門の扉・潜戸であったのではないかと考えられる。

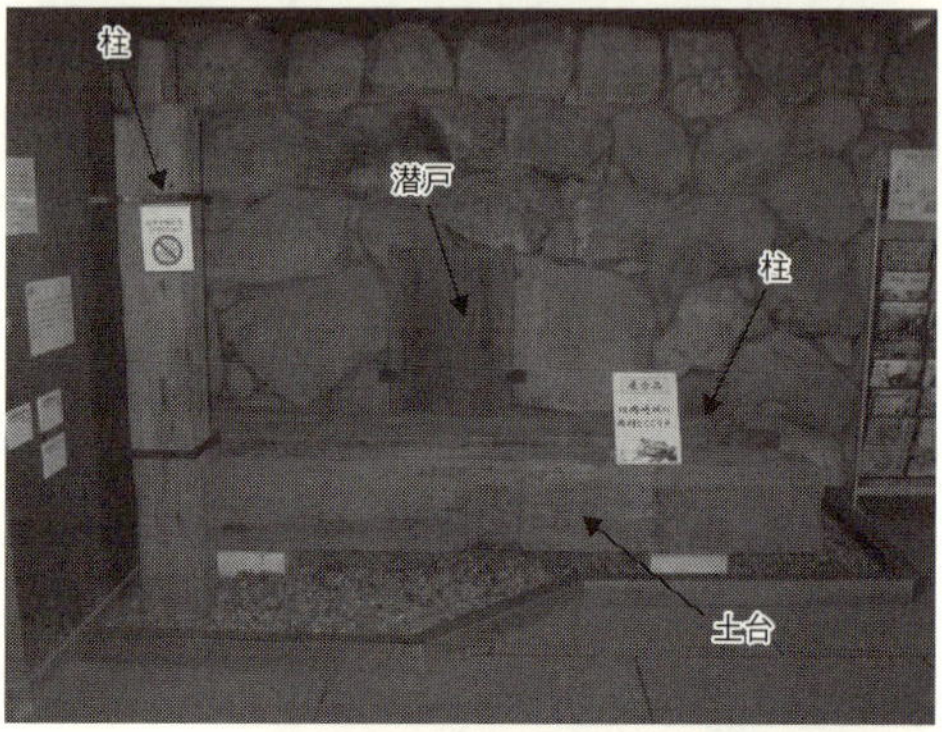

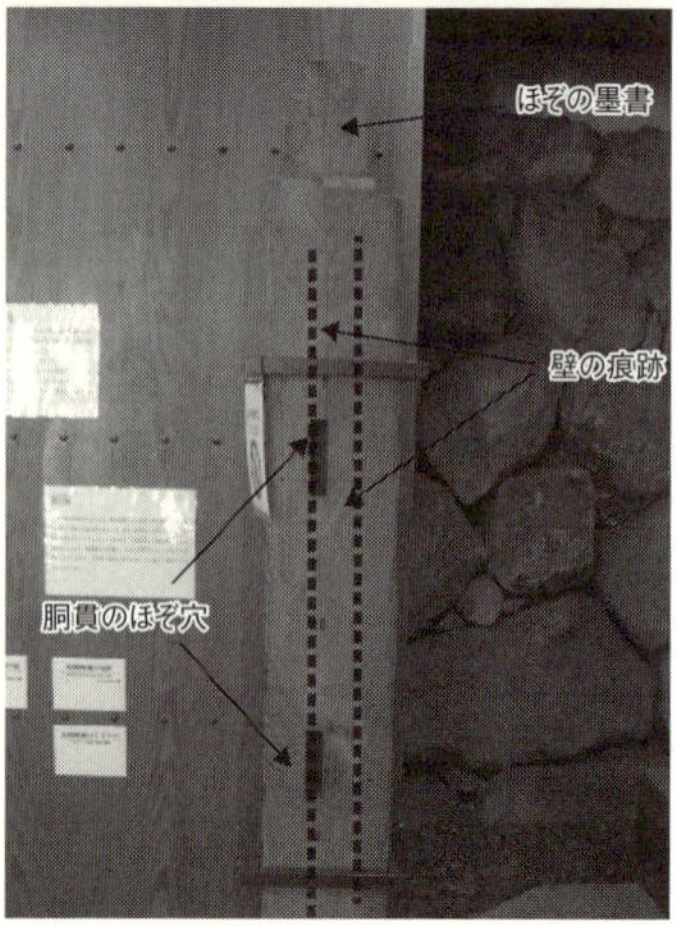

再建天守内部の部材　上：穴蔵内部に展示される扉　中：穴蔵内部に展示される部材　下：柱

扉の脇に、長さ約二・七mの一際大きな部材が横たえられている。解説はないが、大きさや形態から考えて土台であろう。横たえた状態での高さが約三五cm、幅が約三七cmある。上部には幅約二〇cm、深さ約一一cmの仕口がある。この仕口は、大引《おおびき》を上部に渡したものであろう。一つの断片的な部材から断定的なことは言えないが、櫓・櫓門等の土台であった可能性もある。少なくとも民家に用いられるようなものではあるまい。

土台に並ぶように、柱が一本横たえられている。また、土台の脇には別の柱が立てた状態で据えられている。横たえた柱は、端部が割れているが、二本の柱は一つの面の幅がいずれも約二二cmと近似する。規模・構造から見ても、本来セットになった柱であろう。一般民家に用いられる柱としては大きいものであるから、岡崎城の建物部材であった可能性が高いのではないか。先述の土台ともセットであったかもしれないが、詳細は不明である。

いずれの柱も、端部のほぞに墨書があるが、退色が顕著であるため、判読できなかった。柱の面には、胴貫のほぞ穴が開けられており、壁土の痕跡も残されている。ただし、どの時点の建物に由来するものであるかは不明である。

おわりに

以上、岡崎城に関わる移築建造物を取り上げた。廃城時の岡崎城には、実に多くの建築物が存在した。それらは競売・譲渡の対象となり、原形をとどめる形で移築されたり、大きく姿を変えたり、部材として利用されることになったはずある。廃城時においても、すでに老朽化した建物が多かっただろうから、さらに百三十年以上経過した現代に残されているものは前記の通り、伝承を含めてごくわずかにすぎない。それらとて、全面的あるいは部分補修により、往時の姿をそのまま伝えているわけではない。

筆者の考えでは、瓦の共通性を通じて誾播神社神門は岡崎城から移築された蓋然性が高いと考える。しかし、他は建物そのものから岡崎城との関りを直接的に示すものは見当たらない。瓦も葺き直されており、旧状に不明な点が多いからである。しかし、裏付けはともかく岡崎城から移築されたとの伝承が存在することは事実である。その存在自体が近代の城郭史の一コマを物語るものである。改造・改修されることによって岡崎城の遺構が残された（伝えられた）点も重要ながら、当時の社会においてそれが有用とされた背景を示している。これは岡崎城に限った話ではなく、他の城郭の移築建造物にも共通して指摘できる点である。

移築建造物（と伝えられるものを含む）には、相当の改変を受けているもの、そもそも伝承が怪しいもの、正しく城郭から移築されたが、長年の修復の結果、当初の材をほとんど失ったもの、等がある。そのため、現状の詳細をまず確認することが求められる。本稿で取り上げたものに関して言えば、いずれも移築建造物である点はほぼ確実であると思われる。ただ、誾播神社神門を除けば伝承に限って岡崎城と結びつくにすぎないということである。

本稿では岡崎城（仮に天守台を起点とした）と移築建造物のある距離を示したが、いずれも一〇㎞の範囲に収まる。

近距離であることも、移築を前提に考えた時、妥当な範囲となる。また、矢作川およびその支流沿いに移築先がある場合もあり、水運による搬送も考えうる。

なお、本稿で挙げた建物は個人あるいは地域の檀家・信者によって大切に保存されてきている。評価が未確定であるから、文化財としては未指定である。ただし、相応の価値を持つものであるから、今後基礎的な調査を行う必要がある。本稿で示したような平面図ではなく、詳細な実測図、細部の調査を進めるべきである。

謁播神社神門は、岡崎城時代の瓦を多く残していると考えられ、扇紋の軒丸瓦・鳥衾の検討は今後の大きな課題となる。しかし、瓦の一部はずり落ちかけており、破損・廃棄の恐れもある。古い瓦も、貴重な資料であることを周知させなければ残ることはないし、残されることはない。扇紋がどのような性格のものであったのかも究明しなければならないが、遺構・遺物が失われてしまっては元も子もないのである。(11) 現在のところ城内で出土していないことは、限られた建物だけに扇紋の瓦が用いられていたと考える余地もある。念仏堂の門であったとの伝承にも注意を払うべきである。

本稿で述べた以外にも、秘蔵された岡崎城の部材、あるいは未知の移築建造物が残されているかもしれない。移築建造物の中には伝承が不確かなものもあるし、疑問視されるものもある。一方で移築が確かなものもあるし、城郭構造を考えるうえで貴重な資料となるものも確実に存在する。繰り返すように、まずは資料・記録化を進め、そのうえで詳しく検討を進めることが重要である。状況次第では早急な保存処置が求められる。岡崎市内には、岡崎城と同時期に廃城となった奥殿陣屋や西大平《にしおおひら》陣屋があるが、それらに関しても移築建造物や部材の存在の有無を確認し、資料・記録化を進めていく必要がある。

【註】

（1）森山英一『明治維新廃城一覧』（新人物往来社、一九八九年）。

（2）滋賀県甲賀市の厳浄寺本堂は、当時失われていた本堂の用材にするため、地域住民が水口城（甲賀市）の櫓・長屋（多門か？）

を購入し、建設したものである（拙稿『城郭建築行脚第81回―伝・西尾城の遺構―』、二〇一三年）。

（3）本興寺（静岡県湖西市）の総門・書院は、吉田城（愛知県豊橋市）主であった久世氏が近世初頭に寄進したものが現在に残されている。

（4）岡崎市奥殿《おくとの》町にある奥殿陣屋の書院は、明治になって市内・龍渓院の庫裏として移築された。昭和六十年に龍渓院から旧陣屋跡の一角に庫裏が再移築された。現在、奥殿陣屋公園の施設として公開されている。この建物には旧部材が残るものの、原位置を止めないものが多く、旧状は知りがたい。おそらく明治の移築時に建物をそのまま移築したのではなく、解体された部材から使えそうな柱・梁を適宜選び、新たに寺院庫裏として建設したと思われる（拙稿『城郭建築行脚第5回奥殿陣屋の書院―愛知県岡崎市所在―』、二〇〇九年）。

（5）移築建造物全般に関しては、拙稿「城郭由来の移築建造物について」（姫路市立城郭研究室『城郭研究室年報』21、二〇一二年）。

（6）拙稿『城郭建築行脚第2回―岡崎城の伝・北曲輪門―』（二〇〇九年）。

（7）拙稿『城郭建築行脚第95回―伝中田陣屋・小牧陣屋の遺構―』（二〇一三年）。

（8）西尾市教育委員会『西尾市悉皆調査報告8　社寺文化財（建造物Ⅴ）報告書浄土真宗寺院』（二〇〇三年）37頁では、宿縁寺山門について「木鼻や虹梁の絵様から見て、江戸時代に岡崎城が建られた時のものであろう」と述べるが、筆者は木鼻・虹梁の絵様は移築後の改変と考える。

（9）斎藤嘉彦他『岡崎城二の丸跡』（岡崎市教育委員会、一九八二年）、小幡早苗他『岡崎城跡Ⅱ―東曲輪―』（岡崎市教育委員会、二〇一二年）。なお、輪違紋の瓦の出土状況については、岡崎市教育委員会の山口遥介氏からも教示を受けた。

（10）近藤薫『東海城門』（一九七八年）、同『愛知城門』（一九九八年）。

（11）兵庫県姫路市内の八王子神社には、近年まで姫路城から移築したと伝われる高麗門が残されていた。構造・形態からみても、じゅうぶん姫路城からの移築建造物として信頼できるものであった。しかし、姫路城昭和の大修理時の元技官の臨場・判断により、平成二十三年に礎石を残して取り壊された。現地には姫路市教育委員会・姫路市文化財保護協会による解説板も立てられ、姫路城の移築門であることが明示されていたにも関わらずである（拙稿『城郭建築行脚第85回―伝・姫路城の遺構―』、二〇一三年）。

Ⅶ 近代の絵葉書からみた岡崎城跡

高田　徹

はじめに

岡崎城は、明治六年（一八七三）一月十四日の太政官達によって廃城となる。城内の建物は逐次取り壊され、堀・石垣が残るだけの状態になった。明治八年になると、城跡の主要部は岡崎公園となる。それまでの為政者による支配拠点であった岡崎城は、城跡として、公園として大きな変貌を遂げることになる。以後、今に至るまで市民の憩いの場として、あるいは岡崎市の代表的な観光名所となっているのは周知のとおりである。もっとも、公園としての歴史の中にも紆余曲折がある。植生をはじめ、建物や施設にも変遷があり、それらの変遷自体が岡崎城跡の歴史の一コマである。公園としての岡崎城跡を伝える資料の一つとして、絵葉書が挙げられる。我が国では明治三十三年に私製葉書の使用が許されるようになると、明治後期から大正期にかけて実に多くの絵葉書が販売・製作された。旅先から絵葉書を差し出すことも、絵葉書を蒐集することも、庶民の間では流行した。

戦前の岡崎市でも、民間業者を中心に岡崎公園に関わるかなりの数の絵葉書が発行されている。絵葉書に写された写真は、岡崎公園の名所として取り上げられ、同時に多くの人に名所としての公園のイメージを浸透させていった。通常、絵葉書は六～一〇枚前後を一式として販売されることが多い。そのため、いわば数合わせのために、新たな名所を創出する場合さえあった。岡崎公園の場合にも、そのような個所があったかもしれない。

絵葉書は表面（宛先・宛名を書く側）の制式から、およそ発行時期が推定できるし、消印や文面等からも時期の絞り込みができる場合がある。およその時期が絞り込める写真資料としての絵葉書は、往時の景観を知るうえで極めて貴重な資料となる。岡崎城に関して言えば、公園整備・維持の過程で遺構の改変がなされたところが少なくないが、その旧状を知るかけがえのない資料となる。

岡崎城に関する絵葉書の具体例

岡崎城に関する絵葉書が、戦前に限ってもどれだけの量発行されたのか、明らかにすることはできない。ここでは筆者が所蔵する絵葉書のうち、主要なものを取り上げることで、近代の岡崎公園＝岡崎城跡を概観する。

①「（三河岡崎名勝）東宮殿下御野立所（天主台）」絵葉書

①「（三河岡崎名勝）東宮殿下御野立所（天主台）」絵葉書　絵葉書は、天守台北東端あたりから南側を写している。表面の制式から明治四十年から大正七年の間の発行と推定される。絵葉書に写る四阿《あずまや》は、東宮殿下（後の大正天皇）の御野立所である。四阿は一般人が出入りできないよう、柵で囲まれていたことがわかる。その北側には三角点の標柱も写っている。また、天守台の石垣天端付近がわずかに写っているが、天端石と天端石の間は、土か裏込石が流失しているようにみえる。写真の範囲では、礎石は確認できない。

②「岡崎城趾」絵葉書　絵葉書は、天守台の穴蔵入口から北側を写している（※左下円内は家康産湯の井戸）。表面の制式から、昭和八年から同二十年の間の発行と推定される。天守台の穴蔵周囲の石垣は、昭和三十四年の天守再建時に、かなり積み替えられている。したがって、絵葉書は積み替え以前の穴蔵石垣を写している。絵葉書に写る状態をもってそのまま江戸までさかのぼらせること

上：②「岡崎城趾」絵葉書
下：③「龍ヶ城天守閣趾」絵葉書

ができるかは断定できないが、少なくとも昭和初期の状態は判明する。穴蔵奥には「天主閣趾」の標柱が建つ。また、その手前には現存する礎石が写っている。手前の石垣が狭まった入口部分には、一段の石段が写る。現在付近に段差はなく、石段は埋められたか撤去されたと思われる。

③「龍ヶ城天守閣趾」絵葉書　絵葉書は、持仏堂曲輪の北東側から廊下橋跡、天守台を写している。表面の制式から、大正八年から昭和八年の間の発行と推定される。なお、この絵葉書は左下に「東照公産湯井」の写真が並べられているが、ここでは除外して示している。

廊下橋跡には、現在も見られるコンクリート製の橋が写っている。右手奥に、天守台北西隅の石垣が一部写っている。自然石を多く用いているが、隅部の上から三石あたりまでは算木積が明瞭ではないうえ、築石も乱雑に積まれている。明治以降に積み替えられていた可能性もあるのではないか。現状の石垣と比べると、絵葉書に写った石垣に対し、現状は天端にもう一石積み足されていることが判明する。

④「（岡崎名所）県社　龍城神社」絵葉書　絵葉書は、本丸跡に鎮座する龍城《たつき》神社を南側から写している。表面の制式から、大正八年から昭和八年の間の発行と推定される。明治九年に映生社・東照宮を合祀して、龍城神社となった。

正面の鳥居は、大正二年に旧岡崎藩士一同が寄進したものであり、右手の「県社龍城神社」石標は大正三年、後方の狛犬は大正二年に建てられている。龍城神社が県社に昇格したのは、大正三年であった。鳥居後方に写る拝殿は、現在は建て替えられている。左手奥には天守台があるが、樹木が茂っているためはっきりしない。

⑤「(岡崎名所)公園巽閣」絵葉書　絵葉書は、本丸南東隅の巽閣《たつみかく》を南側、乙川堤防上から写している。表面の制式から、大正七年から昭和八年の間の発行と推定される。巽閣は、かつての辰巳櫓跡に明治十五年に建設された。現在は、昭和四十年に建設された二代目巽閣が建っている。

絵葉書の巽閣は、寄棟屋根で左手に付属建物が建つ。巽閣は雨戸が閉められた状態になっているが、内側の明かり障子が全開になった他の絵葉書もある。現在、撮影位置と同じ場所に立っても、樹木が茂って巽閣も石垣もあまり見えない。絵葉書では、石垣の目地まではっきりと確認できる。

上：④「(岡崎名所) 県社　龍城神社」絵葉書
下：⑤「(岡崎名所) 公園巽閣」絵葉書

⑥「(三河)岡崎公園(旧城趾)」絵葉書　絵葉書は、本丸南西隅にあった月見櫓方向を北側から写している。表面の制式から、明治四十年から大正七年の間の発行と推定される。ただし、表面には差出人が明治四十五年七月二十九日に書いた文面がある。したがって、明治四十年から同四十五年までの間の発行と推定できる。

上：⑥「（三河）岡崎公園（旧城趾）」絵葉書
下：⑦「（三河国）岡崎公園」絵葉書

右手に見える、上部に球体の乗った石碑は「忠義護邦家」と刻まれた、西南戦争・日清戦争・日露戦争に殉じた軍人らの忠魂碑である。絵葉書の石碑の前には、二基の灯籠がみられる。現在は別の灯籠が据えられ、絵葉書に写った灯籠は基壇の下に下ろされている。この灯籠には明治三十九年の銘がある。

　左手奥には、覆屋をともなうカノン砲が据えられている。これは、日露戦争での接収品であった。付近を撮影した別の絵葉書によれば後に、石碑前の簡素な木柵は石柱による柵となり、カノン砲の覆屋もなくなってしまう。さらに、大正七年から昭和八年の間にカノン砲もどこかに移動し、月見櫓跡にはベンチが据えられるようになる。

⑦「（三河国）岡崎公園」絵葉書　絵葉書は、持仏堂曲輪から南東方向を写している。表面の制式から、明治四十年から大正七年の間の発行と推定される。手前の左端には二の丸に向かい合う石塁と、昇降用の雁木が写っている。石塁の右手、歩行中の男性近くに建つ石碑は、現在石塁上に移動している。右手の堀は、本丸との間の空堀で、清海堀《せいかいぼり》としばしば呼称される部分である。後方に見える寄棟屋根の建物は、辰巳櫓跡に建つ巽閣である。

⑧「（岡崎名所）岡崎城址（公園）」絵葉書　絵葉書は南西側から風呂谷・本丸を写している。表面の制式から、大正八年から昭和八年の間と推定される。正面やや右手が月見櫓跡であり、覆屋に覆われたカノン砲も見える。その右手（東

側）には二棟の建物が見える。茶屋であろうか。水堀際にめぐる石垣のうち、正面付近は上部が崩れ、土が堀に堆積している。現在も付近の石垣は崩れたままになっているが、樹木が茂っているため状態が確認しづらい。

右手に見える橋は、廃城後に設けられた龍城神社に通じる神橋である。絵葉書では簡素な橋であるが、いったん廃止された後、昭和初期には本格的な太鼓橋として造り直されている。現在はコンクリート製の朱塗りの太鼓橋となっている。

⑨「（三河岡崎名所）龍城公園外堀之光景」絵葉書　絵葉書は風呂谷に架かる神橋から、西側を写している。表面の制式から、明治四十年から大正七年の間の発行と推定される。表題には「外堀」とあるが、実際は内堀である。右手上部に見えるのは月見櫓跡の石垣である。左手奥、遠方には板屋町の街並みが写っている。

上：⑧「（岡崎名所）岡崎城址（公園）」絵葉書
下：⑨「（三河岡崎名所）龍城公園外堀之光景」絵葉書

⑩「（岡崎名所）家康公産湯之井戸」絵葉書
絵葉書は、坂谷にある家康産湯の井戸を北西側から写している。表面の制式から、大正七年から昭和八年の間の発行と推定される。絵葉書はやや高い位置から井戸の囲い（井戸枠は囲いの中にある）を写している。現在、井戸の周囲は平らになっているが、絵葉書が撮影された当時、井戸の北側には坂谷橋から延びる擁壁石垣が存在し、隣接して売店もあった。現在の付近の景観とは大きく異なってい

上：⑩「(岡崎名所) 家康公産湯之井戸」絵葉書
下：⑪「(岡崎) 遊脚賑ふ伊賀川大正橋付近」絵葉書

る。

現在、井戸の囲いの東側には昭和八年建設の「東照公産湯井」と刻した石碑が建つ。絵葉書では、いまだ石碑が建てられておらず、立札に「東照公産湯井」と手書きされている。井戸の後方に写る石垣は、持仏堂曲輪北西裾のものである。

井戸の囲いは、葵紋を入れた立派なものであるが、近代になって設けられたものである。井戸枠本体はありふれたもので、特段目立つものではない。徳川家康は岡崎城内の坂谷で出生したと言われるが、はっきりしたことは不明である。また、この井戸が近世以前において、家康産湯の井戸として広く認識され、特別視された形跡はない（一部地誌に言及はある）。むしろ、明治になって公園化が進められるあたり、新たな名所として創造、もしくは付会された可能性が高いのではないか。それには、絵葉書の販売が一役買っていたのではないかとも思われる。

⑪「(岡崎) 遊脚賑ふ伊賀川大正橋付近」絵葉書　絵葉書は、伊賀川の下流側から北側を写している。表面の制式から、大正七年から昭和八年の間の発行と推定される。伊賀川は、白山曲輪を貫通するように大正四年に開削された。正面に写る大正橋は、現在竹千代橋と名を変えている。橋桁の合間からは、坂谷門の石垣が見えている。石垣は今も残るが、伊賀川の開削により前面にあった丸馬出は失われた。

おわりに

以上、岡崎城に関わる絵葉書を十一枚取り上げた。この他にも、筆者は岡崎城に関わる絵葉書を複数所蔵している。意外なことは、天守台を写した絵葉書は極端に少なく、多くは南側から月見櫓跡を写したもの、そして家康産湯の井戸を写したものとなる点である。こうした差は何によるものであろうか。絵葉書を作成し、売る側が求めたのは「家康出生の城」であり、この地を訪れた観光客は絵葉書を通じ、そうしたイメージを刷り込まれていったのかもしれない。

天守台付近を写した絵葉書は少ないが、周辺部を写した絵葉書を見ていると、植生がずいぶんと異なっていることに気がつく。近年の岡崎公園では樹木伐採が進められ、かなり見通しが良くなった。それでも絵葉書に写った頃の植生に比べると、場所によっては繁茂が著しくなっている。絵葉書に写った植生はあくまで近代の一時期のものであり、近世に遡らせて理解することはできない。しかし、今後の岡崎公園内の植生を考えるにあたり、参考にすべき点は多いだろう。紙数が尽きたが、この他にも絵葉書を通じて判明すること、参考にすべきことは少なくない。

【参考文献】
石川寛「三大公園の創造―中村改良策・清洲公園設計案・岡崎公園設計案の紹介―」（愛知県『愛知県史研究』15、二〇一一年）
拙稿「絵葉書から見た近代の岡崎城跡」（愛知中世城郭研究会『愛城研報告』15、二〇一一年）
拙稿「絵葉書から見た三河の中・近世城郭」（愛知中世城郭研究会『愛城研報告』17、二〇一三年）
拙稿「絵葉書から見た愛知の中・近世城郭」（愛知中世城郭研究会『愛城研報告』18、二〇一四年）
拙稿『絵葉書の中の城　第百十四回岡崎城』（二〇一五年）

あとがき

私が岡崎城を初めて訪れたのは昭和五十年四月、小学五年生の時であった。まだ城が好きになったばかりの時で、父親にせがんで連れて行ってもらったのである。岡崎公園では桜が満開で、公園内は桜見客であふれていた。城跡は初めて見る物珍しいものばかりであり、今もその時の記憶は鮮明である。慣れないカメラで数枚写真を撮ったが、残念ながら満足いく写真を撮ることができなかった。樹木が茂っている上、龍城神社境内にはテントが張られ、天守をまともに写すことができなかったのである。当時は石垣・堀よりも、どうしても天守を綺麗に写したかった。

この時以降、私は何度も岡崎城を訪れている。二年前の夏には、徳川家康ファンの次男を連れて訪れたが、公園内の樹木伐採がかなり進んでおり、町中からも、公園内のあちこちからも天守が実によく見えた。二の丸跡から振り返ったところ、持仏堂曲輪の土塁・堀の奥にすっくと建ち上がる天守の全貌が認められた。思わず声を上げたくなるほど感動し、しばし次男をほったらかしにして写真撮影に夢中になった。

そして、最も近いところでは、本書の刊行が近づいた本年八月二十四日に岡崎城を探訪した。この時は、本書中の拙稿でも取り上げた謁播神社の神門を初めて訪ね、その後に岡崎城を訪れている。名鉄バス殿橋停留所を下りると、すでに天守がよく見えた。以前なら、この場所からは天守の上層がわずかに見える程度にすぎなかった。何度も訪れている城であるが、訪れるたびに変化があって退屈しない。

本丸の月見櫓跡ではちょうど発掘調査が行われている最中であり、調査現場を見学させていただいた。限られた調査範囲であるが、瓦類が多く出土し、興味深い遺構も検出されていた。地中には、多くの遺構・遺物が埋没したままの状態になっている。今後の考古学的調査の進展が楽しみでならない。

天守の中に入ると、たまたまアニメ絡みの展示がなされていた。私はあまり興味がなかったが、熱心に見入っている若い女性の姿もあった。最上階に上ると、涼しい風が吹き抜けていき、とても心地よい。眺めは概して良いのだが、近隣に建った高層マンションがどうにも目立ってしまうのが、いささか残念である。

本丸や持仏堂曲輪周辺には、石垣も良く残っている。石垣の周りも樹木の伐採、草が刈り払われたところが多く、ほとんどの場所で観察しやすくなっている。観察しやすくなった結果、積み方や特徴等が把握しやすくなった。私なりの発見もあった。実は、この時に初めて気がついた遺構もある（コラム①参照）。

岡崎城に限ったことではないが、城跡は訪れるたびに思うこと、感じることに変化がある。再認識する点や、それまで気がつかなかった発見が大抵あるものだ。それが城跡探訪の楽しみである。一度見た程度ですべてを理解することはできないし、わかるはずもない。繰り返し訪れるだけの価値と魅力がそこにはある。

個人的感想に終始してしまったが、本書には第一線でご活躍中の研究者の方々に、大変ご多忙の中、岡崎城・岡崎城下町に関するご高論をご寄稿頂いた。厚くお礼申し上げたい。きっと本書は、今後の岡崎城の調査・研究を進める牽引役を担うのではないかと思う。ただ欲を言えば、岡崎城の石垣や瓦に関する専論も盛り込みたかったところである。岡崎城・城下町に関しては、まだまだ検討すべき点や資料化を進めるべき点が少なくないのである。

末筆になるが、戎光祥出版株式会社代表取締役社長の伊藤光祥氏、編集を担当頂いた丸山裕之氏、石田出氏、高木鮎美さんには、大変お世話になった。この場を借りて厚くお礼申し上げる。

平成二十九年八月

愛知中世城郭研究会を代表して　髙田　徹

【成稿一覧】

第一部　構造と縄張り

Ⅰ　奥田敏春「岡崎城の構造とその展開――中世から近世へ」（新稿）

Ⅱ　奥田敏春「中世岡崎城の形成と構造」（岡崎市教育委員会編『岡崎市史研究』第22号、二〇〇〇年収録原稿に加筆・修正）

Ⅲ　奥田敏春「岡崎市明大寺地区の城館と寺社――城館遺構とその周辺の考察」（愛知中世城郭研究会編『愛城研報告』第16号、二〇一二年収録原稿に加筆・修正）

Ⅳ　奥田敏春「岡崎城大手の変遷と城下街路」（愛知中世城郭研究会編『愛城研報告』第6号、二〇〇二年収録原稿に加筆・修正）

Ⅴ　髙田　徹「近世初頭における岡崎城縄張りの変遷――天守及び廊下橋周辺の検討から」（愛知中世城郭研究会編『愛城研報告』第5号、二〇〇〇年収録原稿に加筆・修正）

Ⅵ　石川浩治「岡崎城の縄張りについて――丸馬出を中心として」（岡崎市教育委員会編『岡崎市史研究』第22号、二〇〇〇年収録原稿に加筆・修正）

第二部　進展した岡崎城研究

Ⅰ　山口遥介「岡崎城の発掘調査」（新稿）

Ⅱ　堀江登志実「絵図に見る岡崎城」（新稿）

Ⅲ　髙田　徹「地籍図からみた岡崎城と岡崎城下町」（岡崎市教育委員会編『岡崎市史研究』第22号、二〇〇〇年収録原稿に加筆・修正）

Ⅳ　野本欽也「近世岡崎城下のくらし素描――旧岡崎藩領の御田扇祭りを例にして」（新稿）

Ⅴ　中井　均「文化財としての岡崎城」（新稿）

Ⅵ　髙田　徹「岡崎城に関わる移築建造物」（新稿）

Ⅶ　髙田　徹「近代の絵葉書からみた岡崎城跡」（新稿）

【執筆者一覧】

第一部

奥田敏春　現在、岡崎市文化財保護審議会委員・愛知中世城郭研究会会員。
髙田　徹　現在、愛知中世城郭研究会・城郭談話会会員。
石川浩治　現在、西尾市教育委員会文化振興課・愛知中世城郭研究会会員。

第二部

山口遥介　現在、岡崎市教育委員会社会教育課。
堀江登志実　現在、岡崎市美術博物館副館長。
野本欽也　現在、岡崎市立中央図書館岡崎むかし館主任専門員・岡崎市文化財保護審議会委員。
中井　均　現在、滋賀県立大学人間文化学部教授。

【編者紹介】

愛知中世城郭研究会

（あいちちゅうせいじょうかくけんきゅうかい）

1988年（昭和63）に愛知県教育委員会による「中世城館跡調査」の側面支援をするために設立した任意団体。1988年から1998年（平成10）までに『愛知県中世城館跡調査報告』（愛知県教育委員会刊行）全4冊の調査・執筆に参加。2010年（平成22）にシンポジウム「戦国から織豊、そして近世城郭への道」を開催。現在、本会は城郭に興味を持つ方々の親睦団体として、例会や見学会を不定期に開催している。会則や組織はない。主な編著に『愛城研報告』1号～21号（1994年～2017年）、『愛知の山城ベスト50を歩く』（サンライズ出版、2010年）等がある。

装丁：堀 立明

シリーズ・城郭研究の新展開3

三河《みかわ》岡崎《おかざき》城《じょう》

—家康《いえやす》が誕生《たんじょう》した東海《とうかい》の名城《めいじょう》

二〇一七年一〇月二〇日　初版初刷発行

編　者　愛知中世城郭研究会

発行者　伊藤光祥

発行所　戎光祥出版株式会社
東京都千代田区麹町一―七
相互半蔵門ビル八階
電　話　〇三―五二七五―三三六一㈹
ＦＡＸ　〇三―五二七五―三三六五

編集協力　株式会社イズシエ・コーポレーション

印刷・製本　モリモト印刷株式会社

http://www.ebisukosyo.co.jp
info@ebisukosyo.co.jp

ISBN978-4-86403-260-5